Inhalt

Zu diesem Heft

Liebe Leserinnen, liebe Leser,

wenn von den beiden Begriffen „Ökumene" und „Religionen" die Rede ist, geht es meistens um die Frage, ob es nicht auch eine „Ökumene der Religionen" geben müsse. Das interreligiöse Gespräch wird angesichts der aktuellen Herausforderungen durch die Migration in Europa noch mehr an Bedeutung erhalten. Nur selten geraten dabei aber die verschiedenen Strömungen und Konfessionen innerhalb der Religionen in den Blick. Wie gehen die großen Religionen mit diesen verschiedenen Binnendifferenzierungen um? Gibt es dort auch eine Art „Ökumene", die mit der Bewegung der christlichen Kirchen vergleichbar ist? Welche Modelle von Einheit werden gedacht? Antworten auf diese Fragen suchte ein Symposion der *Ökumenischen Rundschau* unter dem Titel „Miteinander – Nebeneinander – Gegeneinander. Einheit und Vielfalt *innerhalb* der Religionen" im Februar 2015 in Essen. Das vorliegende Heft dokumentiert die Beiträge dieses Symposions. Dabei wurde die Binnendifferenzierung in den Religionen zunächst durch mehr systematisch gehaltene Vorträge dargestellt, während jeweils andere Referentinnen und Referenten aus einer mehr praktischen Perspektive das Zusammenleben und Formen des Dialogs in ihren Religionen beleuchteten.

Einen biographisch geprägten Zugang wählt *Liliane Apotheker* für ihre Darstellung der Verschiedenheiten im Judentum. Sie verdeutlicht dabei den oft sehr lebensweltlich orientierten Umgang mit der Religion im Judentum und wie das Spannungsfeld der Zugehörigkeit zu einem Volk auf der einen und einer Religion auf der anderen Seite nicht nur konfliktbeladen ist, sondern auch sehr fruchtbar sein kann. Für das Christentum stellt *Annemarie C. Mayer* die Grundlinien der Ausprägung in verschiedene Konfessionen dar, wobei sie verdeutlicht, dass die landläufig bekannte Binnendifferenzierung noch vielschichtiger ausfallen muss, will man ein adäquates Bild der Verschiedenheit innerhalb des Christentums gewinnen. Gleichzeitig zeigt sie, wie sehr sich der christliche Glaube von seinen Anfängen her der Einheit verpflichtet weiß und Vielfalt nicht als Gegensatz erfahren werden muss. Dass schon im Neuen Testament Einheit und Verschiedenheit nebeneinander und doch miteinander gedacht werden, verdeutlicht *Werner Neuer*. Er zeigt, wie schon die Kanonbildung eine Einheit in versöhnter Verschiedenheit repräsentiert und just dieses biblische Fundament zur Grundlage des ökumenischen Miteinanders wurde. Dabei wird insbesondere der Beitrag der evangelikalen Bewegung berücksichtigt. *André van der Braak* fächert das bunte Spektrum des heutigen Buddhismus auf, das sich vor allem durch die Migration des Buddhismus in den Westen erweitert hat – bis hin zu Formen eines Lifestyle-Buddhismus, die das Bild des Buddhismus hierzulande oft prägen. Dass selbst bei solchen Differenzierungen bis hin zur Leugnung des Buddhismus als Religion dennoch verbindende Elemente möglich sind, erläutert *Yukido Matsudo* in der Darstellung der Deutschen Buddhistischen Union, in der sich teilweise diametral entgegenstehende Strömungen an ein gemeinsames Bekenntnis binden. *Mouhanad Khorchide* erläutert in seinem Beitrag die verschiedenen innerislamischen Sichtweisen auf die eigene Religion, insbesondere die durchaus problematische Rolle von Religion als Identitätsstiftung bei Jugendlichen der zweiten Migrantengeneration, die oft im Gegensatz zu den theologischen Traditionen des Islam steht. Solche differierenden Auffassungen der eigenen Religion erschweren das gesellschaftliche Miteinander, weswegen sich Khorchide für eine breit angelegte religiöse Bildung stark macht. Aus der Sicht der Aleviten, die viele Jahrhunderte mehr in der Deckung und im Verborgenen leben mussten und bis heute unter Bedrängungen leiden, zeigt *Ismail Kaplan* die Dialogmöglichkeiten auf, um die sich die Alevitische Gemeinschaft in Deutschland bemüht, und wie diese für das interreligiöse Gespräch fruchtbar gemacht werden können.

Letztlich geht es in den Beiträgen darum, die jeweiligen Theorien und Erfahrungen den jeweils anderen Religionen zu erläutern und diese womöglich für die eigenen Dialogbemühungen fruchtbar zu machen. Dass dies gelingen kann und bereits in den Beiträgen des Symposions wichtige Ansätze greifbar werden, fasst *Reinhold Bernhardt* in seiner systematisierenden Übersicht zusammen. Interreligiöser Dialog und interkulturelles Zusammenleben kann demnach nur gelingen, wenn die Binnendifferenzierung innerhalb der Religionen als fruchtbar und den Dialog ermöglichend erlebt und wahrgenommen wird.

Für das Redaktionsteam
Marc Witzenbacher

Vielfalt im Judentum

Ein biographischer Zugang[1]

Liliane Apotheker[2]

Sehr geehrte Damen und Herren,

erlauben Sie mir zunächst, Pfarrerin Barbara Rudolph herzlich für die Einladung zu dieser Tagung und dafür zu danken, alles getan zu haben, um meine Teilnahme zu ermöglichen. Meine Muttersprache, in der ich denke und schreibe, ist Französisch; Deutsch ist die Sprache, die ich immer mit meiner Mutter gesprochen habe, ohne sie jemals wirklich zu lernen. Ich bitte daher um Entschuldigung für Grammatikfehler und meine Vokabellücken.

Übersetzungen sind sehr sensibel. Wenn man in eine andere Sprache übersetzt, versetzt man sich in eine andere Kultur, in ein anderes Denksystem. Das Verständnis in einer anderen Kultur ist nicht dasselbe, die Worte decken nicht unbedingt denselben Begriff ab.

Vielleicht sollte ich hinzufügen, dass es sich mit den Religionen ebenso verhält, sie sind oft wie eine fremde Sprache, manchmal versuchen wir, eine andere Religion mit unserer eigenen religiösen Kultur zu verstehen, sehen aber nicht, dass sie sich eigentlich nicht in einer ähnlichen Weise verhält. Ökumenismus als solchen gibt es nicht im Judentum, das Streben nach Einheit vollzieht sich in einer Weise, die sehr verschieden vom Christentum ist.

[1] Der Vortragsstil dieses Beitrags wurde bewusst beibehalten.
[2] Liliane Apotheker wurde 1955 in Antwerpen, Belgien, geboren. Ihre Eltern waren Überlebende des Holocaust und emigrierten 1971 nach Israel. Seit vielen Jahren ist sie aktives Vorstandsmitglied der Amitié Judéo-Chrétienne de France. Sie ist Vizepräsidentin des Internationalen Rates der Christen und Juden (ICCJ) mit Sitz in Heppenheim.

Ein Wort noch über meine Bewunderung der deutschen Sprache, die ein kompliziertes Thema in drei zusammengesetzten und durchschlagenden Worten darzulegen vermag, wo es im Französischen, einer weniger begrifflichen Sprache, mehrerer Sätze bedürfte.

Seit 25 Jahren setze ich mich für den christlich-jüdischen Dialog in Frankreich ein, und meine Erfahrungen auf diesem Gebiet haben mich gelehrt, dass der ökumenische Dialog und der interreligiöse Dialog eine große Nähe zueinander haben. Es sind übrigens oft dieselben Personen, die sich aufgrund ihres Verständnisses und ihres Erlebens von Differenz in ihnen engagieren. In Frankreich ist es der hervorragende evangelische Denker Fadiey Lovski, dessen Arbeiten die jüdisch-christliche Freundschaft lange angeregt haben und der die Ökumene in der Beziehung zwischen den christlichen Kirchen mit dem jüdischen Volk zusammengedacht hat. Sein Aufsatz trägt den Titel „La Déchirure de l'Absence" (wörtlich: „Der Riss der Abwesenheit", evtl. Anspielung auf Mt 27,51); seine Arbeitshypothese lautet, dass die Beziehung zum jüdischen Volk über den Erfolg des ökumenischen Weges entscheidet. Ohne näher auf seine Hypothese einzugehen, kann man behaupten, dass Dialoge von der Anerkennung der Rechtmäßigkeit der Spiritualität des Anderen ausgehen. Wird diese Rechtmäßigkeit nicht anerkannt, kommt es zu einem Machtanspruch, der nach meinem Empfinden dem Wesen von Spiritualität selbst widerspricht.

Die Anfrage, die an mich für dieses Symposion gerichtet wurde, war, den praktischen Aspekt der Entsprechung von Ökumene im Judentum zu behandeln. Ich werde daher damit beginnen, meine persönliche Erfahrung zu schildern, ausgehend von einer feministisch geprägten Perspektive. Ich wurde in einer traditionell jüdischen Familie geboren, die vor allem die großen jüdischen Feste beging, also die wichtigen gottesdienstlichen Versammlungen im hebräischen Kalender wie Pessach, das Neujahrsfest, den Versöhnungstag und natürlich den Sabbat. Die Synagoge meiner Kindheit war eine orthodoxe Synagoge strenger Observanz, mit scharfer Trennung von Männern und Frauen beim Gebet und allem, was mit dem Kult zu tun hatte, wobei jeder seine traditionelle Rolle übernahm. Genauer gesagt waren die meisten gläubigen Juden wie meine Eltern der Überlieferung verbunden, aber nicht sehr praktizierend. Jedoch war es für sie undenkbar, in einer anderen Synagoge zu beten. Sie fühlten sich in ihr wohl und trafen dort Freunde und ihresgleichen.

Diese Erfahrung erlaubt mir, Ihnen eine erste Schlussfolgerung vorzustellen: Die Anhänger der jüdischen Religion wählen ihre Gottesdienststätte oft nach ihrer Gewohnheit und sozialen Bindung aus, die sie vorfinden, und nicht notwendig nach dem Maß ihrer Zugehörigkeit zur religiösen Praxis. Dies verursacht eine Vielfalt der Gläubigen. Leute, die ihren Glauben mehr oder weniger stark praktizieren, beten ohne Probleme gemeinsam. Die Gebotspraxis ist die große Variable in der jüdischen Religion, aber sie erscheint nicht allein entscheidend bei der Wahl einer Synagoge oder einer Strömung des Judentums.

Als ich erwachsen und selbst Mutter geworden war und ein Leben führte, das sich sehr von dem meiner Eltern unterschied, habe ich eine andere Option gewählt: die Bewegung Massorti. Kurz gesagt ist diese Bewegung ein Mittelweg zwischen jüdischer Orthodoxie und liberalem Judentum. Sie gewährt Frauen denselben Zugang zu allem, was in der Synagoge geschieht, wie den Männern. Die Frauen dürfen aus der Thora vorlesen, haben Zugang zu allen Ämtern, einschließlich dem Rabbinat. Gebetet wird auf Hebräisch. Die Historizität der Texte wird anerkannt. Die Verbindung zu Israel ist stark, und Menschen, die übertreten wollen, werden gut aufgenommen. Es ist mein Wunsch, meinen Kindern ein Judentum zu vermitteln, in dem sie sich voll und ganz wiedererkennen und die Erfüllung finden können, die auch meine Entwicklung bestimmt hat. Ich füge hinzu, dass meine Tochter sehr sensibel für die Stellung der Frau ist, und auch für mich ist das ein entscheidender Punkt. Ich konnte feststellen, dass die Frage der Rechte von Frauen die Männer in meiner Familie weniger angingen als mich. Im Laufe der Zeit spielte jedoch die Tatsache, dass die Familien während des Gebets nicht getrennt sind, auch für sie eine wichtige Rolle. Das Zusammensein der ganzen Familie bei bestimmten Segensfeiern unter ein und demselben Talith, dem Gebetsschal, haben sie überzeugt.

Es gibt im Judentum zahlreiche Strömungen, man könnte sie ausführlich beschreiben, aber dies ist nicht der *Kern* unseres Themas. Gleichwohl könnte man die einfache These aufstellen: Jeder wählt seine Synagoge nach dem Ethos (Verhaltensregeln) aus, das ihm liegt, einer allgemeinen Atmosphäre, die die einzelnen Punkte zusammenfasst, die man für entscheidend hält.

Die vorhandenen zahlreichen Strömungen befinden sich übrigens in dauernder Weiterentwicklung, selbst innerhalb der strengsten Orthodoxie. Die Stellung der Frau, ein Parameter für Modernität in allen Religionen, erschüttert selbst bestimmte Teile der Orthodoxie, die eigentlich unveränderlich erschien, und man kann das Aufkommen einer Bewegung einer feministischen Neu-Orthodoxie beobachten, die sich ausweitet.

Auf der anderen Seite des Spektrums vollziehen sehr progressive Liberale eine Rückkehr hin zu einer Bindung an eine traditionelle Praxis und nähern sich so der Massorti-Bewegung an. Sie lassen dabei aber auch für neue Strömungen Raum, die alles in Frage stellen, erstaunlicherweise selbst den Glauben an Gott. Ich denke an bestimmte Strömungen, die den Humanismus und die Ethik bevorzugen, die sich aus den Heiligen Schriften ergeben, und die Frage nach der Emunah, dem Glauben an Gott, beiseite-lassen. Alle diese Strömungen können bei Gelegenheit oder wenn es nötig ist zusammen beten, und auch wenn der Wunsch nach Zusammenhalt stärker ist als das, was sie auf ideologischer Ebene voneinander trennt.

Nach meinem Empfinden ist das, was außerhalb der Synagogen, außerhalb der Mauern religiöser Institutionen, passiert, sehr interessant, und ich meine, das trifft auch auf Christen zu. Wir erleben das Aufkommen paralleler Erscheinungen am Rande der traditionellen Strömungen, die den religiösen Institutionen nicht länger zugestehen wollen, alles zu beschlagnahmen.

„Limoud" ist dafür ein gutes Beispiel. Es handelt sich um ein großes Treffen aus allen Strömungen des Judentums, einschließlich dessen, was seine kulturelle Entwicklung, seine gesellschaftlichen und politischen Einrichtungen, seine Schriftsteller und Künstler, kurz: alles, was sein Wesen, ausmacht. Diese aus England stammende Veranstaltung dauert mehrere Tage und besteht nunmehr in mehreren Ländern. Sie ermöglicht allen ein Treffen um ein Bildungsprojekt, das dabei nicht ausschließlich religiös ist. Dies verdankt sich der großen Bedeutung des Studiums im Judentum, das immer einen herausragenden Platz eingenommen hat.

Ebenso erleben wir sehr interessante Erscheinungen in Israel mit, wo eine große weltliche Öffentlichkeit sich Höhepunkte der (Glaubens)praxis wieder zu eigen macht, zum Beispiel durch die Durchführung einer „Kabbalat Shabbat", des Beginns des Sabbats, am Strand in Tel Aviv für eine weite, kaum an die Synagoge gewöhnte Öffentlichkeit. Außerdem beobachtet man zahlreiche Menschen, die sich von der Religion getrennt hatten, auf einem Weg beim Textstudium, der gleichermaßen an den Intellekt wie an die Rückkehr zu den Wurzeln anknüpft. All das ist möglich, weil das Miteinander (der Zement) nicht vom Glauben und noch weniger von der Praxis abhängt, sondern vielmehr von der Zugehörigkeit: Wir sind ein Volk mit – nicht zu vergessen – einer Religion. Dieses Gefühl der Zugehörigkeit ergibt ein unwahrscheinliches Kaleidoskop mit einer ganzen Bandbreite von gläubigen und nicht gläubigen Leuten, von ungläubigen praktizierenden Skeptikern und „Normalgläubigen".

Dieser starke Zusammenhalt kann als wahre Ökumene gelten, und es ist angebracht, seine Triebfedern zu untersuchen:

• Eine selbstverständliche Vielfalt, die immer schon als Reichtum verstanden wurde.

Wir verspüren nicht das Bedürfnis, diese Vielfalt zu überwinden, um sie durch Einheit zu ersetzen. Die biblische Geschichte vom Turmbau zu Babel wurde in der rabbinischen Literatur seit jeher als Lob der Vielfalt begriffen.

- Das jüdische Denken will immer dynamisch sein; es bezieht seinen
Antrieb aus dem Eifer und dem Wunsch das zu tun, was der Ewige von uns
will.

Das Zentrum der biblischen Erzählung ist dabei das Herz und unsere
Beziehung zum Gesetz, zur Thora, die wie in unsere DNA eingeschrieben
ist. Diese Beziehung zum Gesetz ist nach meinem Empfinden grundlegend
für das jüdische Leben, ob man es nun tut oder nicht.

Das bedeutet nicht, dass wir alle nach der Halacha leben, aber, dass wir
uns durch die Beziehung zu ihm definieren. Wenn wir es nicht tun, wissen
wir, dass wir es übertreten. Die Kashrut ist dafür ein gutes Beispiel. Nicht
alle jüdischen Haushalte sind koscher, aber fast jeder Jude weiß, was er zu
tun hat, damit sein Glaubensgenosse an seinem Tisch essen kann. Anwendung des Gesetzes, Kenntnis des Gesetzes, Übertretung des Gesetzes, all
das sind Möglichkeiten der Beziehung zum Gesetz.

- Keine universale Bestimmung, die nicht gleich das Risiko der Ver-
dünnung der Botschaft in sich trüge: Das Zusammenleben des jüdischen
Volkes wird durch die Weitergabe seiner Geschichte im Inneren gestärkt,
einer religiösen Erzählung, erbaut aus Riten, betont durch die großen religiösen Zusammenkünfte wie die Feste. Viel spielt sich im Schoße der Familie ab, die Gemeinde ist die erweiterte Familie, und in einer Familie gibt es
immer alles, aber die Familienbande haben Vorrang vor den Meinungsverschiedenheiten.

Demzufolge kann niemand die Universalität der Botschaft abstreiten.
Die Psalmen sind dafür ein eindrucksvolles Beispiel: Wir und Sie, wir können alle zusammen Psalmen rezitieren. Ihr Gehalt ist für alle zugänglich,
gleichgültig, welcher Religion man angehört, oder ungeachtet des Eifers,
dem man ihrer Ausübung beimisst. Das liegt an der universellen Bedeutung ihres Inhaltes, am majestätischen Atem, der ihnen innewohnt. Sie ermöglichen die Einheit aller Strömungen, und selbst etwas, das die Spaltungen zwischen Juden und Christen übersteigt.

- Das Gesetz ist nur ein Bestandteil der jüdischen Existenz. Die Kultur,
die Zivilisation, das Zugehörigkeitsgefühl, das man heutzutage Identität
nennt, die Schicksalsgemeinschaft, sind stärker als die Spaltungen und Unterschiede. Das bedeutet eine große Bandbreite von Arten der Zugehörigkeit. Nur die Extreme, wie zum Beispiel die Bewegung Haredi (die strengste Orthodoxie) sind wirklich sektiererisch, da sie sich im Besitz der
absoluten Wahrheit wähnt und sich vermutlich aus Sorge um ihren Fortbe-
stand gänzlich von anderen abschottet und alle ausschließt, die nicht so
denken wie sie.

Selbstverständlich gibt es Meinungsverschiedenheiten bis zur Kontroverse, aber alle Juden können zusammen beten, soweit sie es wollen, und

theologisch diskutieren, gewiss ohne einander zu überzeugen, aber indem sie das Feld des theologisch Möglichen dabei erweitern.

Die Einheit aller Strömungen würde meiner Einschätzung nach eine Verarmung darstellen. Ursprung und Ziel dieser Strömungen ist und bleibt die Verankerung im biblischen Text, der Bezug zum Gesetz, zur Geschichte und zum gemeinsamen Schicksal. Die Entsprechung zur Ökumene im Judentum ist zu allererst das Bekenntnis zu einem grundlegenden Text.

Übersetzung aus dem Englischen: Markus Schaefer

Einheit und Vielfalt innerhalb des Christentums aus theologischer Perspektive

Annemarie C. Mayer[1]

Christliche Einheit verlangt Vielfalt.[2] Doch wie lassen sich Einheit und Vielfalt so vereinbaren, dass in der Spannung Balance entsteht und „Einheit als Geschehen spannender Vielfalt"[3] gelebt werden kann?

Werfen wir im Folgenden einen Blick auf die Außenwahrnehmung des Christentums in seiner Binnendifferenzierung (1), die unter anderem oft in Stammbäumen der verschiedenen Konfessionen (2) visualisiert wird. Die immense Vielfalt christlicher Glaubensrichtungen ist historisch gewachsen und hat sich in Kirchen unterschiedlichster Couleur ausgeprägt. So weit, so gut. Doch ein Blick ins Neue Testament zeigt: Das Christentum ist auf Einheit verpflichtet (3). Diese Einheit gründet sich auf die eine Heilige Schrift als Ur-Kunde unseres gemeinsamen Glaubens. Sie manifestiert sich in der einen Taufe zu Gliedern am Leib Christi und der Gemeinschaft im einen Herrenmahl. Sie wird erschlossen durch eine ökumenische Hermeneutik, die sich der Einheit wie der Vielfalt verpflichtet weiß, auch wenn gerade die Verpflichtung auf Einheit in heutigen postmodernen Kontexten häufig in Frage gestellt wird (4). Im Laufe der Ökumenegeschichte sind verschiedene Einheitsmodelle entwickelt worden (5). Das Modell versöhnter Verschiedenheit ist eines davon. Das Hauptkriterium zur Beurteilung solcher

---

[1]   Annemarie C. Mayer ist Professorin für Systematische Theologie und Religionswissenschaft an der Katholischen Universität Löwen/Katholieke Universiteit Leuven, Belgien.

[2]   So prägnant bereits *Peter Neuner:* Ökumenische Theologie. Die Suche nach der Einheit der christlichen Kirchen, Darmstadt 1997, 281: „Christliche Einheit verlangt Vielfalt, nur sie kann der biblischen und historischen Überlieferung in ihrem Reichtum gerecht werden und die legitimen kulturellen Differenzen zwischen den Kirchen ernst nehmen."

[3]   *Erwin Dirscherl:* Müssen Unterschiede trennen? Katholische Einheit als Geschehen der Vielfalt, in: *Christoph Böttigheimer/Hubert Filser* (Hg.): Kircheneinheit und Weltverantwortung. FS Peter Neuner, Regensburg 2006, 577–592, hier 578.

Modelle ist, ob sie Einheit und Vielfalt so miteinander in Verbindung halten, dass Christinnen und Christen gemeinsam ihr Zeugnis für Christus glaubwürdig leben können, „damit die Welt glaube" (Joh 17,21) (6).

1. Außensicht der Binnendifferenzierung

Im Oktober 2007 sandten 138 Islamgelehrte einen offenen Brief an die Christen weltweit.[4] Dieser ist nicht nur bemerkenswert, weil er zum gemeinsamen Einsatz beider Religionen für eine gerechtere und friedvollere Welt plädiert, sondern auch wegen der Akkuratheit, mit der er in seiner Adressatenliste die christliche Binnendifferenzierung widerspiegelt. Ein Blick auf diese Liste macht die *interreligiöse Tragweite* der Ökumene erst richtig bewusst.

Adressaten des offenen Briefes sind zunächst *Papst Benedikt,* denn seine Regensburger Rede hatte den Anlass für die Äußerungen von muslimischer Seite gegeben; dann der *Ökumenische Patriarch* und die Patriarchen der Orthodoxen Kirchen; als drittes *Papst Shenuda* und die anderen Oberhäupter der Altorientalischen Kirchen; viertens *Mar Dinkha* als ranghöchster Amtsträger der vorchalkedonensischen *Heiligen Apostolischen und Katholischen Assyrischen Kirche des Ostens;* dann die jeweiligen *Oberhäupter der Kirchen der Reformation* und der daraus entstandenen Kirchen sowie die *Präsidenten der verschiedenen Weltkirchenbünde,* z. B. des Lutherischen Weltbunds; und *zu guter Letzt der* Generalsekretär des Ökumenischen Rates der Kirchen, der bekanntlich selbst ja keine Kirche ist, sowie – in einer Art salvatorischer Klausel – die Leiter christlicher Kirchen überall.

Der muslimische Blick von außen auf das Christentum konstatiert als Binnendifferenzierung folgende Listung: Katholisch – Orthodox – Altorientalisch – Kirchen der Reformation und Folgekirchen bzw. Kirchenbünde sowie der Ökumenische Rat der Kirchen. Die Anordnung ist nicht chronologisch, sonst müsste die Assyrische Kirche des Ostens als erste genannt werden, da sie sich bereits verselbständigt hat aufgrund von Lehrdifferenzen, die auf dem Konzil von Chalkedon 451 n. Chr. verhandelt wurden.

---

[4] Siehe „Ein Wort, das uns und euch gemeinsam ist". Offener Brief von 138 Islamgelehrten, 2007, siehe: www.acommonword.com/downloads-and-translations/ (aufgerufen am 7.2.2015). Das Dokument wurde am *Royal Aal at Bayt Institute for Islamic Thought* in Jordanien erarbeitet. Dessen Kuratoriumsvorsitzender ist der jordanische Prinz Ghazi bin Muhammad bin Talal.

Die Einteilung ist dennoch recht akkurat, wie ein Vergleich mit inner-christlichen Darstellungen zeigt.[5] Häufig wird die Entwicklung der christlichen Konfessionen in Form von Stammbäumen dargestellt. Problematisch wird das, wenn der Eindruck entsteht, es gäbe durchaus einen unveränderten durchgängigen Strang, nämlich die eigene Kirche.

Unterschiedliche Stammbäume des Christentums

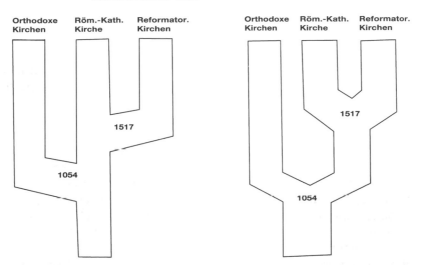

Heute bleibt ebenso wie damals keine der Kirchen oder Kirchenfamilien unberührt von einer Kirchenspaltung. Vergegenwärtigen wir uns solch einen schematischen Stammbaum der christlichen Konfessionen, so fällt auf, dass der Grad an Binnendifferenzierung – oder etwas anstößiger formuliert, die Spaltungstendenz – seit den Zeiten der Reformation immens zugenommen hat.

In seinem posthum veröffentlichten Werk *Die Religion der Gesellschaft* versucht Niklas Luhmann (†1998) aus der Perspektive der Systemtheorie eine Erklärung zu geben für die steigende Binnendiversifikation von Religionssystemen, indem er ihre progressive Differenzierung zweifach begründet. Zum einen hat Religion teil an den Pluralisierungsprozessen der Gesellschaft, in der sie gelebt wird. Dazu ist anzumerken, dass Plu-

---

[5] Siehe z. B. *Markus Mühling* (Hg.): Kirchen und Konfessionen, Göttingen 2009 bzw. immer noch aktuell *Reinhard Frieling/Erich Geldbach/Reinhard Thöle*: Konfessionskunde. Orientierung im Zeichen der Ökumene, Stuttgart 1999.

ralität in unseren Gesellschaften immer höher geschätzt wird. Deshalb verschiebt sich der Rechtfertigungsdruck von der Vielfalt zur Einheit: Nicht mehr die Vielfalt, sondern die Einheit muss sich heutzutage legitimieren, steht sie doch unter dem Verdacht, Zentralismus, Uniformität und Entmündigung Vorschub zu leisten.[6] Zum anderen differenziert sich laut Luhmann Religion in zunehmend elaborierten Lehrkonzepten intern immer weiter aus, wobei sie sich von außen, durch externe Kriterien nicht widerlegen lässt. Wörtlich schreibt Luhmann:

> „Jedes dieser Subsysteme des Religionssystems kann jetzt die eigenen Glaubensgrundlagen dogmatisieren, aber es kann dies nur, indem es sie als eigene behauptet und von denen der anderen unterscheidet. Diese Binnendifferenzierung öffnet und stabilisiert zugleich das Weltreligionssystem [...] Religionen sind schon deshalb zur Diversifikation disponiert, weil keine Religion eine Widerlegung durch externe Kriterien zulässt."[7]

Heißt diese Einsicht aus der Soziologie, gepaart mit unserer Bestandsaufnahme aus der Kirchengeschichte also, das Christentum ist unweigerlich dazu verdammt, sich immer weiter und weiter zu spalten? Faktisch werden wir mit dieser Frage spätestens dann konfrontiert, wenn wir am Sonntag in den evangelischen und der Nachbar oder Ehepartner in den katholischen Gottesdienst geht. Und wie gerade gezeigt, ist es mit einer Dichotomie, einem binären Denken evangelisch-katholisch, wie es in Deutschland weitgehend vorherrscht, keineswegs getan. Das Bild, welches das Christentum abgibt, ist faktisch noch viel bunter – und das nicht nur auf den Übersichtstafeln zu den Gottesdienstzeiten am Ortseingang deutscher Städte.

3. Faktisch gespalten ... doch auf Einheit verpflichtet

Doch das Ergebnis der Entfremdungs- und Spaltungsgeschichte des Christentums wird oft nicht mehr als tragisch wahrgenommen, sondern als erfreuliche Entwicklung hin zu immer größerer Buntheit willkommen geheißen. „Ist denn Christus zerteilt?" (1 Kor 1,13) könnte man hier mit Paulus fragen (übrigens das Motto der Gebetswoche für die Einheit der Christen 2014). Der Blick ins Neue Testament konfrontiert damit, dass eine auch nach außen hin wahrnehmbare Einheit eine bleibende Herausforderung des Evangeliums darstellt. Den Auftrag Jesu zur Einheit der Christen

---

[6] Siehe *Annemarie C. Mayer:* Toward the Difficult Whole. "Unity" in Woman's Perspective, in: Ecumenical Review 64 (2012), 314–327.

[7] *Niklas Luhmann:* Die Religion der Gesellschaft, Frankfurt a. M. 2000, 342 f.

überliefert uns Johannes in Jesu hohepriesterlichem Gebet: „Aber ich bitte nicht nur für diese hier, sondern auch für alle, die durch ihr Wort an mich glauben. Alle sollen eins sein: Wie du, Vater, in mir bist und ich in dir bin, sollen auch sie in uns sein, damit die Welt glaubt, dass du mich gesandt hast" (Joh 17,20 f). Auch Paulus hebt hervor: „Ihr aber seid der Leib Christi und jeder Einzelne ist ein Glied an ihm" (1 Kor 12,27). Dass das keine einfache Aufgabe ist, die uns als Christinnen und Christen da gestellt ist, spiegelt sich schon in den Worten des Epheserbriefes wider: „Ertragt einander in Liebe und bemüht euch, die Einheit des Geistes zu wahren durch den Frieden, der euch zusammenhält. Ein Leib und ein Geist, wie euch durch eure Berufung auch eine gemeinsame Hoffnung gegeben ist; ein Herr, ein Glaube, eine Taufe, ein Gott und Vater aller, der über allem und durch alles und in allem ist" (Eph 4,2–6).

Alle christlichen Kirchen stützen sich auf die eine Heilige Schrift als Ur-Kunde ihres gemeinsamen Glaubens an den dreieinigen Gott, auf dessen Namen ihre Mitglieder getauft sind. Ihre grundlegende Übereinstimmung im gemeinsamen Glauben bringen die Kirchen durch die wechselseitige Anerkennung der Taufe zum Ausdruck. Durch die Taufe werden Christen Glieder am einen Leib Christi und zugleich Mitglieder in unterschiedlichen Konfessionskirchen. All dies weist darauf hin, dass die Spaltung der Christenheit wohl doch nicht bis zur Wurzel reicht.[8] Zur Debatte steht nicht der (gemeinsame) Glaube an die Selbstoffenbarung des dreieinigen Gottes in Jesus Christus.[9] Kontrovers diskutiert wird vielmehr die Gestalt und Einordnung kirchlicher Zeugenschaft![10] Man bedient sich dazu der Ökumenehermeneutik und versucht, auf der Basis des Gemeinsamen

---

[8]   In den letzten Jahren, seit Christen weltweit die am meisten verfolgte Religionsgemeinschaft sind, tritt auch eine Verweigerung der Anerkennung jeglicher Binnendifferenzierung von außen deutlich zutage in dem, was Papst Franziskus „Ökumene des Blutes" genannt hat. Er beteuerte, der Teufel wisse genau, dass die Christen im Glauben an Jesus Christus bereits vereint und Brüder und Schwestern seien. Deshalb überziehe er sie unterschiedslos mit Verfolgung. Und weiter wörtlich: „Ihn kümmert es nicht, ob sie Evangelikale oder Orthodoxe, Lutheraner, Katholiken oder Apostolische Christen sind. Dieses Blut vereint sich. Heute sehen wir die Ökumene des Blutes. Daher müssen wir beten, miteinander sprechen, die Distanzen überwinden und uns immer mehr verbrüdern." *Franziskus:* Video-Videobotschaft zum „Tag der Christlichen Einheit" in der US-Diözese Phoenix vom 23. Mai 2015, siehe: http://de.radiovaticana.va/news/2015/05/24/papst_bei_der_%C3%B6kumene_nicht_auf_die_theologen_warten/1146422 (aufgerufen am 2.6.2015).

[9]   Insofern geht man davon aus, dass eine reale, wenn auch unvollkommene Einheit zwischen den getrennten Kirchen bereits besteht.

[10]   Siehe *Wolfgang Thönissen:* Die Problematik von Grund und Gestalt. Eine Skizze zur ökumenischen Hermeneutik, in: Catholica 56 (2002), 111–127.

480 jeweils eine tragfähige Grundlage für weitere Klärungen zu schaffen. Als Beispiel dafür sei auf die Methode der *Gemeinsamen Erklärung zur Rechtfertigungslehre* zwischen Lutherischem Weltbund und Katholischer Kirche von 1999 verwiesen:

> „Wir sind der Überzeugung, daß das erreichte gemeinsame Verständnis eine tragfähige Grundlage für eine solche Klärung bietet. Die lutherischen Kirchen und die römisch-katholische Kirche werden sich weiterhin bemühen, das gemeinsame Verständnis zu vertiefen und es in der kirchlichen Lehre und im kirchlichen Leben fruchtbar werden zu lassen."[11]

4. Die Frage nach der Einheit

Wenn eine auch nach außen hin wahrnehmbare, sichtbare Einheit die bleibende Herausforderung des Evangeliums ist, was ist dann damit gemeint? Eine monolithische Einheit? Eine institutionelle Einheit? Wie soll die Einheit kirchlicher Zeugenschaft aussehen? Darf es nur eine einzige Kirche in der gesamten Christenheit geben? Steht sichtbare Einheit in kontradiktorischem Gegensatz zu Verschiedenheit? Oft erhebt sich der Einwand, das Streben nach sichtbarer Einheit sei eine konfessionelle Engführung aus der römisch-katholischen Ecke.[12] Doch gemäß der Verfassung des Ökumenischen Rates der Kirchen und der Satzung der Kommission für Glauben und Kirchenverfassung ist es vorrangiges Ziel beider Institutionen, „die Einheit der Kirche Jesu Christi zu verkündigen und die Kirchen aufzurufen zu dem Ziel der sichtbaren Einheit in einem Glauben und einer eucharistischen Gemeinschaft, die ihren Ausdruck im Gottesdienst und im gemeinsamen Leben in Christus findet, damit die Welt glaube".[13] Nimmt

[11] *Lutherischer Weltbund/Katholische Kirche:* Gemeinsame Erklärung zur Rechtfertigungslehre, 1999, Nr. 43, siehe: www.vatican.va/roman_curia/pontifical_councils/ chrstuni/ documents/rc_pc_chrstuni_doc_31101999_cath-luth-joint-declaration_ge.html (aufgerufen am 3.6.2015).
[12] Dagegen lässt sich einwenden: Bereits die Struktur der römisch-katholischen Kirche selbst spiegelt mit ihrer gegenseitigen Verwiesenheit von Universalkirche und Einzelkirchen Einheit in Vielfalt wider: Jede (Partikular-)Kirche ist Kirche im Vollsinn des Wortes (*portio,* nicht *pars*).
[13] Siehe z. B. *Hanfried Krüger/Walter Müller-Römheld* (Hg.): Bericht aus Nairobi 1975. Ergebnisse – Erlebnisse – Ereignisse. Offizieller Bericht der fünften Vollversammlung des ÖRK vom 23. Nov. bis 10. Dez. 1975 in Nairobi/Kenia, Frankfurt a. M. 1976, 350. Siehe auch Zentralausschuss 1999, Dokument GS 4e. Ähnlich heißt es auch als erstes unter „Funktionen und Ziele" des ÖRK in dessen Verfassung: „Das Hauptziel der Gemeinschaft der Kirchen im Ökumenischen Rat besteht darin, einander zur sichtbaren Einheit in dem

man diese Aussage ernst, wird Einheit sichtbar nicht allein in punktuellen Vollzügen gottesdienstlicher Gemeinschaft ohne ekklesiale Basis, sondern im alltäglichen Leben kirchlicher Zeugenschaft.[14] Volle sichtbare Einheit ist verbindliche Einheit in Vielfalt. Die dritte Vollversammlung des ÖRK in Neu-Delhi hat dieses Verständnis von Einheit bereits 1961 folgendermaßen auf den Punkt gebracht:

„Wir glauben, daß die Einheit, die zugleich Gottes Wille und seine Gabe an seine Kirche ist, sichtbar gemacht wird, indem alle an jedem Ort, die in Jesus Christus getauft sind und ihn als Herrn und Heiland bekennen, durch den Heiligen Geist in eine völlig verpflichtete Gemeinschaft geführt werden, die sich zu dem einen apostolischen Glauben bekennt, das eine Evangelium verkündigt, das eine Brot bricht, sich im gemeinsamen Gebet vereint und ein gemeinsames Leben führt, das sich in Zeugnis und Dienst an alle wendet. Sie sind zugleich vereint mit der gesamten Christenheit an allen Orten und zu allen Zeiten, in der Weise, daß Amt und Glieder von allen anerkannt werden und daß alle gemeinsam so handeln und sprechen können wie es die gegebene Lage im Hinblick auf die Aufgaben erfordert, zu denen Gott sein Volk ruft. – Wir glauben, daß wir für solche Einheit beten und arbeiten müssen."[15]

Man könnte nun einwenden, das ist über 50 Jahre her. Mittlerweile hat sich der ÖRK einer anderen Art von Ökumene verschrieben, die auf versöhnte Verschiedenheit statt auf sichtbare Einheit setzt. Dennoch: Der ÖRK repräsentiert weltweit mehr als 560 Millionen Christen. Im Jahr 2010 gehörten ihm 349 Kirchen der anglikanischen, orthodoxen und protestantischen Konfessionsfamilien an, auch die Altkatholiken sind Mitglied. Derzeit zählt er nur noch 345 Mitgliedskirchen. Nicht dass Kirchen abge-

---

einen Glauben und der einen eucharistischen Gemeinschaft aufzurufen, die ihren Ausdruck im Gottesdienst und im gemeinsamen Leben in Christus findet, durch Zeugnis und Dienst an der Welt, und auf diese Einheit zuzugehen, damit die Welt glaube." Verfassung des ÖRK III, siehe: http://www.oikoumene.org/de/resources/documents/assembly/2013-busan/adopted-documents-statements/wcc-constitution-and-rules (aufgerufen am 3.6.2015).

[14] Die Basisformel des ÖRK lautet demgemäß seit der dritten Vollversammlung von Neu-Delhi 1961: „Der ÖRK ist eine Gemeinschaft von Kirchen, die den Herrn Jesus Christus gemäß der Heiligen Schrift als Gott und Heiland bekennen und darum gemeinsam zu erfüllen trachten, wozu sie berufen sind, zur Ehre Gottes, des Vaters, des Sohnes und des Heiligen Geistes." Verfassung des ÖRK I, siehe: http://www.oikoumene.org/de/resources/documents/assembly/2013-busan/adopted-documents-statements/wcc-constitution-and-rules (aufgerufen am 3.6.2015).

[15] *Willem A. Visser 't Hooft* (Hg.): Neu-Delhi 1961, Dokumentarbericht über die Dritte Vollversammlung des ÖRK, Stuttgart 1962, 130.

sprungen wären, im Gegenteil, es kamen zwischen 2010 und 2013 sogar zwei neue Mitgliedskirchen hinzu! Aber einige Kirchen haben die Zielvorgaben der Gründungsversammlung von Glauben und Kirchenverfassung in Lausanne 1927 bereits erreicht, nämlich gegenseitige Anerkennung und volle Sakramentengemeinschaft. Sie änderten ihren Status als "uniting churches" und sind nun eine "united church".

Zugegeben, trotz solcher Einigungserfolge sind Vielfalt und Vielgestaltigkeit des Christentums ein Faktum. Und manche Christinnen und Christen finden sich vorschnell mit diesem Zustand der geteilten Christenheit ab. Sie meinen, dass die Pluralität unter Christen heute ein sinnvoller Ausdruck des Christseins sei, entweder nach dem Motto "I believe in Christian diversity"[16] oder, um es salopp zu formulieren, „Alle Schafe fressen dasselbe Gras: Ich kann meine auch nicht mehr von Deinen unterscheiden". Folgt man allerdings dem Motto „Wir sind schon alle eins", kann alles beim Alten bleiben. Doch eigentlich stellt eine solche Ökumene dann ungedeckte Schecks aus, indem sie immense Einigungserfolge jenseits theologischer Spitzfindigkeiten vorgaukelt. Das ist der Weg des geringsten Widerstandes, der sich auf den kleinsten gemeinsamen Nenner beschränkt. Systemtheoretisch ist für Niklas Luhmann solches Verhalten „systemweitend" und führt letztlich zur Selbstauflösung des Systems als solchem.

Das zweite Extrem besteht in „systemfixierendem" Verhalten, bei dem nur die eigene Identität und das eigene Profil zählen. In allen Konfessionen ist zu beobachten, dass in den letzten fünfzehn bis zwanzig Jahren eine verstärkte Identitätssuche eingesetzt hat. Nach seiner Identität frage nur, wer sich ihrer nicht sicher sei, hat Raimon Pannikar einmal pointiert festgehalten.[17] Die verstärkte Betonung konfessioneller Identität darf als Reaktion auf die ökumenische Annäherung gedeutet werden und damit als eine auf Selbsterhaltung ausgerichtete Überlebensstrategie der christlichen Konfessionskirchen. Konfessionalismus verschärft Abgrenzungen, argumentiert stark exklusivistisch und definiert sich durch den Widerspruch zum anderen. Wenn die Identitätsfalle als konfessionelle Profilierungsfalle zu-

---

[16] So Bosco Peters auf seiner Website Liturgy. *Worship that works – Spirituality that connects,* siehe: http://liturgy.co.nz/week-of-prayer-for-christian-diversity (aufgerufen am 3.6.2015).

[17] *Raimon Pannikar:* On Christian Identity – Who is a Christian?, in: *Catherine Cornille* (ed.): Many Mansions? Multiple Religious Belonging and Christian Identity, Maryknoll N.Y. 2002, 121–144 und *ders.:* Religious Identity and Pluralism, in: *Arvind Sharma/Kathleen Dugan* (eds.): A Dome of Many Colors. Studies in Religious Pluralism, Identity and Unity, Harrisburg, Pa 1999, 23–47.

schnapp, wird die Notwendigkeit des gemeinsamen Zeugnisses der Suche nach Identität untergeordnet.[18] Ängstlich besorgt stellt man die Frage: Wer hat was aufgegeben bzw. wer hat mehr aufgegeben im Dialog?[19]

Lässt sich das Problem der Balance zwischen Identität und Offenheit durch gewisse vom Interreligiösen ins Interkonfessionelle gewendete Formen eines "multiple belonging"[20] überwinden? Es geht dabei nicht nur darum, sich von der eigenen konfessionellen Warte aus mit dem Glauben von Christen anderer Kirchen auseinander zu setzen. Vielmehr ist entscheidend, dass auch der eigene Glaube und die eigene Kirche aus der Perspektive der anderen Kirche bzw. anderer Kirchen in den Blick kommen.[21]

Mit unökumenischem Relativismus ist dabei allerdings keinem gedient. Doch Formen bewussten ökumenischen Zusammenlebens, wie sie, um nur ein prominentes Beispiel zu nennen, in Taizé praktiziert werden und die eine Mehrfachzugehörigkeit zum Ausdruck bringen können, sensibilisieren für die Spiritualität anderer Kirchen und Glaubensgemeinschaften. Dies kann sogar, wie in der belgischen Benediktinerabtei Chevetogne, nur von einer Seite praktiziert werden. Entscheidend ist dabei jedoch, dass dies verpflichtet-verlässlich und von einer eindeutigen Basis aus geschieht, nicht als verzweifeltes Suchen nach der besten Kombination von Angeboten, aus der man sich die eigene Patchwork-Religiosität dann zusammen basteln kann. Ein richtig verstandenes "multiple belonging" ist zutiefst gekennzeichnet durch eine Dialektik von Position und Offenheit: Im Dialog müssen wir ansprechbar sein auf Positionen, sonst bleibt der Dialog ein Selbstgespräch oder verkommt zum sprichwörtlichen „Einheitsbrei", wenn wir vermeintlich in allem einig sind.[22] Aber unsere Positionen müssen offene Positionen sein, die sich anfragen, erklären und hinterfragen lassen, sonst

---

[18]   Siehe *Wolfgang Huber:* Was bedeutet Ökumene der Profile, in: epd-Dokumentation 24 (2006), 4–10, hier 8.

[19]   Von diesen oder ähnlichen Fragen mag die Reaktion von mehr als 200 evangelischen Theologieprofessoren bestimmt gewesen sein, die sich nach einer 1999 in der Frankfurter Allgemeinen Zeitung heftig geführten Debatte offen gegen die Gemeinsame Erklärung aussprachen.

[20]   Siehe dazu *Cornille,* Many Mansions? (s. Anm. 17) sowie *Peter C. Phan:* Multiple Religious Belonging: Opportunities and Challenges for Church and Theology, in: Theological Studies 63 (2003), 495–519 oder kritisch *Michelle Voss Roberts:* Religious Belonging and the Multiple, in: Journal of Feminist Studies in Religion 26 (2010), 43–62.

[21]   Siehe dazu die analoge Formulierung in *Phan,* Multiple Religious Belonging (s. Anm. 20), 517: "One tries not only to understand non-Christian religions through the Christian lens (Christian theology of religions) but also to understand Christian faith through the non-Christian lens (comparative theology)."

[22]   Vor allem darin liegt der positive Ansatz einer „Ökumene der Profile"; siehe *Huber,* Was bedeutet Ökumene der Profile (s. Anm. 18).

kommt es zu keiner Bewegung aufeinander zu. Die Grundlage dafür, dass unsere Positionen getrost offen sein können, ist unsere eschatologische Verwiesenheit, denn für keine der Kirchen ist die Heilsgeschichte schon abgeschlossen und damit das letzte Wort schon gesprochen.

Liegt die Zauberformel der Ökumene also in einer dialektischen Zuordnung von Einheit und Vielfalt bzw. Verschiedenheit? Alles scheint von der Frage abzuhängen: Wie viel Einheit ist nötig, damit Vielfalt nicht zur Beliebigkeit verkommt bzw. wie viel Verschiedenheit ist möglich, ohne die Einheit zu gefährden? Divergierende Überzeugungen und Richtungen gibt es bereits innerhalb ein und derselben Kirche. Den verschiedenen Kirchen gelingt es aber meistens, trotz der Divergenzen ihre innerkirchliche Einheit zu wahren.[23] Das Pendant zur *ökumenischen* Debatte um die Einheit ist also die *innerkirchliche* Diskussion um Einheit. Eine gelingende intrakonfessionelle Regulierung von Pluralität gibt zudem zu der Frage Anlass: Welche Unterschiede sind komplementär und bereichern somit, welche trennen dagegen? Wäre ein handhabbares Kriterium zur Klassifizierung der Unterschiede also bereichernd, dass eine Kirche sich dieser Unterschiede als Stärken der anderen freuen kann?

Die Parallele zwischen ökumenischer und innerkirchlicher Einheitsdebatte ist genau genommen sogar noch enger: Jede Kirche besitzt und lebt ihr spezifisches konfessionelles Konzept von Kircheneinheit und von daher ist sie beinahe selbstverständlich bestrebt, „diese konfessionelle Konzeption auch auf das Ziel der Ökumenischen Bewegung zu übertragen. Denn das Verständnis von Kirche, das von den jeweiligen Kirchen vertreten wird, und das von ihnen postulierte ökumenische Modell von kirchlicher Einheit oder Kirchengemeinschaft hängen auf das engste zusammen und bedingen sich wechselseitig".[24] Es ist also ratsam, zwischen dem Verständnis der Einheit der Kirche, dem Modell ihrer ökumenischen Umsetzung und dem konkreten Vollzug der Einheit zu unterscheiden.

5. Einheitsmodelle der Ökumene

Ein solches Einheitsmodell ist das sogenannte Konzept „versöhnter Verschiedenheit". Der Lutherische Weltbund hat es auf seiner Vollversammlung in Daressalam 1977 vorgelegt und folgendermaßen beschrieben:

---

[23] Ein prominentes Beispiel aus jüngerer Zeit ist die Kirche von England, die sich 2013 über die Einführung der Ordination von Frauen ins Bischofsamt verständigen musste.
[24] *Kurt Koch:* Dass alle eins seien. Ökumenische Perspektiven, Augsburg 2006, 21.

„Es ist ein Weg lebendiger Begegnung, geistlicher Erfahrung miteinander, theologischen Dialogs und gegenseitiger Korrektur, auf dem sich die jeweilige Besonderheit des Partners nicht verliert, sondern läutert, wandelt und erneuert und so für den andern als legitime Ausprägung des Christseins und des christlichen Glaubens sichtbar und bejahbar wird. Die Verschiedenheiten werden nicht ausgelöscht. Sie werden auch nicht einfach konserviert und unverändert beibehalten. Sie verlieren vielmehr ihren trennenden Charakter und werden miteinander versöhnt."[25]

Das hermeneutische Denkmodell des differenzierten Konsenses scheint die logische Folge dieses Einheitsmodells zu sein. Beim differenzierten Konsens geht es um keinen Totalkonsens, sondern um den Konsens im Grundlegenden, wobei die verbleibenden Unterschiede auf ihren kirchentrennenden Charakter hin abzuwägen sind.[26] Denn jeder differenzierte Konsens besteht aus zwei Konsensaussagen. Er hält fest, dass „1. im Dialog volle Übereinstimmung erzielt worden ist in dem, was zum Grundlegenden einer bestimmten Glaubensaussage gehört, und 2. auch Übereinstimmung erzielt worden ist, daß die verbleibenden Differenzen in Bezug auf die betreffende Glaubensaussage nicht nur legitim, sondern auch bedeutungsvoll sind und die volle Übereinstimmung im Grundlegenden nicht mehr in Frage stellen".[27]

Nach der obigen Beschreibung ist das Modell der Einheit in versöhnter Verschiedenheit weit entfernt von einer "I believe in Christian difference"-Haltung.[28] Es ist jedenfalls kein Freibrief, die Spaltungen der Kirche *heilsgeschichtlich* positiv bewerten und so sanktionieren zu können. Das hieße nämlich nur, aus der Not eine Tugend zu machen und von der Normativität

---

[25] Modelle der Einheit (Bericht der Sektion II auf der 6. Vollversammlung des Lutherischen Weltbundes in Daressalam 1977), in: *Hans-Wolfgang Heßler/Gerhard Thomas* (Hg.): Daressalam 1977. In Christus – eine neue Gemeinschaft. Offizieller Bericht der Sechsten Vollversammlung des Lutherischen Weltbundes, epd-Dokumentation 18, Frankfurt a. M. 1977, 204–206.

[26] Siehe *Lothar Ullrich:* Die gemeinsame Erklärung zur Rechtfertigungslehre: Bedeutung und Rezeption aus katholischer Perspektive, in: Una Sancta 53 (1998, 4), 353–368, sowie *ders.:* Praxis und Prinzipien einer ökumenischen Hermeneutik: dargestellt an der „Gemeinsamen Erklärung zur Rechtfertigungslehre", in: *Bertram Stubenrauch* (Hg.): Dem Ursprung Zukunft geben: Glaubenserkenntnis in ökumenischer Verantwortung. FS Wolfgang Beinert, Freiburg i. Br./Basel/Wien 1998, 185–224.

[27] *Lothar Ullrich:* Differenzierter Konsens und Komplementarität, in: *Harald Wagner* (Hg.): Einheit – aber wie? Zur Tragfähigkeit der ökumenischen Formel vom „differenzierten Konsens" (Quaestiones Disputatae 184), Freiburg i. Br./Basel/Wien 2000, 102–135, hier 112.

[28] Siehe Anm. 16.

des Faktischen auszugehen. Doch womit ließe sich eine solche begründen? Es müsste sich dann zumindest zeigen lassen, dass die historischen Spaltungen nicht kontingent sind, sondern um der Sache des Christentums willen notwendig waren. Zumindest konzeptuell sind diese Spaltungen, wie sich an der Einheitsparänese des Neuen Testaments zeigen ließ, im Christentum jedoch nicht angelegt. Auch dürfte es schwierig werden, einen Maßstab für die Beurteilung von Notwendigkeit und Adäquatheit solcher Spaltungen zu finden, vor allem wenn zwischen legitimen und illegitimen Kirchenspaltungen unterschieden werden soll.

Das Modell versöhnter Verschiedenheit ist keine Chimäre, so dass sich bei seiner Umsetzung und Interpretation, je nach konfessioneller Umgebung, der Akzent einmal mehr auf Einheit und einmal wieder eher auf Verschiedenheit legen lässt. Denn denken wir das Modell versöhnter Verschiedenheit kreativ weiter, so bietet sich eine chalkedonensische Hermeneutik an, die Einheit und Unterschiedenheit „ungetrennt" und „unvermischt" zusammenhält[29] und so Einheit wirklich „als Geschehen spannender Vielfalt"[30] begreifen kann: Die Beziehung zum dreieinen Gott hat dann unmittelbar mit der Gemeinschaft der Kirche in den Kirchen zu tun.

„Die Bezogenheit auf den einen Herrn steht für die Einheit [...] Alle finden das Gemeinsame in ihrem Bezug auf den Herrn. Zwischen dem Haupt und den Gliedern geschieht die Einheit als ein Geschehen unmittelbarer Nähe zwischen Unterschiedenen in der Zeit. Insofern Gott immer schon in unsere Nähe gekommen und zu uns in Beziehung getreten ist, verdanken wir diese Einheit nicht uns selbst, sondern allein Gott. [Sie ist eine Gabe!] Aber die Nähe Gottes bei uns und die Nähe zwischen uns Menschen werden zur Aufgabe unserer Verantwortung."[31]

Einheit ist dann ein relationales Geschehen, kein statischer, ontologisch zu bestimmender Zustand, sondern ein *Prozess.* Der Wegcharakter ist entscheidend. Vor allem sollten wir uns unterwegs nicht gegenseitig behindern, und es sollte uns in unserer Verschiedenheit nichts Entscheidendes abhanden kommen oder fehlen. Neudeutsch würde man hier empfehlen, auf Synergieeffekte zu setzen!

---

[29] Siehe die Beschreibung des Verhältnisses der beiden Naturen Christi im Glaubensbekenntnis von Chalkedon: „Ein und derselbe ist Christus, der einziggeborene Sohn und Herr, der in zwei Naturen unvermischt, unveränderlich, ungetrennt und unteilbar erkannt wird, wobei nirgends wegen der Einung der Unterschied der Naturen aufgehoben ist, vielmehr die Eigentümlichkeit jeder der beiden Naturen gewahrt bleibt und sich in einer Person und einer Hypostase vereinigt" (DH 302).

[30] *Dirscherl,* Müssen Unterschiede trennen? (s. Anm. 3), 578.

[31] A. a. O., 589.

Die Spaltung der Christenheit behindert allerdings das christliche Zeugnis und schmälert dessen Glaubwürdigkeit. Die zentrale Frage ist, wie die eine Kirche Jesu Christi, gespalten in so viele Kirchen und kirchliche Gemeinschaften, ihrem Grundauftrag, der Verkündigung des Evangeliums in heutiger Zeit, gerecht werden kann. Mit Blick auf die Glaubwürdigkeit ihres Zeugnisses bleibt sie aufgerufen, die Einheit der Kirche, die ja zu ihren Wesenseigenschaften zählt, nach Kräften zu stärken.[32]

Die 2012 vom ÖRK verabschiedete Missionserklärung *Gemeinsam für das Leben* fasst diesen Aufruf für die ÖRK-Mitgliedskirchen so zusammen: „63. Die christlichen Gemeinschaften sind in ihrer Vielfalt aufgerufen, Wege des gemeinsamen Zeugnisses im Geist der Partnerschaft und Zusammenarbeit zu finden und zu praktizieren, auch durch verantwortliche und von gegenseitigem Respekt geprägte Formen der Evangelisation. Gemeinsames Zeugnis ist ‚das Zeugnis, das die Kirchen, auch wenn sie getrennt sind, zusammen und insbesondere durch gemeinsame Bemühungen ablegen, indem sie die göttlichen Gaben der Wahrheit und des Lebens sichtbar machen, die sie bereits miteinander teilen und gemeinsam erfahren'.“[33]

Aus römisch-katholischer Sicht wäre hier nochmals nachzufragen: Reicht das schon? Doch bereits diese Beschreibung des gemeinsamen Zeugnisses getrennter Kirchen unterstreicht: Einheit ist ein relationales Geschehen spannender Unterschiedenheit und Vielfalt, ein gemeinsamer Weg der Christusnachfolge, auf dem die Ökumene darum bemüht ist, dass aus Stolpersteinen Brücken werden, und auf dem gilt, was die Pastoralkonstitution des Zweiten Vatikanischen Konzils *Gaudium et spes* in Nummer 92 so formuliert: „Stärker ist, was die Gläubigen eint als was sie trennt. Es gelte im Notwendigen Einheit, im Zweifel Freiheit, in allem die Liebe.“[34]

---

[32] Für Katholiken ist dies nach *Ut unum sint* 9 „eine Einheit, die durch die Bande des Glaubensbekenntnisses, der Sakramente und der hierarchischen Leitung und Gemeinschaft gebildet wird". *Johannes Paul II.:* Enzyklika Ut unum sint. Über den Einsatz für die Ökumene vom 25. Mai 1995, siehe: http://w2.vatican.va/content/john-paul-ii/de/ encyclicals/documents/hf_jp-ii_enc_25051995_ut-unum-sint.html (aufgerufen am 3.6.2015).

[33] *Ökumenischer Rat der Kirchen:* Gemeinsam für das Leben. Mission und Evangelisation in sich wandelnden Kontexten, Genf 2012 sowie http://www.oikoumene.org/de/resources/documents/commissions/mission-and-evangelism/together-towards-life-mission-and-evangelism-in-changing-landscapes?set_language=de (aufgerufen am 8.2.2015).

[34] *Zweites Vatikanisches Konzil:* Pastoralkonstitution Gaudium et spes. Über die Kirche in der Welt von heute, 1965, siehe: www.vatican.va/archive/hist_councils/ ii_vatican_council/documents/vat-ii_const_19651207_gaudium-et-spes_ge.html (aufgerufen am 8.2.2015).

Einheit und Vielfalt im Christentum

Eine thematische Annäherung in systematisch-theologischer, evangelischer und evangelikaler Perspektive[1]

Werner Neuer[2]

1. Einheit und Vielfalt der Kirche in systematisch-theologischer [d. h. konfessionsübergreifender] Perspektive

Im Neuen Testament finden wir von Anfang an das spannungsvolle *Miteinander von Einheit und Vielfalt der Kirche.* Die historisch-kritische Erforschung der neutestamentlichen Texte in den letzten 150 Jahren hat deutlich gezeigt, dass es in der apostolischen Kirche eine Vielfalt von theologischen Erkenntnissen, geistlichen Prägungen und Ordnungen gab und dass die Vorstellung einer Uniformität von Vorstellungen und Praktiken dem historischen Befund nicht gerecht wird. Diese Vielfalt muss nicht als substantielle Widersprüchlichkeit verstanden, sondern kann als Spannung sich zutiefst ergänzender Unterschiede gedeutet werden, die zuweilen durchaus sogar als Gegensätze erscheinen mögen. Jedenfalls hat die frühe Kirche in den unterschiedlichen Zeugnissen der neutestamentlichen Autoren eine fundamentale sachliche Einheit gesehen, die eine gemeinsame apostolische Grundüberzeugung erkennen lässt. Ekklesiologisch heißt dies, dass schon die apostolische Kirche ihre Einheit nicht in einer Uniformität von Begriffen, Inhalten oder Praktiken gesehen hat, sondern als pluriforme *Einheit in der Vielfalt.* Durch die Kanonisierung der neutestamentlichen Schriften hat die frühe Kirche gezeigt, dass sie die Vielfalt dieser Texte von

---

[1] Vorbemerkung: Angesichts der Komplexität des Themas ist eine holzschnittartige Vereinfachung unvermeidlich!

[2] *Dr. Werner Neuer* unterrichtet Dogmatik, Ethik, Ökumenische Theologie, Religionskunde und Theologie der Religionen am Theologischen Seminar St. Chrischona (tsc) (Schweiz). Außerdem ist er Gastdozent an der Staatsunabhängigen Hochschule Basel (STH).

ÖR 64 (4/2015), S. 488–498

einer Einheit umfasst sah, die deren individuelle und kontextuelle Unterschiedlichkeit nicht aufhebt. Zugleich hat der Vorgang der Kanonisierung (mit seiner Ausscheidung nichtkanonischer Texte) verdeutlicht, dass diese Vielfalt nicht grenzenlos ist, sondern sich deutlich abhebt von Interpretationen, die das apostolische Zeugnis bestreiten. Durch die Kanonisierung, aber auch durch die Konzilsbeschlüsse hat die frühe Kirche gezeigt, dass die Formel „Einheit in der Vielfalt" die apostolische Kirche nicht nur empirisch beschreibt, sondern für diese zugleich *normativen* Charakter hat.

Dass die frühe Kirche mit dieser Einsicht ihre eigene Identität sachgemäß verstanden hat, zeigt eine kurze Stichprobe anhand des neutestamentlichen Verständnisses des Glaubens:

Glauben wird im Neuen Testament einerseits als existentielles Vertrauen auf Jesus Christus und damit als *Existenzakt* beschrieben (vgl. *pisteuein eis*)[3], andererseits als ein Bekenntnisakt, der den Glaubensinhalt (*pisteuein hoti*)[4] als verlässliche Lehre versteht (z. B. Jesus als *kyrios, Sohn Gottes, Messias* etc.). Die christlichen Dogmatiker haben diesen Doppelaspekt des Glaubens seit Augustin als *fides qua creditur* und *fides quae creditur* unterschieden. Der stets individuell und subjektiv geprägte Existenzakt des Glaubens erhält durch den lehrhaften Bekenntnisakt eine Objektivität, die als kollektives *Bekenntnis der Kirche* überindividuellen und übersituativen Charakter hat und sich in der *Taufe* als sichtbares öffentliches Zeichen des einen Glaubens und Bekenntnisses manifestiert. Die Vielheit der stets individuell geprägten Glaubensakte wird so zur Bezeugung der einen (die Subjektivität transzendierenden) „objektiven" Lehre der Kirche.

Das Miteinander von Einheit und Vielfalt bestimmt das ganze NT,[5] es ist aber vor allem *ekklesiologisch* evident: Das NT lässt keinen Zweifel daran, dass die in vielen Texten betonte Vielfalt der Charismen (Röm 12, 1 Kor 14 u. a.) von einer *Einheit in Christus* umfasst ist. Diese Einheit in Christus lässt sich für die Glaubenden einerseits *ontologisch* als „Sein in Christus" und als nicht bloß nominale, sondern reale Gotteskindschaft (Röm 8 u. ö.) beschreiben, die sowohl individuell dem einzelnen Glaubenden zugesprochen wird als auch ihn zugleich kollektiv in die *familia Dei*

---

3   Vgl. Gal 2,16; Joh 1,12; 3,18 u. ö.
4   Vgl.1 Thess 4,14; Röm 10,9; Joh 20,31 u. ö.
5   Vgl. dazu die noch immer wegweisende (überarbeitete) Publikation des Neutestamentlers und Ökumenikers *Oscar Cullmann:* Einheit durch Vielfalt. Grundlegung und Beitrag zur Diskussion über die Möglichkeiten ihrer Verwirklichung, Tübingen ²1990, 21–60.

als der Gemeinschaft des Glaubens und der Glaubenden einfügt. Andererseits wird die Einheit der Kirche aufgrund des neutestamentlichen Ethos der unbedingten Liebe zum *ethischen Gebot,* so dass sich die Glaubenden nicht mit Trennungen und Spaltungen, einem bloßen Nebeneinander oder gar Gegeneinander von Christen zufrieden geben können, sondern entsprechend dem Hohepriesterlichen Gebet Christi (Joh 17) zum Einssein in der Liebe nach dem Urbild und Vorbild der Liebe Christi bzw. der trinitarischen Liebe Gottes berufen sind.[6] Die unlösliche Verschränkung von Einheit der Kirche als *Gabe* und *Aufgabe,* als *Indikativ* und *Imperativ* zeigt sich geradezu klassisch im Epheserbrief, Kap. 4, 1–6 (LÜ):

> „So ermahne ich euch nun, ... daß ihr der Berufung würdig lebt, mit der ihr berufen seid, in aller Demut und Sanftmut, in Geduld. Ertragt einer den andern in Liebe und seid darauf bedacht zu wahren die *Einigkeit im Geist* durch das Band des Friedens: ein Leib und ein Geist, wie ihr auch berufen seid zu *einer* Hoffnung eurer Berufung: *ein* Herr, *ein* Glaube, *eine* Taufe; ein Gott und Vater aller, der da ist über allen und durch alle und in allen."

Als *Ergebnis* dieser einführenden systematisch-theologischen Besinnung können wir festhalten:

Der Glaube an Christus und die Zugehörigkeit zur Kirche als dem einen Volk Gottes, das unbeschadet aller individuellen Vielfalt der Glaubenden im gemeinsamen Glauben an Christus geeint ist, sind untrennbar. Ein unökumenisches oder gar antiökumenisches Verständnis des christlichen Glaubens wäre infolgedessen ein Widerspruch in sich selbst. Jeder Konfessionalismus, der die eigene Konfession mit der Kirche im umfassenden Sinn identifiziert, macht das Teil zum Ganzen und ist ein Verstoß gegen die neutestamentlich *vor*gegebene und *auf*gegebene Einheit in Vielfalt. Authentisches Christentum gibt es nur in der Untrennbarkeit von Einheit und Vielfalt – eine Untrennbarkeit, die nicht nur, aber auch auf der institutionell sichtbaren Ebene deutlich werden muss.

2. Einheit und Vielfalt der Kirche in evangelischer Perspektive

Angesichts der Eingangsüberlegungen zeigt sich, wie schwerwiegend die Folgen der Reformation des 16. Jahrhunderts für die Christenheit waren. Auch wenn die Reformatoren keine Spaltung, sondern eine Erneue-

---

6   Vgl. dazu *Werner Neuer:* Der ökumenische und der interreligiöse Dialog. Gemeinsamkeiten und Unterschiede, KuD 57 (2011/2), 140–142.

rung der Kirche anstrebten, hatte die Reformation gegen ihre Absicht *faktisch* eine Zerstörung der sichtbaren institutionellen Einheit zur Folge. Es darf in diesem Zusammenhang freilich nicht vergessen werden, dass die Einheit der Kirche nicht erst durch die Reformation, sondern bereits durch die im 11. Jahrhundert erfolgte Spaltung in Ost- und Westkirche zerbrochen war – ganz abgesehen von der Trennung der chalzedonensischen Kirche von den prächalzedonensischen Kirchen, die wir Europäer meist unterschätzen, die aber für die orientalische Christenheit geschichtlich bis heute von großer Tragweite war und ist. Auch wenn dadurch die durch die Reformation erfolgte Kirchenspaltung in ihrem Gewicht etwas relativiert wird, darf diese in ihren tragischen Folgen nicht unterschätzt werden, war sie doch der Anfang einer jahrhundertelangen Kettenreaktion von Spaltungen innerhalb des Protestantismus, der sich inzwischen zu einem Flickenteppich von weltweit tausenden von christlichen Denominationen entwickelt hat. Auch der Hinweis auf die fruchtbaren Folgen, die mit der Entstehung einer Vielfalt von Konfessionen unzweifelhaft auch verbunden waren, kann die bitteren Konsequenzen der Kirchenspaltung mit ihren nicht nur unchristlichen, sondern auch unmenschlichen (z. T. sogar gewalttätigen!) Folgen nicht relativieren. Angesichts der unzweideutig klaren Mahnung von Jesus und den Aposteln zur Einheit ist es im Rückblick schwer begreiflich, dass es Jahrhunderte dauerte, bis die Christenheit sich des Skandals der getrennten Kirchen bewusst zu werden begann und nach ernsthaften Wegen zu seiner Überwindung suchte. Dieser – leider allzu langwierige – Prozess der Selbsterkenntnis und der Erkenntnis des Willens Gottes zur Einheit der Kirche fand schließlich im 19. und 20. Jahrhundert dann doch statt, wobei bei diesem Erkenntnisprozess vor allem das Hohepriesterliche Gebet Jesu aus Joh 17 (v. a. V. 21) eine maßgebliche Rolle spielte, die in seiner Wirkung kaum überschätzt werden kann.[7]

Um der historischen Gerechtigkeit willen muss allerdings festgestellt werden, dass die infolge der Reformation entstandene Spaltung gegen den Willen der Verantwortungsträger auf beiden Seiten erfolgte: Zum einen hatte Luther ein Recht auf ein faires Verfahren in dem gegen ihn laufenden kirchenrechtlichen Prozess, und es war theologisch und menschlich unzumutbar, dass er um des Erhaltes der institutionellen Einheit willen seine

---

[7] Vgl. dazu *Wolfgang A. Bienert* (Hg.): Einheit als Gabe und Verpflichtung. Eine Studie des Deutschen Ökumenischen Studienausschusses (DÖSTA) zu Johannes 17 Vers 21, Marburg 2002. Die enorme wirkungsgeschichtliche Bedeutung von Joh 17,21 für das 19. Jahrhundert macht der Beitrag von *Erich Geldbach* (61 ff) deutlich, während die Beiträge von *Dorothea Sattler* (113 ff) und *Michael Weyer* (161 ff) das 20. Jahrhundert beleuchten.

theologische Überzeugung und sein Gewissen opfern würde. Nach evangelischer Auffassung jedenfalls hat die Wahrheit des Evangeliums im Konfliktfall und überhaupt Vorrang vor der institutionellen Einheit der Kirche. Trotzdem haben die lutherischen Reformatoren bis 1535 gewartet, um erst dann mit der Ordination eigener Amtsträger endgültig den institutionellen Bruch zu vollziehen und den in ihrer Sicht nun unausweichlich gewordenen Weg einer eigenen Kirchwerdung zu gehen, obwohl sie noch 1530 im Augsburger Bekenntnis ihre „Entschlossenheit" bekräftigten, „die Einheit der Kirche zu bewahren und innerhalb der einen sichtbaren Kirche zu bleiben" und dafür sogar das Ordinationsrecht der römischen Bischöfe anzuerkennen, sofern ihre Pfarrer das reformatorische Verständnis des Evangeliums predigen könnten.[8] Trotz der beginnenden Kirchwerdung der Lutheraner gingen die Bemühungen, durch Religionsgespräche die drohende Kirchenspaltung vielleicht doch noch zu verhindern, bis 1546[9] bzw. 1552[10] weiter, bis dann spätestens mit den Beschlüssen des Trienter Konzils bzw. dem Augsburger Religionsfrieden 1555 die Kirchenspaltung theologisch, institutionell und reichsrechtlich zum Abschluss kam und das konfessionalistische Zeitalter begann. Es dauerte also immerhin etwa eine Generation, bis die Tür ins Schloss der definitiven Trennung gefallen war.

Ich habe den Vorgang der Kirchenspaltung im 16. Jahrhundert deshalb etwas ausführlicher skizziert, weil er zeigt, dass den Reformatoren durchaus bewusst war, dass die sichtbare Einheit der Kirche nicht leichtfertig aufs Spiel gesetzt werden darf, sondern ernsthaft um sie gerungen werden muss. Im Augsburger Bekenntnis von 1530 haben sie entgegen einem allzu uniformen Verständnis von Einheit in der römischen Kirche betont, dass eine gewisse Pluralität kirchlicher Ordnungen nicht im Gegensatz „zur wahren Einheit der christlichen Kirche" stünde, solange man im Verständnis des Evangeliums und der Sakramente einig sei.[11] Angesichts dessen kann man die Reformation durchaus als Erneuerungsbewegung der Kirche verstehen, die für eine größere Pluralität im Verständnis der legitimen Vielfalt – und damit zugleich für ein weiteres Verständnis von Einheit – in der

---

[8] Vgl. Vom Konflikt zur Gemeinschaft. Gemeinsames lutherisch-katholisches Reformationsgedenken im Jahr 2017. Bericht der Lutherisch/Römisch-katholischen Kommission für die Einheit, Nr. 66–70, Leipzig/Paderborn 2013.

[9] 1540 bis 1546 fanden die sog. Religionsgespräche statt, die 1541 in Regensburg zu einer bemerkenswerten Einigung der Gesprächspartner in der Rechtfertigungslehre führte, die allerdings weder von Luther noch von Rom akzeptiert wurde.

[10] 1552 hatte die württembergische lutherische Kirche durch eine mit der Bekenntnisschrift *Confessio Virtembergica* ausgestattete Delegation den vergeblichen Versuch unternommen, das lutherische Anliegen im Trienter Konzil geltend zu machen.

[11] CA 7.

Kirche eintrat. Der für das Christentum konstitutive Grundsatz „Einheit in
Vielfalt" (s. o. 1.) wurde also auch von den Reformatoren nicht nur akzeptiert, sondern ausdrücklich für ihr Anliegen geltend gemacht.

Das Axiom „Einheit in Vielfalt" blieb in den evangelischen Kirchen bis heute grundsätzlich anerkannt. Allerdings trat in den Jahrhunderten der kirchlichen Trennung der *Einheitsgedanke* zunehmend in den Hintergrund, so dass man sich mit der Not der faktischen Trennung weitgehend abfand bzw. – auf beiden Seiten – das Konzept einer „Rückkehrökumene" vertrat, das die Problematik scheinbar entschärfte, indem es die Wiederherstellung der Einheit durch Konversion der konfessionell getrennten Christen propagierte. Erst als die recht erfolgreiche weltweite Missionsbewegung der evangelischen Kirchen im 19. Jahrhundert durch die kirchlichen Spaltungen erheblich belastet wurde, kam es allmählich zum Umdenken im Sinne der Entstehung einer globalen ökumenischen Bewegung, wie sie dann schließlich in der Entstehung des Ökumenischen Rates der Kirchen (ÖRK) im Jahre 1948 institutionelle Gestalt angenommen hat. Der ÖRK verstand sich als „eine Gemeinschaft von Kirchen, die unseren Herrn Jesus Christus als Gott und Heiland anerkennen" und deren erklärtes Ziel es ist, „das Wachstum des ökumenischen Bewußtseins bei den Gliedern aller Kirchen zu fördern".[12] Nicht alle, aber viele der großen evangelischen Kirchen haben sich teilweise schon bei der Gründung, teilweise in den folgenden Jahren und Jahrzehnten dem ÖRK angeschlossen: Aus den anfangs 147 kirchlichen Gemeinschaften wurden inzwischen 345 hauptsächlich protestantische, aber auch anglikanische und orthodoxe Kirchen.

In der Mitgliedschaft und maßgeblichen Mitwirkung vieler evangelischer Kirchen dokumentiert sich der ausdrückliche Wille der meisten heutigen Reformationskirchen, die bisherige Situation der getrennten Kirchen in einer theologisch verantwortlichen Weise zu überwinden. Auch wenn die angestrebte „Einheit" der christlichen Kirchen und die Wege dahin unterschiedlich und zum Teil sogar kontrovers verstanden werden, ist das ökumenische Wollen unübersehbar, sich mit dem Status quo einer Vielzahl getrennter Kirchen nicht einfach abzufinden. Hinzu kommt, dass sich dieses ökumenische Wollen nicht nur in der Mitwirkung im ÖRK kundtut, sondern auch in den nach dem Zweiten Vatikanischen Konzil einsetzenden *bilateralen Dialogen mit der römisch-katholischen Kirche,* an denen auch die meisten großen evangelischen Kirchen beteiligt sind. Diese Dia-

---

[12] Basis des Ökumenischen Rates der Kirchen, 1948, 11 f, in: *Hans-Ludwig Althaus:* Ökumenische Dokumente. Quellenstücke über die Einheit der Kirche, Göttingen 1962, 11–13.

logprozesse haben insgesamt in vielen wichtigen Fragen sehr erfreuliche dogmatische Übereinstimmungen und Konvergenzen zwischen den christlichen Kirchen erzielt,[13] wobei die 1999 von den lutherischen Kirchen und der römischen Kirche unterzeichnete „Gemeinsame Erklärung zur Rechtfertigungslehre" besondere Hervorhebung verdient, weil sie eine weitgehende Übereinstimmung in der zentralen Kontroverse der lutherischen Reformation erzielte.

Als *Ergebnis* können wir festhalten:

Auch die Kirchen der Reformation haben trotz der zwar nicht gewollten, aber faktisch eingetretenen Kirchenspaltung mit der apostolischen Kirche an dem Grundsatz festgehalten, dass der christlichen Kirche wesensmäßig eine „Einheit in Vielfalt" eingestiftet ist, die sie als Gabe zu erhalten und als Aufgabe zu entfalten hat. Das ökumenische Anliegen gehört also auch nach evangelischer Auffassung zu den *unverzichtbaren* Zielen der christlichen Kirche, die es den getrennten Christen und Kirchen nicht erlauben, sich mit dem faktischen Zustand der getrennten Kirchen einfach abzufinden, indem sie das ökumenische Anliegen aufgeben oder auch nur vernachlässigen. Es darf hier freilich nicht außer Acht gelassen werden, dass in allen Konfessionen seit ca. 15 Jahren ein Prozess der Rekonfessionalisierung zu beobachten ist, der bereits die Verabschiedung der Gemeinsamen Erklärung zur Rechtfertigungslehre in Deutschland belastete (die bekanntlich auf beiden Seiten heftige Kritiker hatte) und sich zwischen den evangelischen Kirchen in Deutschland und der römischen und orthodoxen Kirche in einem immer breiter werdenden Graben in ethischen Fragen (v. a. der Sexualethik) dokumentiert, der alle ökumenisch engagierten Christen besorgt stimmen muss![14] In meiner Sicht stimmt es daher durchaus hoffnungsvoll, dass es innerhalb der evangelischen Kirchen in der evangelikalen Bewegung einen bekennenden Protestantismus gibt, der in den letzten Jahren gerade in den ethischen Fragen Distanz zu Verlautbarungen der EKD erkennbar machte und immer wieder eine beachtliche Nähe zu den traditionellen Positionen der römischen und der orthodoxen Kirchen zeigte, so dass inzwischen eine ökumenische Gemeinsamkeit erkennbar wird, die bereits zu ökumenisch relevanten Schritten führte. Dieser Aspekt führt uns in sachlicher Folgerichtigkeit zum dritten Teil unserer Überlegungen.

---

[13] Vgl. dazu *Walter Kasper:* Die Früchte ernten. Grundlagen christlichen Glaubens im ökumenischen Dialog, Leipzig/Paderborn 2011, 200–204.

[14] Vgl. dazu den sachlich leider wohlbegründeten Aufsatz des katholischen Moraltheologen *Eberhard Schockenhoff:* Wider eine schlechte Arbeitsteilung. Besteht noch der Konsens der Kirchen in ethischen Fragen?, in HerKorr 63 (12/2009), 605–610.

Das bisher gezeichnete Bild des Protestantismus bedarf einer wesentlichen Ergänzung: Die sog. Evangelikalen,[15] die sich spätestens seit dem 19. Jahrhundert als innerkirchliche Frömmigkeits- und Erneuerungsbewegung in den etablierten evangelischen Kirchen, z. T. aber auch als eigenständige Kirchen formiert hatten, blieben – jedenfalls als Bewegung – lange Zeit auf Distanz zum ÖRK.[16] Dies trug bei Vielen zu dem Missverständnis bei, als ob die Evangelikalen an der Einheit der Christen bzw. der Kirche kein Interesse hätten. Dieser Eindruck wurde verstärkt durch die z. T. scharfe Kritik an der als einseitig empfundenen theologischen, ideologischen und politischen Ausrichtung des ÖRK, die von Seiten der evangelikalen Bewegung vor allem seit 1968 erfolgte.

Wenn man genauer hinsieht, stellt man allerdings fest, dass das Thema Einheit und Vielfalt in der Kirche bei den Evangelikalen von Anfang an durchaus eine wichtige Rolle spielte und noch immer spielt.[17] Den Evangelikalen ging und geht es als Frömmigkeitsbewegung zwar nicht in erster Linie um die Frage nach der rechten Lehre und der institutionellen Gestalt der Kirche, sondern darum, in den etablierten Kirchen eine persönliche Christusbeziehung zu wecken und zu fördern, die entschiedene Umkehr („Bekehrung") mit Lebenserneuerung im Sinne des biblischen Evangeliums („Heiligung") verband. Aber gerade dieses Anliegen führte zu einer Ökumene eigener Art: einer *geistlichen Ökumene,* die Christen aus den unterschiedlichsten Konfessionen mit durchaus unterschiedlichen dogmatischen Überzeugungen vereinte, die eine lebendige Praxis Pietatis mit dem Engagement für eine an der Bibel orientierte Evangelisation, Mission und gemeindliche Erneuerung zu verbinden suchte, ohne damit die verschiedenen konfessionellen Überzeugungen und Mitgliedschaften in den verschiedenen Kirchen infrage zu stellen. Als Einheit stiftendes Zentrum galt die Beziehung zu Jesus Christus, dem Zentrum des persönlichen Glaubens und der Kirche.

---

15 Zum Begriff und zur Geschichte der „Evangelikalen" siehe *Stephan Holthaus* (Hg.): Die Evangelikalen – wie sie wirklich sind. Daten und Fakten, die jeder kennen sollte, idea-Dokumentation, Bonn 2011 und *Friedhelm Jung:* Die deutsche Evangelikale Bewegung – Grundlinien ihrer Geschichte und Theologie, Frankfurt u. a. 1992.

16 Dies schloss nicht aus, dass einzelne evangelikale Theologen im ÖRK sogar mitarbeiteten.

17 Vgl. dazu *Werner Beyer:* Einheit in der Vielfalt. Aus 150 Jahren Evangelischer Allianz, Wuppertal/Zürich 1995.

Dieses Konzept einer internationalen geistlichen Ökumene nahm erstmals institutionelle Gestalt an, als im Jahre 1846 – inmitten des sogar noch innerprotestantisch weithin herrschenden Konfessionalismus – fast tausend Christen aus den unterschiedlichsten protestantischen Kirchen Europas und Nordamerikas in London die „Evangelische Allianz" gründeten, die von vielen Teilnehmern als Erhörung langjähriger Gebete für die Einheit der Christen empfunden[18] und von dem evangelikalen Theologen Rolf Hille[19] m. E. zu Recht als „bahnbrechender Impuls für eine Ökumene der Glaubenden" bezeichnet wurde.[20] Der damals bekannte zeitgenössische Theologe Philip Schaff (ein noch immer weithin ignorierter Pionier einer „evangelischen Katholizität" und einer ökumenischen Theologie) äußerte sich geradezu euphorisch, indem er die Übereinstimmung der Evangelischen Allianz „mit dem letzten hohenpriesterlichen Gebet des Herrn um Einheit" hervorhob.[21] In der Tat haben „viele der Väter der Evangelischen Allianz" von Joh 17,21 her gedacht: Es gehörte ausdrücklich zu den Beschlüssen der Gründungskonferenz, das Liebesgebot Jesu zu befolgen und eine Erfüllung des hohenpriesterlichen Gebetes anzustreben.[22] Schon die offizielle Einladung zur Gründungskonferenz verwies nachdrücklich auf Joh 17: „Tief beeindruckt von des Heilands inbrünstigem und letztem Gebet, dass alle, die an ihn glauben, eins sein sollen."[23] Eine ähnlich motivierende Bedeutung hatte Joh 17,21 bei den Anfängen des 1844 gegründeten *Christlichen Vereins Junger Männer* – Young Men's Christian Association (CVJM – YMCA), in dessen Logo dieser Vers eine Mittelpunktstellung hatte, und bei den Anfängen des 1895 von John Mott mitgegründeten *Christlichen Studentenweltbunds*.[24] John Mott aber darf als späterer Leiter der Weltmissionskonferenz von Edinburgh (der „Geburtsstunde der modernen ökumenischen Bewegung") und Ehrenpräsident des ÖRK[25]

---

[18] Vgl. dazu ausführlicher *Hans Hauzenberger:* Einheit auf evangelischer Grundlage. Von Werden und Wesen der Evangelischen Allianz, Gießen und Zürich 1986, 88.

[19] *Rolf Hille* war von 1996–2008 Vorsitzender der Theologischen Kommission der Weltweiten Evangelischen Allianz (WEA).

[20] *Rolf Hille:* „Die Evangelische Allianz – eine Initiative zur innerprotestantischen Ökumene", 1, unveröffentlichtes Referat, gehalten vor der Facharbeitsgruppe Systematische Theologie des Arbeitskreises für evangelikale Theologie (AfeT) am 3.10.2014.

[21] *Erich Geldbach:* „Ut unum sint": Der Gebrauch von Joh 17,21 im 19. Jahrhundert. Ein Werkstattbericht, in: *Wolfgang A. Bienert (Hg.)*, a. a. O. (Anm. 7), 69.

[22] Vgl. *Erich Geldbach,* a. a. O. (Anm. 21), 74 f und *Hans Hauzenberger,* a. a. O. (Anm. 18), 458 (A.4.3.II.).

[23] *Erich Geldbach,* a. a. O., 77.

[24] Ebd., 70 ff, 73 f.

als der „große Architekt der modernen Ökumene" angesehen werden. Bedenkt man all dies, ist dem Kirchenhistoriker Erich Geldbach zuzustimmen, wenn er das zusammenfassende Fazit zieht: „Die Anstöße für die moderne Ökumene kommen ganz wesentlich aus den erwecklichen Traditionen des Protestantismus, die mit ihren vielen Bewegungen dazu beitrugen, sich selbst bzw. ihre Mitglieder und dann auch die Kirchen in Bewegung zu setzen, um ein Gegen- und Nebeneinander der Christen und Kirchen in ein Miteinander zu verwandeln."[26]

Die sich in der Evangelischen Allianz konstituierende Ökumene von Glaubenden unterschiedlicher Denominationen unterschied sich signifikant von der an den institutionellen Kirchen ausgerichteten Bewegung des ca. einhundert Jahre später gegründeten ÖRK. Sie war aber mehr als ein bloß spiritueller und dogmatisch diffuser Zusammenschluss: Die Evangelische Allianz gab sich schon bei der Gründung eine *Glaubensbasis* (in neun Artikeln), die das Wesentliche des christlichen Glaubens im biblischen und altkirchlichen Sinne zusammenzufassen suchte, ohne zu den überlieferten Bekenntnissen der Kirchen in Konkurrenz zu treten. Aufgrund der begeisterten Zustimmung vieler Christen in vielen Ländern entstand ein lockeres internationales Netzwerk von nationalen und regionalen autonomen Allianzen, das seit 2008 *World Evangelical Alliance* (vorher *World Evangelical Fellowship*) [WEA] heißt, inzwischen rund 600 Millionen Christen aus 129 nationalen Allianzen vertritt und damit einen wesentlichen Teil der gegenwärtigen Weltchristenheit darstellt. Dieses Netzwerk will „die geistliche Einheit aller, die von Herzen an Jesus Christus glauben, bewusst machen"[27] und veranstaltet weltweit zahlreiche Aktivitäten (Gebetswochen, Kongresse, evangelistische, seelsorgerliche, diakonische und theologische Initiativen).

Inzwischen gibt es seit den 70er und 80er Jahren des 20. Jahrhunderts auch Kontakte und Gespräche zwischen der WEA und der römisch-katholischen Kirche, die im Jahre 2002 in einem gemeinsamen Text „Koinonia" ihren Niederschlag gefunden haben.[28] Seit 2009 finden jährliche ökumenische Gespräche zwischen der WEA und dem Päpstlichen Rat zur Förderung der Einheit der Christen (PCPCU) statt. Seither haben sich die Kontakte

---

25 Art. „Mott, John R.", in: *Jörg Ernesti/Wolfgang Thönissen* u. a. (Hg.): Personenlexikon Ökumene, Freiburg/Basel/Wien 2010, 154 f.
26 *Erich Geldbach,* a. a. O., 78.
27 Website der Deutschen Evangelischen Allianz (DEA): www.dea.de.
28 Der Text findet sich in: Dokumente wachsender Übereinstimmung, Bd. 4: 2001–2010, Frankfurt/Paderborn 2012, 1116–1150.

zwischen der WEA und der katholischen Kirche weiter vertieft.[29] Trotz nicht unerheblicher theologischer Unterschiede gab es inzwischen auch konstruktive Kontakte und Gespräche mit dem ÖRK, die in Zukunft noch verstärkt werden sollen, um „angesichts der weltweiten Herausforderungen ... stärker mit einer Stimme zu sprechen".[30] Im Jahre 2011 gelang es zum ersten Mal Vertretern des ÖRK, der römisch-katholischen Kirche und der WEA, ein gemeinsames Dokument zum christlichen Zeugnis in einer multireligiösen Welt zu verabschieden.[31]

Ich fasse als *Ergebnis* zusammen:

Die vorgetragenen Fakten veranschaulichen, dass die WEA schon von ihrer Gründung und ihrem Selbstverständnis her, aber auch angesichts der seitherigen Entwicklung bis heute einen eigenständigen, theologisch ernst zu nehmenden und faktisch relevanten Teil der internationalen ökumenischen Bewegung darstellt, der „über den protestantischen Bereich hinaus insgesamt das ökumenische Gespräch fördert und somit neue Horizonte der Zusammenarbeit eröffnet".[32] Es ist keine Frage, dass durch die Existenz der WEA die ökumenische Bewegung gesamthaft nicht mehr nur – wie dies lange Zeit der Fall war – auf eine vor allem *dialogische* und *institutionelle* Ebene beschränkt werden kann, sondern auch um den *spirituellen* und *praktisch-theologischen* Aspekt ergänzt werden muss. Die dialogische und die institutionelle Ebene verlieren dadurch keineswegs an Wichtigkeit, aber erhalten eine wesentliche und unverzichtbare Ergänzung. Im Blick auf das Ganze aber ist jede Ergänzung zugleich auch eine Korrektur bisheriger Einseitigkeiten, welche den ökumenischen Gesamtprozess vielseitiger und innerlich reicher macht, auch wenn er in mancher Hinsicht damit vielleicht auch schwieriger wird. Die Ökumene der Christen und christlichen Kirchen kann jedenfalls nur tragfähig sein, wenn sie sowohl an der *Wahrheit,* als auch an der *Liebe,* als auch an der *Hoffnung* auf den dreieinigen Gott orientiert ist, der allein die befreiende „Einheit in der Vielfalt" schenken kann, nach der wir uns alle (Christen wie Nichtchristen!) sehnen.

---

[29] Vgl. den instruktiven Bericht von *Prof. Thomas Schirrmacher* (dem Vorsitzenden der Theologischen Kommission der WEA): Allianz und Papst rücken enger zusammen, in: BQ 324–Nr. 38/2014.

[30] So die Auskunft von *Rolf Hille,* in: „Wie hält es der Weltkirchenrat mit der Mission", idea-Pressedienst 29.1.2015.

[31] „Das christliche Zeugnis in: einer multireligiösen Welt. Empfehlungen für einen Verhaltenskodex", Bangkok 2011; vgl. www.missionrespekt.de.

[32] *Rolf Hille,* a. a. O., 8 [s. o. Anm. 20]. All dies bedeutet freilich nicht, dass kein weiterer Klärungsbedarf mehr besteht.

Die vielen Gesichter des modernen Buddhismus

André van der Braak[1]

André van der Braak[1]

Einleitung

Heutzutage sehen wir, wie buddhistische Lehrer mit dem Flugzeug überall hin fliegen, wie Menschen aus dem Westen nach Asien und wie Asiaten nach dem Westen reisen. Der Buddhismus ist Teil des herrschenden „Reisekults", und viele Rucksacktouristen kommen auf ihren Reisen nach Asien in Kontakt mit dem Edlen Dharma. Sie verbringen eine Zeit in Klöstern, besuchen das Pilgrims Book House in Kathmandu und beginnen, sich für den Dharma zu interessieren. Der Buddhismus hat seinen Platz in den Lifestylemagazinen, in der Psychotherapie und bei der noblen Gesellschaft gefunden. Mitunter scheint ein Interesse am Buddhismus so etwas wie ein Beweis für „guten Geschmack", „Klasse" oder „Style" zu sein. Viele Vorstellungen, die eigentlich mehr mit New Age und moderner Spiritualität als mit dem asiatischen Buddhismus zu tun haben, bekommen diesen gewissen „Extra Touch", indem man von ihnen sagt, „dass dies der Buddha auch so gesagt haben könnte".

Diese globale Ausbreitung des Buddhismus hat transformative Auswirkungen auf die buddhistische Kultur, sowohl in Asien als auch auf die Gemeinschaften von Konvertiten im Westen. Durch das Aufeinandertreffen von buddhistischer Tradition und Moderne entsteht eine Bewegung, die Ideen, Texte und gefühlsmäßige Einstellungen zwischen Asien und dem Westen hin und her fließen lässt. In der Vergangenheit ging diese Bewegung nur in eine Richtung, aber in den letzten Jahrzehnten ist die Begeg-

---

[1] André van der Braak ist Professor für buddhistische Philosophie im Dialog mit anderen religiösen Traditionen an der Vrije Universiteit Amsterdam.

nung von asiatischem Buddhismus und westlicher Moderne auf eine tief-
greifende Weise wechselseitig geworden.

Während z. B. der traditionelle asiatische Buddhismus nur drei „Fahrzeuge", Yanas, kennt (Hinayana oder richtiger Theravada, Mahayana und
Vajrayana), ist heute nach Ansicht mancher ein neues modernes buddhistisches „Fahrzeug" im Entstehen begriffen, das Navayana: das neue Fahrzeug. Dieses neue Fahrzeug hat viele Gesichter. In diesem Aufsatz möchte
ich vier davon näher darstellen:

(1) Für heutige buddhistische Lehrer, wie etwa Thich Nhat Hanh, ist
dieses moderne buddhistische Fahrzeug durch ein Engagement in gesellschaftlichen Fragen gekennzeichnet; darum auch die Bezeichnung gesellschaftlich engagierter Buddhismus. Das buddhistische Bodhisattva-Ge-
lübde, alle fühlenden Wesen zu retten, beruht auf der befreienden Einsicht
in die wechselseitige Verbundenheit aller fühlenden Wesen. Es ist eine
Form der Konzeptualisierung einer gemeinsamen Solidarität, für die man
im Westen ein großes Potential sieht.

(2) Andere hingegen, wie etwa Stephen Batchelor, treten für einen
westlichen Buddhismus ohne die Lehren (oder sogar Dogmen) von Karma
und Wiedergeburt ein. Batchelors „säkularer Buddhismus" ist so etwas wie
eine alternative Seite des modernen Buddhismus.

(3) Reformer des japanischen Zen wie etwa Hisamatsu sind der Ansicht, dass die moderne Welt einen „universellen Zen" braucht, der auch
die Geschichte mit einbezieht.

(4) Im modernen China gewinnt der Buddhismus in seiner neuen Gestalt als „humanistischer Buddhismus" rasch an Beliebtheit.

1. Gesellschaftlich engagierter Buddhismus

Das buddhistische Konzept der wechselseitigen Verbundenheit zwingt
uns, die Unterscheidung von Denken und Handeln neu zu überdenken.
Wechselseitige Verbundenheit fasst Denken und Handeln zusammen und
überwindet die westliche Neigung, dem Denken den Vorrang vor dem
Handeln zu geben. Philosophen wie Wittgenstein und Heidegger haben
darauf hingewiesen, dass unsere Interaktion mit der Wirklichkeit stets
praktisch und verkörpert ist. Denken und Handeln sind immer verbunden.
Das Denken ist nicht etwas, was das Handeln erst in Gang setzt; Denken
ist selbst eine Form von Aktivität. Unsere Handlungen selbst beinhalten
Wissen, nicht das Wissen, dass etwas der Fall ist („Wissen dass"), sondern
ein verkörpertes Wissen („Wissen wie"), das Wissen, wie man leben muss,
um mit den Menschen und der Natur, die einen umgeben, im Einklang zu

sein, auf der Grundlage eines Wissens um die wechselseitige Verbundenheit. Der vietnamesische Zen-Lehrer, Autor, Dichter und Friedensaktivist Thich Nhat Hanh wurde 1926 geboren und lebt heute im in der Dordogne (Südfrankreich) gelegenen Plum Village-Kloster. Thich Nhat Hanh lehrt in seinen Werken, dass mit Hilfe des buddhistischen Konzepts der wechselseitigen Verbundenheit, das die fundamentale Irrealität jeder Vorstellung von einem isolierten, einzelnen Selbst impliziert, eine wirkliche ökologische Weltsicht entwickelt werden kann. In dieser Hinsicht gibt es anscheinend einen tief gehenden Unterschied zwischen dem Buddhismus und den westlichen monotheistischen Religionen, die mit Nachdruck die Einzigkeit jedes Menschen und die Bedeutung der Erlösung der individuellen Seele betonen.

In Thich Nhat Hanhs Versuch der Entwicklung einer ökologischen Weltsicht spielt der Begriff des Interseins (inter-being) eine besondere Rolle. Er hat den Intersein-Orden gegründet und erklärt den Begriff Intersein folgendermaßen:

„Bei der Betrachtung eines Blattes Papier sehen wir zugleich alles andere, die Wolke, den Wald, den Holzfäller. Ich bin, darum bist du. Du bist, darum bin ich. Das ist die Bedeutung des Wortes Intersein. Unser Sein ist ein Intersein."[2]

Es ist eine ethische Konsequenz dieses Begriffs von ,Intersein', dass wir persönliche Verantwortung übernehmen müssen für Gewalt, wo immer sie in der Welt vorkommt:

„Ich bin dieses Kind in Uganda, nur Haut und Knochen ... und ich bin der Waffenhändler, der tödliche Waffen in Uganda verkauft."[3]

Nur auf diese Weise kann die Gewalt beendet werden. Für Thich Nhat Hanh ist buddhistische Praxis auf der Grundlage des Konzepts des Interseins immer auch eine Form des engagierten Buddhismus. Dies eröffnet die Möglichkeit einer gemeinschaftlichen Perspektive auf die buddhistische Praxis:

„Bei der Meditation geht es nicht darum, aus der Gesellschaft herauszutreten, der Gesellschaft zu entfliehen, sondern sich darauf vorzubereiten, wieder in die Gesellschaft einzutreten. Wir nennen das ,engagierten Buddhismus'. Wenn wir uns in ein Meditationszentrum begeben, haben wir möglicherweise den Eindruck, alles zurückzu-

---

[2] *Thich Nhat Hanh:* Being Peace, Berkeley 1987, 92.
[3] *Thich Nhat Hanh:* Peace is Every Step. Berkeley 1991, 91 (Dt. Übersetzung: Ich pflanze ein Lächeln. München 1992).

lassen – Familie, Gesellschaft und all die Komplikationen, die mit ihnen verbunden sind – und nur als Individuen zu kommen, für die spirituelle Praxis und auf der Suche nach Frieden. Aber das ist eine Illusion, denn im Buddhismus gibt es so etwas wie ein Individuum nicht."[4]

Im Westen könnte ein solcher engagierter Buddhismus eine praktische Anwendung in einer buddhistischen Seelsorge finden.

Buddhistische Seelsorge ist ein relativ neues Phänomen und hängt mit der wachsenden Popularität des Buddhismus und der buddhistischen Meditationspraxis im Westen zusammen. Die Entwicklung einer buddhistischen Seelsorge fügt dem Gesamtbild der Seelsorge nicht nur eine neue Facette hinzu, sondern wird möglicherweise das Feld der Seelsorge insgesamt neu definieren. In buddhistischen Kreisen, insbesondere in Nordamerika, wird der Begriff der „Seelsorge" immer mehr mit dem Begriff der „kontemplativen Sorge" verknüpft oder sogar durch ihn ersetzt.[5]

Die wesentliche Zielrichtung einer solchen buddhistischen kontemplativen Sorge lässt sich mit Begriffen der buddhistischen Tradition beschreiben: anderen helfen, mit den drei Daseinsmerkmalen zurechtzukommen, d. h. mit Dukkha (was oft mit „Leiden" übersetzt wird, aber angemessener als die „grundsätzlich unbefriedigende Natur der Existenz" zu übersetzen wäre), Anicca (Unbeständigkeit) und Anatta (die illusorische Natur jeglicher Vorstellung von einem Selbst). Kontemplative Seelsorge kann mit anderen Worten anderen dazu verhelfen, die Welt im Lichte der wechselseitigen Verbundenheit zu sehen.

Die Praxis des buddhistischen Seelsorgers wird getragen von der fundamentalen buddhistischen Tugend des grenzenlosen Mitleids, so wie es in dem Gelübde des Bodhisattva zum Ausdruck kommt: „Die fühlenden Wesen sind ohne Zahl, ich gelobe, sie alle zu retten." Verbunden mit diesem Merkmal der buddhistischen Seelsorge ist ihr besonderes Engagement in der Entwicklung einer modernen Palliativ- und Hospizversorgung.[6]

Es ist jedoch wichtig zu verstehen, dass der ostasiatisch buddhistische Begriff des Mitleids sich wesentlich von den westlich philosophischen Auffassungen von Mitleid unterscheidet.[7] Während im Westen Mitleid oft als

4   *Nhat Hanh,* Being Peace, 45.
5   Siehe *Cheryl A. Giles/Willa B. Miller* (eds.): The Arts of Contemplative Care: Pioneering Voices in Buddhist Chaplaincy and Pastoral Work, Boston 2012, xvii.
6   Siehe z. B. *Jonathan S. Watts/Yoshiharu Tomatsu* (eds.): Buddhist Care for the Dying and Bereaved, Boston 2012.
7   Vgl. *André van der Braak:* De vele gezichten van compassie (Die vielen Gesichter des Mitleids), Amsterdam 2012 (Antrittsvorlesung).

eine persönliche Eigenschaft angesehen wird, die entwickelt werden kann, entsteht Mitleid in einer ostasiatisch buddhistischen Perspektive spontan dadurch, dass in gegebenen Situationen und in der Begegnung mit anderen in uns eine Resonanz entsteht. Von dieser Perspektive her geht es nicht so sehr darum, bewusst die Eigenschaft Mitleid zu kultivieren, sondern mehr darum, sich selbst zu leeren von jeder persönlichen Bestrebung oder Vorstellung, die solch eine spontane Resonanz des Mitgefühls blockieren könnte (und das schließt sogar oder vielleicht insbesondere alle möglichen Vorstellungen der Hilfe für die andere Person, um die es geht, mit ein). In anderen Worten, man muss die wechselseitige Verbundenheit verwirklichen, um das Mitleid ganz natürlich fließen zu lassen. Diese subtile Beziehung zwischen der wechselseitigen Verbundenheit und dem Mitleid findet sich in vielen Formen des Mahayana-Buddhismus.

2. Säkularer Buddhismus

In der westlichen Welt sind heutzutage das Heilige und das Profane bzw. Säkulare im Konflikt miteinander stehende Kategorien, und es scheint, dass das Säkulare die Oberhand gewonnen hat. Während man früher das Säkulare gewöhnlich durch die Abwesenheit des Heiligen definiert hat, wird das Heilige heutzutage als ein optionaler transzendenter Bereich definiert, der die selbstevidente säkulare Wirklichkeit ergänzt, ein Bereich, an den man individuell glauben kann oder auch nicht. Der Begriff des „immanenten Rahmens" von Charles Taylor beschreibt diese Situation.

Der englische Autor Stephen Batchelor hat dafür plädiert, eine moderne Form des westlichen Buddhismus sollte ohne die Lehren (oder Dogmen) von Karma und Wiedergeburt auskommen. Batchelors provokative Buchtitel (*Buddhism without beliefs; Confessions of a Buddhist Atheist,* und sein neues Buch *After Buddhism*)[8] deuten schon darauf hin, dass er es ablehnt, im Buddhismus eine „traditionelle" Religion nach westlichem Verständnis zu sehen. Batchelor spricht von „säkularem Buddhismus", weil er meint, dass man keine Annahme eines geheimnisvollen transzendenten Bereichs braucht, um die buddhistische Lehre, den *Dharma,* zu praktizieren.[9]

[8] *Stephen Batchelor:* Buddhism Without Beliefs, New York 1997. *Ders.:* Confession of a Buddhist Atheist, New York 2010. *Ders.:* After Buddhism: Rethinking the Dharma for a Secular Age, New Haven 2015.

[9] Vgl. *ders.:* "A Secular Buddhism", in: Journal of Global Buddhism 2012, Vol. 12, 87–107.

Die Begegnung der asiatischen buddhistischen religiösen Traditionen mit der westlichen säkularen Moderne lässt einen neuen Typ des Buddhismus im Westen entstehen, der für Religionswissenschaftler schwer zu fassen ist. Viele westliche Menschen, die sich selbst nach westlichem Religionsverständnis als a-religiös bezeichnen würden, praktizieren eine buddhistische Meditation und nehmen an buddhistischen Ritualen und Liturgien teil. Aber sie bezeichnen sich selbst nicht notwendigerweise als Anhänger der buddhistischen Religion.

Es ist jedoch eine interessante Entwicklung, dass eine wachsende Zahl solcher Menschen sich zugleich als Christen und Buddhisten sehen. Wie ist das möglich? Als der Buddhismus im 19. Jahrhundert in den Westen kam (hauptsächlich die Theravada-Schule), wurde er von vielen als eine rationale und säkulare Religion ohne die Notwendigkeit von Transzendenz begrüßt. Man hat den Buddhismus oft als Lebensweise und nicht als Religion beschrieben. Aber im 20. Jahrhundert kamen der Mahayana- und der Vajrayana-Buddhismus in der Gestalt des tibetischen und japanischen und vermehrt auch chinesischen Buddhismus in den Westen. Die westlichen Anhänger dieser buddhistischen Traditionen widmen sich religiösen Praktiken und Ritualen. Ihre Motivation dazu ist jedoch nicht so sehr das Streben nach Vergebung der Sünden oder nach der Wiederherstellung der Verbindung zum Göttlichen. Es stört sie anscheinend auch nicht, dass die Weltsicht des Mahayana ganz offensichtlich sakramental ist: Die Buddha-Natur durchdringt das gesamte Universum und indem der oder die Bodhisattva-Praktizierende in die eigene inhärente Buddha-Natur blickt, strebt er oder sie danach, sich mit allen Buddhas und Bodhisattvas zu vereinigen in ihrem immerwährenden Streben, alle fühlenden Wesen zu retten.

Diejenigen, die heute den westlichen Mahayana-Buddhismus praktizieren, passen nicht in die üblichen westlichen religiösen Kategorien. Sie sind keine religiösen Gläubigen, sie suchen nicht nach einer Wiederherstellung einer Verbindung zum Heiligen, und sie haben kein klares Konzept von Transzendenz. In diesem Sinne kann man sie als „säkulare Buddhisten" bezeichnen. Sie passen aber auch nicht so ganz in die Kategorie eines säkularen Atheismus. Sie sind eigentlich nicht daran interessiert, klare Unterscheidungen zwischen dem Säkularen und dem Heiligen zu treffen. Diese neuen religiösen Praktiker passen nicht in das Schema eines Gegensatzes von heilig und säkular.

Die Soziologin Grace Davie hat bekanntlich die Religiosität in Großbritannien als „Glauben ohne Zugehörigkeit" beschrieben.[10] Aber im Blick auf

---

[10]   *Grace Davie:* Religion in Britain Since 1945: Believing Without Belonging, New York 1994.

die heutigen westlichen buddhistischen Praktiker sollte man vielleicht eher von „Zugehörigkeit ohne Glauben" sprechen. Sie sind nicht sehr interessiert daran, Grenzen zwischen dem Heiligen und dem Profanen zu ziehen und halten es nicht für notwendig, an einen heiligen transzendenten Bereich zu glauben. Für sie haben ihre religiösen oder spirituellen Bedürfnisse nichts mit der Notwendigkeit der Heilung eines Zustands der Sünde zu tun. Sie praktizieren den Buddhismus im Rahmen der gesellschaftlichen Bedingungen ihres täglichen Lebens und lassen sich von verschiedenen religiösen Traditionen inspirieren (eine vielfältige religiöse Zugehörigkeit). Für sie ist selbst die Bezeichnung „säkularer Buddhismus" etwas, auf das sie auch verzichten könnten.

3. Hisamatsu

Shin'ichi Hisamatsu (1889–1980) war ein bekannter Zen-Philosoph und Zen-buddhistischer Gelehrter. Als Schüler von Kitaro Nishida und Lehrer von Masao Abe kann man ihn lose mit der Kyoto-Schule in Verbindung bringen. Obwohl Hisamatsu Professor an der Universität in Kyoto war und die Ehrendoktorwürde der Harvard-Universität verliehen bekam, ist er im Westen vor allem als charismatischer Laien-Zen-Meister bekannt, der den Zen in Japan dafür kritisierte, dass er die Erleuchtung, das Erwachen (*Satori*), auf Kosten gesellschaftlicher und politischer Erwägungen in den Mittelpunkt stellte. Sein Ziel war ein reformierter und wahrer Zen. Hisamtsu trat nicht nur für die persönliche Befreiung, sondern auch für ein fundamentales Selbsterwachen der ganzen Menschheit ein.[11]

Zusammen mit einigen seiner Studenten an der Universität Kyoto gründete Hisamatsu die FAS-Gesellschaft. Deren Ziel ist es, den Standpunkt eines tiefgreifenden Selbst-Erwachens der Menschheit bekannt zu machen. F steht für die „Verwirklichung des Formlosen Selbst", A für Alle Menschen, und S für Suprahistorische Geschichte. Auf diese Weise versuchte Hisamatsu seine Vision eines wahren reformierten Zen in eine Formel zu fassen:

„Erwachen zu dem *F*ormlosen Selbst,
der Dimension der Tiefe, des Selbst als Grund der menschlichen Existenz;
auf dem Standpunkt *A*ller Menschheit stehen,

---

[11]   Weitere Informationen zu Hisamatsu in dem in Kürze erscheinenden Beitrag von *André van der Braak:* „Hisamatsu Shin'ichi", in: Dao Companion to Japanese Buddhist Philosophy, ed. by *Gereon Kopf,* New York 2015.

der Dimension der Breite, der Menschen in ihrer Gesamtheit;
Geschichte Suprahistorisch schaffen,
in der Dimension der Länge, der erleuchteten menschlichen Geschichte."[12]

In einer solch dreidimensionalen Sicht ist das Erwachen zum Formlosen Selbst nur die erste Dimension, die der Tiefe. Sie ist die Basis für die Dimension der Breite (das Ausdehnen der Erleuchtung auf die gesamte Menschheit) und der Länge (Geschichte suprahistorisch schaffen). Für Hisamatsu bedeutet das Erwachen zum Formlosen Selbst zugleich auch das Einnehmen des Standpunktes der gesamten Menschheit und die Neuerschaffung der Geschichte:

> „Das Formlose Selbst, welches ‚keine-Geburt-und-kein-Tod' befreit von ‚Geburt-und-Tod' ist, hebt in seinem Wirken alle Dinge in die Gegenwärtigkeit. Das ist das Wahre Selbst (F), welches die Quelle von A und S ist. Es ist das Selbst-Erwachen. In ihm ist es ohne räumliche Grenzen (formlos), es ist die Basis aller Menschheit und indem es die Unterscheidung in Vergangenheit, Gegenwart und Zukunft transzendiert, ist es die Basis einer suprahistorischen Geschichte. Weil dieses Selbst Nicht-Denken (mu-nen) ist, Nicht-Geist (mu-shin), und die wahre Wirklichkeit des Nicht-Begrenzten, kann man auf dem Standpunkt der gesamten Menschheit stehen und Geschichte schaffen, indem man Geschichte transzendiert."[13]

Das Erwachen zum wahren formlosen Selbst steht im Zusammenhang mit der Auffassung des Zen vom „Erschauen des eigenen Wesens". Hismatsu versteht aber darunter kein bestimmtes Objekt und auch keinen Grund, keine Leere, die verwirklicht werden müssen:

> „Unter Erkennen des eigenen Wesens verstehen wir nicht eine objektive Kontemplation, ein objektives Bewusstsein oder eine objektive Wahrnehmung der Selbst-Natur oder Buddha-Natur; wir verstehen darunter das Erwachen der Selbst-Natur selbst. Da es keinen Buddha getrennt von diesem Erwachen gibt, bedeutet ‚Buddha werden' zum wahren Selbst-Erwachen zu gelangen."[14]

Hisamatsus dreidimensionaler Standpunkt kommt auch in dem „Gelübde der Menschheit" der Gesellschaft zum Ausdruck:

> „Indem wir ruhig und gefasst bleiben, wollen wir erwachen zu unserem Wahren Selbst, und ganze mitfühlende Menschen werden,

---

[12] Zitiert nach *Christopher Ives:* True Person, Formless Self: Lay Zen Master Hisamatsu Shin'ichi, in: Zen Masters, edited by *Steven Heine/Dale S. Wright,* Oxford 2010, 217–228, hier: 218.

[13] Zitiert nach *Ives,* True Person, 227.

[14] Zitiert nach *Ives,* True Person, 218.

unsere Gaben in ihrer Fülle gebrauchen im Einklang mit unseren jeweiligen Lebensaufgaben,
die individuellen und gesellschaftlichen Leiden und ihre Ursachen wahrnehmen,
die richtige Richtung der geschichtlichen Entwicklung erkennen,
und einander die Hände reichen ohne Unterscheidung von Rasse, Nation oder Klasse.
Lasst uns mit Mitleid geloben, das tiefe Verlangen der Menschheit nach Selbstbefreiung zu verwirklichen und eine Welt zu bauen, in der jeder wahrhaftig und in Fülle leben kann."[15]

Im Westen war Hisamatsu sehr einflussreich und hat zum Entstehen eines westlichen Zen mit beigetragen, der auch gesellschaftliche Fragen einbezieht. Dies wird deutlich bei Christopher Ives und bei dem niederländischen Zen-Lehrer Ton Lathouwers.[16]

4. Humanistischer Buddhismus

In China ist der bekannte buddhistische Reformer Taixu (1890–1947) für eine Reform und Erneuerung des chinesischen Buddhismus eingetreten. Er prägte den Begriff „humanistischer Buddhismus", der sich auf eine Gestalt des Buddhismus bezieht, die das buddhistische „Reine Land" (eine Art buddhistisches Paradies) nicht nur als eine Form der buddhistischen Kosmologie ansieht, als eine Art himmlisches Reich, das man nach dem Tod erlangen kann, sondern als eine gegenwärtige und nicht-gewalttätige Welt, die jetzt und hier geschaffen werden kann:

> „Wenn wir heute, auf Grundlage einer gründlichen Kenntnis unseres eigenen Geistes, reine Gedanken schaffen können und uns anstrengen, gute Taten zu vollbringen, wie schwer kann es dann sein, ein unreines China in ein China des ‚Reinen Landes' zu verwandeln? … Alle Menschen haben diese Geisteskraft und da sie bereits die Fähigkeit (benneng) haben, ein ‚Reines Land' zu schaffen, können sie auch alle das Gelübde ablegen, diese Welt in ein ‚Reines Land' zu verwandeln und hart dafür arbeiten."[17]

Der humanistische Buddhismus wurde durch den taiwanesischen buddhistischen Orden (Sangha) Fo Guang Sshan populär gemacht, der in der ganzen Welt, auch in Europa (Amsterdam und Paris), buddhistische Tempel gegründet hat. Meine eigenen häufigen Besuche im Longquan-Klos-

---

[15]   Zitiert nach *Ives,* True Person, 218.
[16]   Siehe *Ton Lathouwers:* More Than Anyone Can Do: Zen Talks, Amsterdam 2014.
[17]   *Taixu:* "On Establishing a Pure Land on Earth." Complete Works, Taipei 1956, 427.

ter in Peking haben mir einen persönlichen Einblick in diesen humanistischen Buddhismus gestattet. Ethisches Verhalten und soziale Verantwortung gehören sehr stark zum buddhistischen Lebensstil im Longquan-Kloster. Aber es gibt auch sehr kritische Fragen zu diesem humanistischen Buddhismus. Wird hier der Buddhismus dazu benutzt, um eine Rückkehr zu den traditionellen chinesischen Werten zu rechtfertigen? Könnte er vom chinesischen Staat benutzt werden, um staatliche Gewalt und soziale Ungerechtigkeit zu legitimieren und zu rechtfertigen? Erst die Zukunft wird zeigen, welchen Weg der humanistische Buddhismus in China gehen wird.

5. Diskussion

Die vielen Gesichter des modernen Buddhismus zeigen, dass es sehr schwer ist, von einer klar abgegrenzten buddhistischen Tradition zu sprechen, die aus der Begegnung des asiatischen Buddhismus mit der westlichen Moderne entsteht. Wie sollen wir also mit diesen vier Gesichtern des modernen Buddhismus umgehen? Ich möchte kurz einige Möglichkeiten skizzieren:

Zunächst einmal bestehen, wenn wir den modernen Buddhismus als eine gesellschaftlich engagierte Religion ansehen, große Chancen für einen Dialog zwischen einem solchen gesellschaftlich engagierten Buddhismus und dem Christentum. Die Begegnung des Buddhismus mit dem Christentum ist sehr vielversprechend im Blick auf eine neue Form des auch gesellschaftlich aktiven Buddhismus. Wie der amerikanische buddhistische Autor David Loy betont, muss ein solcher neuer Buddhismus allerdings erst noch Form annehmen (im Westen wie in Asien).[18] Loy weist darauf hin, dass die prophetischen Stimmen, die so charakteristisch für die westliche jüdisch-christliche Tradition sind (die Propheten des Alten Testaments, die den König heftig tadeln; mittelalterliche Päpste, vor denen Kaiser um Absolution bitten), in der buddhistischen Tradition fehlen. Und es bleibt abzuwarten, in welchem Maße moderne Formen des engagierten Buddhismus oder humanistischen Buddhismus willens sein werden, eine prophetische Stimme gegen Ungerechtigkeit und Gewalt zu erheben.

---

[18]   *David Loy:* Why Buddhism and the West Need Each Other, 2013, siehe: www.huffingtonpost.com/david-loy/why-buddhism-and-the-west_b_3446616.html (aufgerufen am 18.9.2015).

Das zweite Gesicht des modernen Buddhismus, der säkulare Buddhismus, scheint sich großer Popularität zu erfreuen, denken wir nur an den wachsenden Erfolg von buddhistisch inspirierten Meditationspraktiken zur Achtsamkeit. Die heilende Kraft der Meditation wird nicht nur wissenschaftlich untersucht (in den Sozialwissenschaften, in der Medizin und den Neurowissenschaften), sondern wird auch im Gesundheits- und Pflegebereich eingesetzt (Achtsamkeitsbasierte Stressreduktion [MBSR], Palliativmedizin und als Instrument für Seelsorger). Die Situation ist paradox: Sollen wir darüber klagen, dass dies eine Kommerzialisierung des Buddhismus darstellt oder haben wir hier ein Beispiel für die Praxis eines engagierten Buddhismus?

Wie steht es um Hisamatus Sicht des Buddhismus als einer universalen Kraft? Im 20. Jahrhundert wurde der (Zen)Buddhismus vielfach als eine Art universeller Mystik angesehen, vergleichbar etwa mit der Mystik eines Meister Eckharts. Es wird jedoch mehr und mehr erkannt, dass eine solche Universalisierung des Buddhismus einige wichtige hermeneutische Überlegungen hinsichtlich des historischen, gesellschaftlichen und politischen Kontextes buddhistischer Theorie und Praxis außer Acht lässt. Wenn also der Buddhismus auch eine universale Kraft sein mag, so nimmt er doch lokal Gestalt an, im Austausch mit den gegebenen gesellschaftlichen, wissenschaftlichen und religiösen Rahmenbedingungen.

Diese ersten drei Facetten gehen davon aus, dass die Zukunft des modernen Buddhismus im Westen liegt. Aber wird der moderne Buddhismus ein westlicher Buddhismus sein? Oder liegt die Zukunft des Buddhismus in China? Taixus humanistischen Buddhismus kann man als eine chinesische Form eines engagierten Buddhismus ansehen. Gesellschaftliche Solidarität und Mitleid spielen eine wichtige Rolle. Aber im Gegensatz zu Formen eines westlichen engagierten Buddhismus spielt hier Gesellschaftskritik keine große Rolle. Dagegen ist der Patriotismus in China sehr wichtig. In einem Aufsatz über das Bailin-Kloster, eines der bekanntesten Chanbuddhistischen Klöster in China heute, wird berichtet, wie die Mönche den Slogan „Liebe das Land und liebe die Religion" repetieren, wobei bemerkenswerter Weise die Vaterlandsliebe vor der Liebe zum Buddhismus kommt.[19] Das hängt zweifellos damit zusammen, dass Religion in China dann erlaubt ist, wenn sie in den Grenzen des politisch Zulässigen bleibt. Der Staat fördert den Buddhismus, vorausgesetzt dieser unterstützt die ge-

---

[19] *Fenggang Yang/Dedong Wei:* "The Bailin Buddhist Temple: Thriving under Communism", in: State, Markets and Religions in Chinese Societies, edited by *Feng Yang-gang/Joseph B. Tamney,* Leiden 2005, 63–86.

510 sellschaftliche Ordnung und die Regierungspolitik. Fühlen die chinesischen Mönche sich unwohl dabei? Ich habe mehrfach versucht, dahinter zu kommen. Für sie ist es selbstverständlich, dass Politik und Religion zwei geschiedene Bereiche sind und dass die Politik vor der Religion kommt. Das passt auch mit den konfuzianischen Werten zusammen, die immer noch, trotz des Aufstiegs eines westlichen Kapitalismus, die chinesische Gesellschaft durchdringen.

Eine buddhistische Antwort auf die Frage nach den vielen Gesichtern des modernen Buddhismus bestünde in dem Hinweis, dass alle Dinge wesenlos sind und dass dies auch für den Buddhismus selbst gelte. In dem Maße wie der Buddhismus im Westen mehr und mehr Fuß fasst, wird es möglich, deutlicher nicht nur zwischen den verschiedenen buddhistischen Traditionen in ihrer historischen Entwicklung zu unterscheiden, sondern auch zu einem kulturübergreifenden hermeneutischen Verständnis des modernen Buddhismus zu gelangen, das lokale und geschichtliche Bedingungen und Kontexte berücksichtigt. Ein solches Verständnis ist nicht nur sensibel hinsichtlich der Unterschiede zwischen den geschichtlichen Ausprägungen der buddhistischen Traditionen in Asien und den heutigen Formen eines modernen Buddhismus, sondern auch für die Wechselwirkung zwischen den asiatischen buddhistischen Traditionen, den westlichen religiösen Traditionen und der westlichen säkularen Moderne.[20]

Übersetzung aus dem Englischen: Dr. Wolfgang Neumann

[20] Einiges Material aus diesem Aufsatz wird demnächst unter dem Titel "Nonviolence and violence in Buddhism" in dem Band „Gewaltfreiheit und Gewalt in den Religionen" (Beiträge einer Ringvorlesung vom 25.10.2014 bis zum 26.01.2015 an der Akademie der Weltreligionen in Hamburg) erscheinen.

Die DBU – Die Trägerin der ökumenischen Bewegung der deutschen Buddhisten

Yukio Matsudo[1]

Ein gesamtbuddhistisches Bekenntnis

Der Dachverband der Buddhisten und buddhistischen Gemeinschaften in Deutschland wurde 1955 gegründet und besteht heute als „Deutsche Buddhistische Union (DBU)". Die DBU formulierte 1984 ein gemeinsames, traditionsübergreifendes „Buddhistisches Bekenntnis" und hat in der DBU-Mitgliederversammlung von 2004 eine überarbeitete Version dieses Bekenntnisses verabschiedet. Die besondere Bedeutung dieses gesamtbuddhistischen Bekenntnisses ist der DBU selbst bewusst: *„Erstmals in der historischen Entwicklung des Buddhismus sind alle Haupttraditionen in einem Land organisatorisch vertreten. Um die Einigkeit und Geschlossenheit der deutschen Buddhisten sichtbar zu machen, wurde im Jahr 1984 im Westen Einzigartiges geleistet: Es wurde ein gemeinsames Bekenntnis verabschiedet, das von allen Schulen anerkannt wird. Dieses Bekenntnis ist Leitlinie und Grundlage aller Aktivitäten der DBU."*[2]

In der DBU sind heute 63 Gemeinschaften aus den unterschiedlichsten Traditionslinien und etwa 2.600 Einzelmitglieder vertreten. Vor diesem Hintergrund hat das buddhistische Bekenntnis die Mindestanforderungen

---

[1] Yukio Matsudo war von 2001–2014 Privatdozent für die Fachgebiete Buddhismus und Religionskomparatistik an der Fakultät für Verhaltens- und Empirische Kulturwissenschaften an der Universität Heidelberg. Im Juli 2012 hat er zusammen mit seiner Frau das DaimokuPower-Institut gegründet, das die Quintessenz der Nichiren-buddhistischen Lehre und Praxis in moderner Form konfessionsübergreifend für die individuelle Anwendung anbietet.

[2] Siehe: www.buddhismus-deutschland.de/wer-ist-die-dbu/(aufgerufen am 18.9.2015).

512 zum Ausdruck gebracht, die sich weitgehend an der frühbuddhistischen Form orientieren: die Zufluchtnahme zum „Buddha" (Gründer des Buddhismus), „Dharma" (Lehren Buddhas) und „Sangha" (Glaubensgemeinschaft der Buddhisten) sowie die „Vier Edlen Wahrheiten", die die älteste Erkenntnis über die Entstehung und Aufhebung des Leidens formulieren. Dazu kommen noch die „Drei Schulungen" in „ethischem Verhalten", „Sammlung (Meditation)" und „Weisheit" sowie der respektvolle Umgang unter den Buddhisten: *Ich bekenne mich zur Einheit aller Buddhisten und begegne allen Mitgliedern dieser Gemeinschaft mit Achtung und Offenheit.*[3]

Mit diesem *„Bekenntnis für die Einheit aller Buddhisten"* hat die DBU einen bahnbrechenden Schritt vollzogen. Indem sich die deutschen Buddhisten in der DBU zum „Buddhismus" als einer einzigen, einheitlichen „Konfession" bekennen, akzeptieren sie damit ihre jeweiligen schulischen „Traditionslinien" als eine von vielen verschiedenen Formen des Buddhismus. Diese geistige Haltung einer Quasi-Doppelzugehörigkeit innerhalb des Buddhismus ist für die deutschen Buddhisten in der DBU bezeichnend, da sie – formaliter – für sich selbst keinen Absolutheitsanspruch erheben und alle anderen Traditionslinien als ebenbürtig ansehen. Das heißt – idealiter – auch umgekehrt: wer sich für die Mitgliedschaft in der DBU bewirbt, der akzeptiert zwangsläufig ihr Buddhistisches Bekenntnis, verpflichtet sich zur Einheit der Buddhisten und verzichtet auf seinen eigenen alleinigen Wahrheitsanspruch.[4] Dadurch hat sich immer deutlicher und tiefer eine gesamtbuddhistische Identität herausgebildet. Somit gewinnt die DBU in ihrer Eigenschaft als traditionsübergreifender Dachverband einen zeitgemäßen Charakter als der Träger der ökumenischen Bewegung der deutschen Buddhisten.

Umfrageaktion 2014 zum Thema „Faszination Buddhismus"

Als ein konkretes Beispiel für diese buddhistisch-ökumenische Aktivität ist die Umfrageaktion der DBU zum Thema „Faszination Buddhismus – die Beweggründe für die Hinwendung der Deutschen zum Buddhismus" zu nennen. Sie wurde im Sommer 2014 innerhalb der DBU durchgeführt und

[3] Siehe: www.buddhismus-deutschland.de/buddhistisches-bekenntnis/(aufgerufen am 18.9.2015).
[4] Es gibt einige Streitigkeiten wie z. B. der „Karmapa-Streit" innerhalb der Karma-Kagyü-Linie und der „Kadampa-Streit" in der Gelug-Linie. Die beiden Streitigkeiten sind unter den tibetischen Lamas entstanden und werden auch teilweise von den deutschen Buddhisten ausgetragen, stellen jedoch keine direkten deutschen Konflikte dar.

die Auswertung der Ergebnisse liegt mittlerweile vor.[5] Anhand dieser empirischen Untersuchung lassen sich einige Besonderheiten des „deutschen Buddhismus" erkennen, so wie er in der DBU vertreten ist. Als Erstes seien jedoch die Unterschiede des Buddhismus in seiner asiatischen Heimat im Vergleich zu der Situation in Deutschland dargestellt.

Die religiöse Zugehörigkeit der Buddhisten wird im jeweiligen Heimatland in der Regel über ihre schulische Zugehörigkeit definiert, wie z. B. in Japan zu der Zen-, Nichiren- oder Jodo-Shin-Schule sowie in Tibet zu der Nyingma-, Kagyü-, Sakya- und Gelug-Schule. Die einzelnen Schulen stellen dabei nicht nur eine jeweilige bestimmte Traditionslinie der Lehre und Praxis dar, sondern auch eine konkrete religiöse Institution, die ihre Präsenz unter bestimmten soziopolitischen Rahmenbedingungen bewahren. So wie die christlichen Kirchen haben auch die buddhistischen Schulen aufgrund ihres Wahrheitsanspruchs untereinander um die Hegemonie gekämpft oder wurden in jeweilige politische Machtkämpfe der weltlichen Herrscher verwickelt und zu solchen benutzt. Darüber hinaus lassen sich die buddhistischen Traditionslinien in ihrem Heimatland auch durch den Aspekt einer „Volksreligion" charakterisieren, die unter der breiten Bevölkerung praktiziert wird. Dabei stehen diverse Riten für die Erlangung weltlicher Wohltaten und Zeremonien für die Verstorbenen, die Anbetung von Dämonen und Göttern, sowie Heiligenverehrung und die Sonderstellung der Ordinierten im Vordergrund. Diese Praktiken weisen oft eine Reihe von Aber- und Wunderglauben auf und sind somit „populär" im zweifachen Sinne des Wortes: unter dem Volk verbreitet und beliebt, daher auch volkstümlich und weltlich. Auf dieser Ebene der Volksreligion ist eine strikte Trennung zwischen den Ordinierten bzw. religiösen Experten und den Laienanhängern ebenfalls charakteristisch.

In Deutschland werden all diese volksreligiösen Elemente im asiatischen „Migrations-Buddhismus" weiter gepflegt, der kultur- und traditionsgebunden eine „Religion" mit dem Fokus auf den Familien und Riten für den ganzen Lebenszyklus von Geburt bis zum Tod und Ahnenverehrung darstellt. Im Gegensatz dazu haben die deutschen Buddhisten von Anfang ihrer Rezeptionsgeschichte an den Buddhismus weitgehend als eine Philosophie bzw. eine Lebens- und Weltanschauung rezipiert, indem sie ihren Fokus auf die philologische und philosophische Auslegung der buddhistischen Schriften legten. Dabei haben sie auf die meisten volksreligiösen Elemente verzichtet und praktizieren vorwiegend spirituell orientierte Meditationsübungen. Der tibetische Buddhismus stellt in dieser Hinsicht eher

---

5   *Yukio Matsudo:* Faszination Buddhismus. Beweggründe für die Hinwendung der Deutschen zum Buddhismus, Norderstedt 2015.

514 eine Ausnahme dar, weil viele tibetische Schulen und Gemeinschaften in der Regel noch unter der Leitung von tibetischen Lamas geführt und betreut werden. So findet dort, wo die Deutschen die Initiative und Leitung für die Gestaltung der buddhistischen Lehren und des Sangha-Lebens übernehmen, ein komplett anderer Entwicklungsprozess statt.

Die Rezeption des Buddhismus in Deutschland zieht darüber hinaus – im Idealfall – folgende Vorteile aus dem Neuland der Postmoderne, wie z. B.:

1. frei von den religiösen und politischen Konflikten der Schulen im jeweiligen Heimatland zu sein,
2. frei von kulturell gebundenen, volkstümlichen Traditionen sowie von ideologischen und institutionellen Einschränkungen zu sein, die oft die buddhistischen Lehren und Praktiken verformt haben,
3. die Freiheit zu haben, eine Auswahl der „authentischen", „ursprünglichen" Lehren und Praktiken der jeweiligen Traditionslinien zu treffen.

Es geht nun um die Frage nach der bestimmten Art und Weise, wie die Deutschen den Buddhismus rezipieren, d. h. wie sie bestimmte Aspekte und Elemente des Buddhismus aussortieren und bevorzugen. Diese Frage steht unmittelbar mit den deutschen Kulturstandards in Zusammenhang, die ihrerseits weitgehend die historischen Erfahrungen mit der Reformation, dem Geist der Aufklärung und der Säkularisierung der Gesellschaft widerspiegeln.

Deutsche Buddhisten vor ihrem christlichen Hintergrund

Zunächst ist der religiöse Hintergrund der Deutschen von großer Bedeutung. Aus den Daten der DBU-Umfrage 2014, die eindeutig die beiden großen christlichen Konfessionen betreffen, geht hervor, dass 380 Personen von 479 in der DBU befragten deutschen Christen zum Buddhismus konvertierten (79 %), während 99 Personen bis heute bei ihrer kirchlichen Zugehörigkeit geblieben sind (21 %). 80 von diesen 99 Personen wiederum bezeichnen sich als „Buddhisten", obwohl sie – formaliter konfessionell gesehen – keine Buddhisten sind. Sie bleiben Christen, üben jedoch den Buddhismus aus und fühlen sich dem Buddhismus zugehörig. Die anderen 19 gehören zu den „Dharma-Übenden", die mit dem klaren Bewusstsein Buddhismus praktizieren, obwohl sie konfessionell keine Buddhisten sind. Gerade dieser Umstand, dass immerhin 21 % der an der Umfrage beteiligten Deutschen den Buddhismus bewusst oder unbewusst als Christen ausüben, führt zu weiteren Fragen, wie z. B.: Was bedeutet es, ein Buddhist zu sein? Ist der Buddhismus keine konfessionelle Religion? Stellt die Zufluchtnahme zu den drei Juwelen von Buddha, Dharma und Sangha, die in dem „Buddhistischen Bekenntnis" der DBU zum Ausdruck kommt, kein Glaubensbekenntnis dar?

Für einen Kirchenaustritt bei deutschen Buddhisten sind zwei Gründe maßgeblich: „Mit den Dogmen nicht zufrieden" sind 132 von 213 Personen, die daher aus der evangelischen Kirche ausgetreten sind (d. h. 62 %), und 130 von 167 Befragten sind aus der katholischen Kirche ausgetreten (d. h. 78 %). Der „Vertrauensverlust" ist mit 50 % für die katholische Kirche weit höher als der für die evangelische Kirche mit 29 %. Es fällt dabei stark auf, dass man offensichtlich keine „dogmatische" Lehre mit der Vorstellung eines transzendenten „Gottes" favorisiert, der das Leben des Einzelnen und die Abläufe der Welt bestimmt. Eine Religion darf nach Meinung der Befragten dabei auch keinen „Absolutheitsanspruch" erheben, der eine unheilsame Polarisierung von „guten Gläubigen" und „bösen Ungläubigen" bis hin zu einem Feindbild der Andersdenkenden mit sich führt.

Deutsche Laienbuddhisten vor dem Hintergrund ihres deutschen Kulturstandards

In Übereinstimmung mit dieser Präferenz für eine „nicht-dogmatische Lehre ohne Gott und Absolutheitsanspruch" bevorzugen die befragten deutschen Buddhisten am meisten den Aspekt einer „Selbstverantwortungsethik" (42 % bei 245 von 578) im Buddhismus. Dieser Aspekt ist in der Lehre des Karma als Gesetzmäßigkeit von Ursache und Wirkung begründet: Jeder erntet, was er gesät hat. Die an der Umfrage Beteiligten ziehen die Vorstellung vor, dass jeder für seine eigene Lebenslage und seine Handlungen voll verantwortlich ist, sodass man die Schuld für seine eventuell unglückliche Lebenslage weder einer anderen Person noch irgendeiner Institution zuschieben kann. Eine solche Selbstverantwortungsethik – das muss noch unter Berücksichtigung des oben erläuterten Aspekts hinzugefügt werden – scheint ohne einen Bezug zu einem transzendenten Gott, dem Bedürfnis der modernen, aufgeklärten und wissenschaftlich orientierten Individualisten zu entsprechen. Diese selbstbewusste Einstellung wird dabei ausdrücklich durch das Mahayana-Konzept über die Buddha-Natur bzw. die reine Natur des Geistes, d. h. eine generelle Möglichkeit zur Erleuchtung jedes Menschen, unterstützt. Diese Konzepte besagen, dass jeder Mensch mit dem Erleuchtungspotential ausgestattet ist und dieses auch durch die buddhistische Praxis aktivieren und entfalten kann, um sich vom Alltagsbewusstsein des Egos und seinem negativen Karma zu befreien und das eigene Leben positiv

516 neu zu gestalten. Diese Ausrichtung auf eine positive Gestaltung des eigenen Lebens auf der Grundlage der buddhistischen Lehre und Praxis ist nachvollziehbar, da 98 % der Umfragebeteiligten Laienbuddhisten sind.

Vor diesem Hintergrund lassen sich die „deutschen Laienbuddhisten" aufgrund des Ergebnisses der DBU-Umfrage durch folgende Eigenschaften charakterisieren:

- Deutsche Buddhisten mögen keine dogmatische Religion mit Absolutheitsanspruch und bevorzugen eine spirituelle Lehre und Praxis mit Offenheit, Toleranz und Friedfertigkeit.
- Sie sind Individualisten mit sozialethischem Verantwortungsbewusstsein und wollen nicht nur ihr eigenes Leben selbstverantwortlich gestalten, sondern sich auch für soziale und gesellschaftliche sowie ökologische und pazifistische Belange engagieren.
- Sie sind aufgeklärte Rationalisten und befassen sich mit der Lehre und Praxis wissenschaftlich und kritisch.
- Sie sind zugleich Romantiker, die jedoch spirituell orientiert sind und sich nach seelischen Zuständen wie unbegrenzter Liebe und Verbundenheit mit allem sehnen.
- Die buddhistische Lehre und Praxis dient ihnen nicht nur zur Erlangung von Ruhe und Frieden im Inneren, sondern auch zum psychotherapeutischen Zweck der psychosomatischen Heilung und zur Lebenshilfe.

Hier sind zwar fünf Eigenschaften genannt, die für die deutschen Laienbuddhisten in ihren Grundzügen charakteristisch erscheinen, sie können jedoch auch als fünf verschiedene Typen der deutschen Buddhisten angesehen werden, die die eine oder andere oder auch mehrere Eigenschaften stärker zeigen, wie z. B. spirituell, individualistisch, rational oder romantisch oder auch psychotherapeutisch orientierter Buddhist. Diese Typologie scheint im Grunde weitgehend den modernen Kulturstandard der deutschen Bildungsschicht widerzuspiegeln.

Die Vielfalt der buddhistischen Traditionslinien

Für diese verschiedenen Typen und Präferenzen der deutschen Buddhisten steht eine bunte Vielfalt von kulturell sehr unterschiedlich ausgeprägten Formen von buddhistischen Traditionslinien aus unterschiedlichen Herkunftsländern zur Verfügung. Darüber hinaus reicht das breite Spektrum hinsichtlich der Organisationsform von streng monastischen Traditionen bis hin zu weltlich orientierten Laienorganisationen.

517

In der DBU-Umfrage sind zehn verschiedene Schulen bzw. Gemeinschaften vertreten: die Kagyü-, Nyingma- und Gelug-Linie aus Tibet, das
Soto- und Rinzai-Zen sowie der Nichiren-Sangha aus der japanischen Tradition, der Theravada-Buddhismus und das Intersein in der Ausprägung des
vietnamesischen Zen-Meisters Thich Nhat Hanh sowie die Einzelmitglieder
ohne feste Anbindung an bestimmte Gemeinschaften. Dabei lassen sich die
Lehrinhalte dieser unterschiedlichen Traditionslinien – von der Selbst-
wahrnehmung ihrer Mitglieder her, wie sie sich in der DBU-Umfrage her-
auskristallisiert hat – nicht mehr genau nach der herkömmlichen Dreitei-
lung des Buddhismus von Theravada, Mahayana und Vajrayana einteilen.
Der Buddhismus wird vor dem Hintergrund der deutschen Kulturstandards
und der soziopolitischen Rahmenbedingungen rezipiert und verarbeitet,
sodass neben einer bestimmten Auswahl von Lehrelementen ebenfalls eine
Bedeutungsverschiebung bestimmter Begriffe und Konzepte stattgefunden
hat und noch weiter stattfindet.

Der Theravada-Buddhismus beispielsweise sollte sich von seiner ursprünglichen Ausrichtung her mehr nach seinen epistemologischen und soteriologischen Konzepten richten. Doch die Form, wie er in Deutschland
rezipiert und praktiziert wird, scheint eine bemerkenswerte Verschiebung
erfahren zu haben, die mehr in einer meditativen Ausübung zur spirituellen Orientierung mit weiteren praktischen Konsequenzen im Alltagsleben
liegt als in einem reinen Streben nach der Erleuchtung im Sinne des Nir-
vana zur Befreiung des leidvollen Samsara.

Aufgrund der Daten aus der DBU-Umfrage lassen sich die Ausrichtun-
gen der unterschiedlichen Schulen bzw. Gemeinschaften zum einen nach
der ausgeprägten Orientierung am „Meister", der „Praxis" und der „Erfahrung" im täglichen Leben einteilen, zum anderen nach der Ausrichtung eines introvertierten Spiritualismus über die achtsame Lebensführung bis
hin zum extrovertierten Pragmatismus.

Vielfältige Interessen der deutschen Buddhisten

Die Vielfalt des Buddhismus in Deutschland betrifft nicht nur die Traditionslinien mit ihren unterschiedlichsten Doktrinen und Praktiken sowie
Organisationsstrukturen, sondern auch die Interessen der deutschen
Buddhisten selbst. Obwohl so viele verschiedene buddhistische Richtungen und Gemeinschaften wie auf dem Jahrmarkt und für alle Geschmacks-
richtungen angeboten werden, kann man sich – zufällig oder gezielt – für
die eine oder andere Richtung entscheiden und diese ausprobieren. Manche bleiben und entwickeln ein gewisses Zugehörigkeitsgefühl zu einem

bestimmten Sangha, andere wiederum wollen sich nicht fest binden. Diejenigen, die sich einer bestimmten Gemeinschaft nicht anschließen möchten, die aber Buddhist werden wollen, treten dann oft als Einzelmitglied in die DBU ein. Sie beschäftigen sich mit dem Buddhismus in ihrer eigenen Art und Weise, besuchen dieses oder jenes Zentrum, um die eine oder andere Form der Meditation zu üben. Es gibt aber auch viele Einzelmitglieder der DBU, weil ihre Gruppierungen nicht zur DBU gehören. Hinzu kommen noch mehrere Tausende von „Gelegenheitsbuddhisten", die ab und zu mal diverse buddhistische Zentren besuchen, wenn sie Zeit und Lust haben. Diese befassen sich zwar mit dem Buddhismus, wollen sich ihm jedoch keineswegs verpflichten. Für diese Menschen stellt der Buddhismus keine konfessionell verbindliche Religion dar, sondern schlicht einen spirituellen Weg unter vielen anderen.

Ökumenische Zusammenarbeit in den buddhistischen Zentren

Als das zweite konkrete Beispiel für die ökumenische Zusammenarbeit unter den deutschen Buddhisten innerhalb der DBU sind die Parallelangebote der verschiedenen buddhistischen Schulen in einem Zentrum zu nennen.

Der Buddhismus stellt in Deutschland eine Minderheitsreligion dar. Da viele buddhistische Gemeinschaften über keine großen finanziellen und personellen Ressourcen verfügen, ist es ökonomisch und zweckmäßig, die bestehenden Einrichtungen zu benutzen und in diesem Rahmen die Praktiken anzubieten. Das buddhistische Meditationszentrum Karma Chang Chophel Ling in Heidelberg beispielsweise ist eine regionale Gruppe der tibetischen *Karma Kagyü Gemeinschaft* unter der Schirmherrschaft des 17. Gyalwa Karmapa, die als eine DBU-Mitgliedsgemeinschaft *„den ethischen Grundsätzen eines gemeinsamen buddhistischen Bekenntnisses verpflichtet ist"*. Dort werden trotz einer eindeutigen schulischen Zugehörigkeit jede Woche – neben den Meditationsübungen der eigenen Tradition – die Meditation der japanischen Soto-Zen-Gruppe und die Achtsamkeitsmeditation des vietnamesischen Zen-Mönchs, Thich Nhat Hanh, angeboten.[6] Als ein weiteres Beispiel sei das *Waldhaus am Laacher See* des Vereins *Buddhismus im Westen* erwähnt, das als ein offenes Retreat- und Seminarhaus dient und diverse Kurse mit den unterschiedlichsten Meditationsmethoden anbietet.[7]

---

[6] Siehe: www.kcl-heidelberg.de/index.php/wochenprogramm-mainmenu-33 (aufgerufen am 18.12.2014).

[7] Siehe: http://waldhaus.buddhismus-im-westen.de/programm-2015/(aufgerufen am 18.9.2015).

Diese Art der traditionsübergreifenden Zusammenarbeit ist erstens in den Herkunftsländern der jeweiligen Traditionslinien aufgrund schulischer Konflikte und Streitigkeiten nicht denkbar und zweitens selbst in Deutschland nicht möglich gewesen, solange jede Schule bzw. Gemeinschaft auf ihren exklusivistischen Heils- und Wahrheitsanspruch bestand. Die deutschen Buddhisten haben somit offenbar ein anderes Verhältnis zu ihren spezifischen Lehren und Praktiken, die zwar bestimmten buddhistischen Traditionslinien angehören, jedoch nicht als „Konfession" verstanden werden wie z. B. „evangelisch", „katholisch" oder „orthodox", um nur einige große christliche Kirchenzugehörigkeiten zu nennen. Im Fall der buddhistischen Schulen, die in die DBU-Mitgliedsgemeinschaft aufgenommen worden sind, steht das „buddhistische Bekenntnis" der DBU als die gemeinsame „Konfession", während ihre eigene Traditionslinie als eine von vielen verschiedenen Formen des Buddhismus verstanden wird.

Zusammenfassung

Zum Schluss seien die wichtigsten Aktivitäten und Projekte der DBU zusammengefasst, die ihre Aufgabenstellung als Träger der ökumenischen Bewegung der deutschen Buddhisten erfüllt:

1. Die DBU fördert die gesamtbuddhistische Identität der Buddhisten in Deutschland, und das gemeinsame „Buddhistische Bekenntnis" stellt die Leitlinie und Grundlage aller Aktivitäten der DBU dar.
2. Die DBU ist Herausgeberin der Vierteljahreszeitschrift „Buddhismus aktuell". Die Zeitschrift will u.a. Debatten anstoßen und mit dem Facettenreichtum buddhistischen Lebens, vor allem bei uns im Westen, vertraut machen. Sie stellt Buddhismus in seinen Aspekten als Religion, Philosophie und Lebenspraxis dar und gibt vielfältige Anregungen für das Alltagsleben. Sie zeigt, welche Bedeutung buddhistisch inspirierte Lehren und Praktiken für unsere Gesellschaft, für Kunst und Kultur, für Ökologie und Mitwelt haben können.[8]
3. Regelmäßig wird entweder eine Tagung oder ein Kongress der DBU veranstaltet. Im Jahr 2014 fand eine Tagung unter dem Motto „Buddhisten in Deutschland – Treffen – Kennenlernen – Austauschen" statt, die allerdings eher den Charakter eines innerbuddhistischen Dialogs hatte als den eines Kongresses, der für alle offen ist.

---

[8] Siehe: www.buddhismus-aktuell.de/ (aufgerufen am 18.9.2015).

4. Im Sommer 2014 wurde innerhalb der DBU eine Umfrage über das Thema „Faszination Buddhismus – Die Beweggründe für die Hinwendung der Deutschen zum Buddhismus" durchgeführt. Diese Umfrageaktion wurde für die aktuelle gesamtbuddhistische Bestandsaufnahme erforderlich, als die DBU-Beauftragte für interreligiösen Dialog von Seiten der katholischen Weltanschauungsbeauftragten zu ihrer Fachtagung zum Thema Buddhismus eingeladen wurde. Das Ergebnis wurde sodann innerhalb der DBU-Tagung im November 2014 präsentiert und diente zur Grundlage für gemeinsame Diskussionen unter den Teilnehmern.

5. Die DBU bietet ein Studienprogramm zum breitgefächerten Themenbereich „Buddhismus" sowohl für praktizierende Buddhisten als auch für ein allgemeines Publikum an. Eine Arbeitsgemeinschaft (AG) befasst sich mit der Erstellung von angemessenen Unterrichtsmaterialien, die im Schulunterricht zum Thema Buddhismus verwendet werden können.

6. Des Weiteren übernimmt die DBU eine Reihe von weiteren wichtigen Aufgaben, die einen gesamtbuddhistischen und öffentlichen Charakter haben. Dazu gehören u. a. das Streben nach der Erlangung der staatlichen Anerkennung als „Körperschaft des öffentlichen Rechts", die eine Reihe von Vorteilen bringt, wie z. B. die Gleichstellung mit den anerkannten Religionsgemeinschaften, mehr Präsenz in den Medien, den Zugang zu öffentlichen Mitteln für die Einrichtungen im Bildungs-, Gesundheits- und Sozialbereich, die rechtliche Grundlage für buddhistischen Religionsunterricht in allgemeinbildenden Schulen sowie die Einrichtung buddhistischer Friedhöfe.[9]

Durch die Anerkennung als öffentlich-rechtliche Religionsgemeinschaft wird der Buddhismus insgesamt einen offiziellen Status gewinnen. Insofern stellt der Buddhismus in Deutschland noch eine Randerscheinung dar, besitzt jedoch ein großes Potential zu Wachstum und kann eine Reihe von wichtigen Beiträgen zur religiösen Freiheit und Toleranz sowie dem Frieden im Lande leisten.

[9]   Siehe: http://buddhistische-ordensgemeinschaft.de/buddhismus_deutschland_anerkennung.htm (aufgerufen am 18.9.2015).

Muslime als Bereicherung der Vielfalt Europas?

Mouhanad Khorchide[1]

Wenn zunehmend Menschen unterschiedlicher Kulturen und Religionen in globalisierten Gesellschaften Tür an Tür wohnen, stellt sich dementsprechend die Frage, wie die jeweiligen konkurrierenden Sinnsysteme und Glaubenswahrheiten friedlich zusammenfinden können. In den modernen Gesellschaften Westeuropas stellt nicht nur die religiöse Vielfalt eine Herausforderung für ein friedliches Zusammenleben dar, sondern auch die Koexistenz dieser religiösen Vielfalt in einer sich immer stärker säkularisierenden Gesellschaft.

Die Ankunft der Muslime im Zuge der Arbeitermigration in der zweiten Hälfte des zwanzigsten Jahrhunderts trug zu einem Wandel der Gesellschaften vieler Länder Europas – wie Deutschland, Österreich und der Schweiz – bei. Diese Gesellschaften wurden kulturell wie religiös pluraler. Die Ankunft des Islams wurde nicht selten als Bedrohung der eigenen Werte wahrgenommen. Vertreter dieser These stellen Rückfragen an den Islam und fordern ihn auf, sich zu europäischen Werten zu bekennen; der Islam stelle eine Bedrohung für die Errungenschaften der europäischen Kulturgeschichte dar, die auf einer jüdisch-christlichen Grundlage basierten. Der Islam wird daher als starke Herausforderung gesehen. Schon in der Einleitung zu der Studie „Muslime in Deutschland", die durch das deutsche Bundesministerium des Innern gefördert wurde, heißt es im ersten Absatz: „Im Kontext aktueller Debatten um Zuwanderung hat die Situation von Muslimen in Deutschland einen besonderen Stellenwert. Im Zentrum der Diskussionen, die stark auch von Sicherheitsfragen geprägt

[1] Mouhanad Khorchide ist Professor für Islamische Religionspädagogik an der Westfälischen Wilhelms-Universität (WWU) Münster und Stellv. Direktor des Centrums für Religiöse Studien und Leiter des Zentrums für Islamische Theologie.

522 werden, stehen unter anderem die Problematik des so genannten 'home-grown-terrorism' und damit verbundene Auseinandersetzungen, die sich um die Schlagworte des Islam in der Diaspora, des Islamismus und des islamischen Fundamentalismus ranken (vgl. z. B. jüngst Hoffman et al., 2007). Thematisiert werden ferner Segregationsprobleme und die Gefahren der Etablierung parallelgesellschaftlicher Strukturen mit Blick auf eine mögliche gesellschaftliche Bedrohung, die neben Desintegrationsphänomenen auch in einer Beeinträchtigung der aktuellen Sicherheitslage gesehen wird. In dieser Ausgangssituation ist im Interesse einer rationalen Debatte sowie einer evidenzbasierten Planung von Maßnahmen wissenschaftlich dringend klärungsbedürftig, in welchem Maße unter den in Deutschland lebenden Muslimen tatsächlich Prozesse der Entwicklung von Extremismus zu beobachten sind, die mit einer Ablehnung demokratischer wie auch rechtsstaatlicher Strukturen einhergehen und ggfs. einen Resonanzboden für politisch-religiös motivierte Gewalt darstellen können, und welche Faktoren solche Entwicklungen beeinflussen, nicht zuletzt auch mit Blick auf die Konzipierung problem- sowie zielgruppenadäquater Präventionsansätze."[2]

Die Rede ist hier von „Sicherheitsfragen", „Islamismus", „islamischem Fundamentalismus", „Segregationsproblemen", „parallelgesellschaftlichen Strukturen", „gesellschaftlicher Bedrohung", „Desintegrationsphänomenen", „Beeinträchtigung der aktuellen Sicherheitslage", „Extremismus", „Ablehnung demokratischer wie auch rechtsstaatlicher Strukturen", „politisch-religiös motivierter Gewalt", „Präventionsansätzen". Neben der Frage nach der Stellung der Frau im Islam sind diese die zentralen Schlagworte, die die Diskussionen um den Islam in Europa überschatten. Es ist nicht zu übersehen, dass es sich dabei um Konfliktfelder handelt, weshalb es auch nicht verwunderlich ist, dass sich Muslime immer wieder in eine Apologetik gedrängt fühlen, immer wieder beteuern müssen, dass sie gegen Gewalt sind, für rechtsstaatliche Prinzipien eintreten und dass sie ein friedliches Zusammenleben anstreben. Dabei zeigen die empirischen Daten eindeutig, dass die absolute Mehrheit der Muslime demokratische Grundwerte akzeptiert. So kommt die oben erwähnte Studie „Muslime in Deutschland" zum Fazit: „Insgesamt lässt sich bei nur ca. 10 % der befragten Muslime eine ausgeprägte Distanz zu Grundprinzipien von Demokratie und Rechtsstaat erkennen. Es handelt sich um eine qualifizierte Minderheit der Muslime, für die eine aus einer moralischen Perspektive formulierte Kritik an demokratischen

---

[2] *Katrin Brettfeld/Peter Wetzels* (Hg.): Muslime in Deutschland – Integration, Integrationsbarrieren, Religion sowie Einstellungen zu Demokratie, Rechtsstaat und politisch-religiös motivierter Gewalt. Ergebnisse von Befragungen im Rahmen einer multizentrischen Studie in städtischen Lebensräumen, Hamburg 2007, 9.

Strukturen, die Befürwortung von Todes- und Körperstrafen sowie ein Primat der Religion vor Demokratie kennzeichnend ist [...] Weitere Analysen konnten zeigen, dass solche demokratiedistanten Haltungen sowohl mit einer wirtschaftlich ungünstigen Lebenssituation als auch mit geringer Bildung und subjektiven Erfahrungen von Diskriminierung und Ausgrenzung in der Aufnahmegesellschaft korreliert sind. In dieser Hinsicht gleichen unsere Befunde den Ergebnissen von Forschungsarbeiten zu Rechtsextremismus und Ausländerfeindlichkeit. Damit korrespondiert, dass demokratiedistante Einstellungen häufiger anzutreffen sind, wenn die praktische sprachlich-soziale Integration schlecht gelungen ist."[3] Auch beim Thema politisch-religiös motivierte Gewaltbereitschaft unter Muslimen kommt die Studie zu dem Fazit: „Die weit überwiegende Mehrheit der Muslime lehnt Formen terroristischer Gewalt ebenso ab wie körperliche Gewalt, die sich auf religiöse Legitimationen beruft. Hohe Akzeptanz politisch-religiös motivierter Gewalt zeigt nur eine kleine Minderheit von etwa 6 %. Innerhalb dieser Gruppe sind Personen mit islamismusaffinen Haltungen, d. h. einer Distanz zu Demokratie und Rechtsstaat sowie ausgeprägten Formen der Aufwertung des Islam und der Abwertung des Westens, überrepräsentiert. Aber auch innerhalb der Gruppe mit islamismusaffinen Haltungen ist die klare positive Legitimation von politisch-religiös motivierter Gewalt nur bei einer Minderheit (etwa ein Fünftel) zu erkennen. Von daher ist die Gleichsetzung eines demokratiedistanten, politisch aufgeladenen Islam mit Gewaltbefürwortung und Sympathie für Terrorismus so zu pauschal."[4]

Die Mehrheit der in Deutschland lebenden Muslime hat also weder mit Demokratie noch mit dem Grundgesetz ein Problem. Religiös motivierte Gewalt wird ebenfalls von der Mehrheit der Muslime abgelehnt. Dennoch sind dies die Themen, mit denen sich Muslime in Studien, Talkshows und medialen Berichten, aber auch in persönlichen Begegnungen immer wieder konfrontiert sehen. Dadurch bleibt kaum Raum dafür, die Frage an die Muslime zu stellen, mit welchen Werten sie europäische Gesellschaften bereichern können.

1. Verunsicherte Identitäten und die Angst vor der Nähe

Nur wenn ich weiß, wer ich bin, und mir meiner Identität sicher bin, habe ich keine Angst, mich dem „Anderen" zu öffnen, in ihm das „Neue" zu sehen. Die Begegnung des Islam mit Europa im Zuge der Arbeitermigra-

---

[3] Ebd., 173.
[4] Ebd., 190.

tion führte jedoch zu Identitätsverunsicherungen auf beiden Seiten, was statt Nähe Distanz hervorrief. Um dies genauer zu erklären, möchte ich in den nächsten Zeilen auf die konkrete Situation der Muslime in Deutschland eingehen, vor allem die der zweiten und dritten Generation.

Wenn wir heute in Deutschland von Muslimen sprechen, dann sprechen wir hauptsächlich von den ehemaligen „Gastarbeitern", die im Zuge der Anwerbeabkommen in den 1960er und 70er Jahren als Arbeitskräfte nach Deutschland gekommen sind, von deren Familien, die in den 80er Jahren im Zuge der Familienzusammenführung nachgekommen sind, sowie von deren Nachkommen, die mittlerweile in zweiter und dritter Generation in Deutschland geboren wurden. Es ist mehr oder weniger ein Zufall, dass es sich beim Großteil der ehemaligen „Gastarbeiter" um Muslime handelt. Dadurch überlagern sich verschiedene Dimensionen des Andersseins, der Fremdartigkeit, und so verschärfen sich Probleme der Abgrenzung, der Anpassung und der Integration; ethnische Dimensionen überlagern sich mit nationalen, religiösen und sozioökonomischen.[5]

Sprach man in den 1960er und 70er Jahren von „Gastarbeitern", so begann man in den 80er- und 90er Jahren, als die Arbeitermigration durch die Familienzusammenführung sichtbar geworden war, von den „Ausländern" zu sprechen. Spätestens seit dem 11. September 2001 spricht man von den „Muslimen", gemeint sind aber noch immer die ehemaligen Gastarbeiter und deren Nachkommen. Mit dieser Verschiebung der Wahrnehmung wurden aus den „Gastarbeitern" „Muslime" und aus den typischen sozialen Problemen einer Gastarbeiterschaft religiöse Probleme. Man hört nicht selten Aussagen wie „Sie sprechen schlecht Deutsch, weil sie Muslime sind" oder „Sie steigen im Schulsystem und am Arbeitsplatz nicht schnell auf, weil sie Muslime sind". Die Kategorie „Muslim-Sein" rückt immer stärker als Deutungsmuster für soziale Defizite der Gastarbeiterschaft in den Vordergrund. Die Religion sei das Problem, sei das Integrationshindernis, heißt es. Muslime finden sich entsprechend in einer Rechtfertigungsposition wieder. Betrachtet man die Debatten der letzten Jahre um das Thema Islam, dann sind diese, wie bereits angemerkt, entweder überschattet von sicherheitspolitischen Fragen oder es geht um Moscheebauten, Minarette und das Kopftuch. Und wer die Ankunft der Muslime in Europa als Sicherheitsproblematik begreift, wird voraussichtlich früher oder später auch der eigenen Angst erliegen und im Islam und in den Muslimen nur noch eine Gefahr und Bedrohung sehen. Dadurch, dass sich

---

[5] Vgl. *José Casanova:* Der Ort der Religion im säkularen Europa, Transit – Europäische Revue 27 (2004), 86–105.

Muslime in einer Rechtfertigungsposition wiederfinden, kommen sie kaum
dazu, sich die wichtige Frage zu stellen: Wie kann der Islam die europäischen Gesellschaften bereichern?

2. Wenn das Fremdsein zur Identität wird

Gerade Angehörige der sogenannten zweiten und dritten Generation der Muslime fühlen sich mit der hiesigen Gesellschaft stark verbunden, ihre Distanz zur Heimatkultur ihrer Großeltern ist groß. Je stärker sie sich integriert fühlen, desto größer sind auch ihre Erwartungen an das Aufnahmeland; das zeigt sich vor allem im Anspruch auf Gleichbehandlung und Chancengleichheit in allen gesellschaftlichen Institutionen (Bildung, Arbeits- und Wohnungsmarkt), aber auch in der Erwartung, anerkannt und akzeptiert zu sein.[6]

Die sogenannte erste Generation der Gastarbeiterinnen und Gastarbeiter aus muslimischen Ländern kam primär aus der Türkei und Nordafrika, war also in einem islamischen Land aufgewachsen. Die Angehörigen dieser Generation wurden in ihren Heimatländern sozialisiert und internalisierten dort Werte und Normen, für sie war Religion nicht mehr als ein Teil ihrer Herkunftsidentität. Eine reflexive Zuwendung zur eigenen Kultur und zur eigenen Religion setzte vor allem mit dem Familiennachzug ein.

Die Bedeutung der Religion in der zweiten und dritten Generation differenziert sich stärker aus. Das begründet sich dadurch, dass diese Generationen in ihrer Sozialisation, Sprache und Identitätsentwicklung stärker einer Spannung zwischen den Orientierungen der Herkunfts- und Aufnahmegesellschaft ausgesetzt sind und ihnen daher Religion als (mögliche) Bewältigungsstrategie dient. Die Erwartungen der Jugendlichen an die europäischen Gesellschaften sind hoch. Hier, wo sie geboren und aufgewachsen sind, wünschen sie sich eine Heimat, die ihnen nicht nur Chancengleichheit im Bildungssektor, am Arbeitsmarkt und am Wohnungsmarkt bietet, sondern auch eine innere Heimat, in der sie sich als anerkannte Menschen entfalten können. Werden diese Erwartungen nicht erfüllt und haben die Jugendlichen das Gefühl, diskriminiert zu sein, dann kommt es zu verschiedenen Reaktionen. Manche kapseln sich ab, sie gehen zu beiden Systemen – zur Kultur der Eltern und zur Mehrheitsgesellschaft – auf Distanz. In der Literatur werden sie meist als „Marginalisierte" bezeichnet.

---

[6] Vgl. *Ursula Mehrländer:* Türkische Jugendliche – keine beruflichen Chancen in Deutschland?, Bonn 1983.

Viele Jugendliche greifen aber auch reaktiv bei der Suche nach einem sicheren „Wir-Gefühl" auf die Religion zurück. Auf die Frage, als was sie sich fühlen, geben sie an, hauptsächlich als Muslime, der Islam würde für sie sehr viel bedeuten. Diese Form der islamischen Identität bezeichne ich als „Schalenidentität".[7]

Für die Konstruktion einer kollektiven Identität bedienen sich diese Jugendlichen eines Islam „ohne Inhalt"; der Islam, den sie leben, ist mit einer leeren Schale zu vergleichen. Die Religion dient der Konstruktion einer kollektiven Identität, die auch Schutz vor dem „Anderen" bietet. Schalenmuslime stützen sich also auf ausgehöhlte (entkernte) Identitäten. Diese Jugendlichen fühlen sich als unwillkommene Ausländer und als benachteiligte Außenseiter. Durch den Islam, der vor allem als Bindeglied zu anderen Migrantenjugendlichen gleicher Herkunft bzw. Religion gesehen wird, können sie ein gewisses Gefühl der Sicherheit aufbauen. Sie halten sich überwiegend an die gottesdienstlichen kollektiven Praktiken. Diese finden ihren Ausdruck in der Gemeinschaft, werden in Bezug zur Gruppe verrichtet und von ihr mehr oder weniger kontrolliert. Viele Jugendliche fasten also im Monat Ramadan, viele männliche Jugendliche gehen freitags mit ihren Vätern zum gemeinschaftlichen Freitagsgebet in die Moschee und Mädchen tragen ein Kopftuch; so erfüllen sie die Erwartungen der Eltern bzw. der sozialen Kontrolle seitens der eigenen Community und konstruieren gleichzeitig eine reaktive kollektive Identität, die ihnen das notwendige Gefühl der Sicherheit und Stärke vermittelt. Gottesdienstliche individuelle Praktiken, die unabhängig von der Gruppe verrichtet werden und sich deren Kontrolle entziehen, wie zum Beispiel das tägliche Gebet oder die Koranlektüre, die in der islamischen Lehre einen hohen Stellenwert haben, finden hingegen keine Berücksichtigung.

Diese religiöse kollektive Identität ist also als Reaktion zu verstehen – einerseits auf die Erwartungen der Eltern und der eigenen Community, andererseits auf das Gefühl der Nicht-Anerkennung seitens der Mehrheitsgesellschaft. Gerade aus dem letztgenannten Punkt wird diese Identität über die Beschreibung des Anderen und weniger über die Beschreibung des Eigenen skizziert. Das heißt: Wenn Jugendliche beschreiben, was sie als Muslime ausmacht, geben sie weniger an, was sie sind, sondern vielmehr, was sie nicht sind.

---

[7] Vgl. *Mouhanad Khorchide:* „Die Bedeutung des Islam für MuslimInnen der zweiten Generation", in: *Hilde Weiss* (Hg.): Leben in zwei Welten. Zur sozialen Integration ausländischer Jugendlicher der zweiten Generation, Wiesbaden 2007, 217–242; sowie *Mouhanad Khorchide:* Die Dialektik von Religiosität und Gesellschaft – Zur Identitätskonstruktion junger Muslime in Europa, in: *Bülent Ucar* (Hg.): Die Rolle der Religion im Integrationsprozess. Die deutsche Islamdebatte, Frankfurt a. M. 2010, 365–385.

Für die erste Generation der Muslime in Deutschland war dies anders, da die Erwartungen anders waren; sie lagen hauptsächlich im wirtschaftlichen Bereich. Sie kamen primär aus der Türkei, sind also in einem islamischen Land aufgewachsen, wo seinerzeit die religiöse Tradition noch weitgehend ungebrochen bestand. Sie wurden in ihren Heimatländern sozialisiert und internalisierten dort Werte und Normen. Für Angehörige dieser Generation war Religion nicht mehr als ein Teil ihrer Herkunftsidentität. Muslimsein war Teil des Selbstverständnisses als Türke- oder Araberseins. Eine reflexive Zuwendung der ersten Generation zur eigenen Kultur und zur eigenen Religion setzte vor allem mit dem Familiennachzug ein. Die Eltern hatten Angst vor der Entfremdung und „Entgleitung" ihrer Kinder, die ja in einem anderen Werte- und Normensystem aufwuchsen. Die Notwendigkeit der kulturellen Erziehung trug somit zur Verstärkung der kulturellen kollektiven Identität unter den muslimischen Migranten der ersten Generation bei. Die Bedeutung der Religion in der zweiten Generation differenziert sich stärker aus. Dies begründet sich dadurch, dass die zweite Generation in ihrer Sozialisation – Sprache, Identitätsentwicklung – stärker einer Spannung zwischen den Orientierungen der Herkunfts- und Aufnahmegesellschaft ausgesetzt ist[8] und Religion daher als eine (mögliche) Bewältigungsstrategie gesehen wird. Religiöse Hinwendung kann als Reaktion auf Ambivalenz, auf empfundene Unvereinbarkeiten und Druck gedeutet werden. Im Unterschied zum Elternhaus werden den religiösen Symbolen und Inhalten spezifische (individuelle) Bedeutungen unterlegt.[9] So kann Religion für Jugendliche ein „Code" sein, um Selbstbewusstsein zu signalisieren, und zwar in Abgrenzung zur Umwelt, aber auch zu den Eltern.[10] Als Reaktion auf wahrgenommene oder vermutete Geringschätzung und soziale Ausgrenzung erhält sie eine wichtige Funktion für das kollektive Selbstverständnis.[11] Sozioökonomische Benachteiligung, Diskriminierung und "cultural isolationism" gelten allgemein als wichtiger Hintergrund oder überhaupt als Erklärung für eine verstärkte Hinwendung zum Islam bei der zweiten Generation. Im Vergleich zum "family Islam" ih-

---

[8]   Vgl. *Oliver Hämmig:* Zwischen zwei Kulturen, Opladen 2000.

[9]   Vgl. *Nikola Tietze:* Ausgrenzung als Erfahrung. Islamisierung des Selbst als Sinnkonstruktion in der Prekarität, in: *Heinz Bude/Andreas Willisch* (Hg.): Das Problem der Exklusion. Ausgegrenzte, Entbehrliche, Überflüssige, Hamburg 2006, 147–173.

[10] Vgl. *Sigrid Nökel:* Die Töchter der Gastarbeiter und der Islam: Zur Soziologie alltagsweltlicher Anerkennungspolitiken, Bielefeld 2002.

[11] Vgl. *Tietze,* Ausgrenzung; vgl. auch *Wilhelm Heitmeyer/Joachim Müller/Helmut Schröder:* Verlockender Fundamentalismus. Türkische Jugendliche in Deutschland, Frankfurt a. M. 1997, die darin auch die Ursache von Gewaltbereitschaft sehen und diese Gruppe als Risikogruppe definieren.

528 rer Eltern richtet sich das verstärkte religiöse Bewusstsein der Jugendlichen nun stärker auf eine selbst vollzogene Abwendung von der Aufnahmegesellschaft und eine geringe Anpassungsbereitschaft.[12]

Es kommt also bei Jugendlichen der zweiten Generation zu einer Umwertung: Hier geboren und aufgewachsen erwarten sie, auch hier eine Heimat geboten zu bekommen, in der sie sich heimisch fühlen können. Bei Nichterfüllung dieser Erwartungen beginnen die Jugendlichen kulturelle Gegensätze zu konstruieren und vorhandene zu übertreiben. Es kommt zur Überbetonung von Differenzen. Gemeinsamkeiten in den Ein- und Vorstellungen, aber auch religiöse Gemeinsamkeiten werden heruntergespielt. Ein offenes Islamverständnis, das nicht nur Gemeinsamkeiten mit den anderen Weltreligionen betont, sondern auch das im Koran verankerte Prinzip der Würdigung aller Menschen als Menschen – unabhängig davon, welcher Weltanschauung sie angehören – spricht diese Jugendlichen weniger an, denn sie suchen nach Elementen in der Religion, die ihr Anderssein betonen sollen. Begriffe wie Aufklärung oder Moderne werden pauschal als „westlich" abgelehnt, ohne sich mit deren Inhalten zu beschäftigen. Hier besteht die Gefahr der Instrumentalisierung der Religion, im Sinne einer reaktiven Rückbesinnung, die sich durch das Festhalten an sichtbaren Symbolen äußert, um Grenzen zwischen Kollektiven auf der Basis religiöser Differenz zu ziehen.

Eine immer stärkere Identifikation mit dem Islam und zugleich eine kaum reflexive Beschäftigung mit dem Islam führen zur Aushöhlung der Religion. Denn es geht bei dieser Identifikation mit dem Islam nicht um Spiritualität, um Gotteserfahrung, um Inhalt, sondern lediglich um die äußere, identitätsstiftende Fassade.

Auf die Frage nach der Identifikation der Jugendlichen mit dem Herkunftsland ihrer Eltern bzw. mit dem Islam antworten die meisten, dass sie sich als stolze Angehörige ihrer Herkunftsländer, als stolze Muslime fühlen. Hier könnte schnell der falsche Eindruck entstehen, dass die Jugendlichen ein starkes und stabiles Verhältnis zum Herkunftsland ihrer Eltern bzw. zum Islam haben. Fragt man allerdings nach, ob sie sich zum Beispiel vorstellen könnten, in ihrem jeweiligen Herkunftsland zu leben, zeigt sich ein anderes Bild: Vielen liegt das völlig fern. Sie meinen, dass sie während der Sommerferien, wenn sie in der Heimat ihrer Eltern auf Besuch sind, als Fremde aus Europa angesehen würden; man behandle sie dort als Ausländer, weil sie weder ihre Muttersprache akzentfrei sprächen noch sich kleideten und verhielten wie ihre dortigen Altersgenossen. Schon nach zwei

---

[12]   Vgl. *Nancy Foner/Richard Alba:* Immigrant Religion in the U.S. and Western Europe: Bridge or Barrier to Inclusion?, International Migration Review 42 (2008), 360–392.

Wochen wollen viele Jugendliche zurück „nach Hause", nach Europa. Hier werden sie allerdings auch nicht als Einheimische betrachtet, sie sind, vor allem nach dem 11. September 2001, die „Anderen", die Muslime. Es ist daher für diese Menschen einfacher, auf abstrakte Kategorien wie Religion zurückzugreifen und die Fremdzuschreibung „Ihr Muslime" zur Eigenzuschreibung „wir Muslime" zu machen. Plötzlich rückt die religiöse Identität, die bislang nur im Hintergrund Teil des Türke-Seins, des Ägypter-Seins etc. war, in den Vordergrund. Trotz geringem Interesse an den Inhalten der Religion und fehlender religiöser Praxis sehen sich die Jugendlichen als stolze Muslime und meinen, ohne den Islam gar nicht leben zu können. In Gesprächen zeigt sich allerdings rasch, dass sie wenig Wissen und Informationen über den Islam haben; ihre Kenntnisse beschränken sich auf das, was sie zu Hause beiläufig erfahren. Dadurch kommt es bei ihnen zur verstärkten Vermischung von Heimattraditionen und religiösen Normen.

So entsteht ein Teufelskreis: Das Muslim-Sein wird mit dem „Fremd-Sein" gleichgesetzt, es wird zu einem Identitätsmerkmal. Die Muslime identifizieren sich damit, die Mehrheitsgesellschaft grenzt sich damit von den Muslimen ab: „Wir und Ihr, die Muslime."

Dies stellt gerade für die islamisch-religiöse Bildung in Deutschland eine große Herausforderung dar. Denn solche ausgehöhlten Identitäten sind stark anfällig für politische Instrumentalisierung und entsprechende Rekrutierung in fundamentalistischen Milieus. Jürgen Oelkers bringt diese Gedanken auf den Punkt: „Die politische Bearbeitung dieser Probleme dürfte umso schwieriger werden, je weniger die sozio-ökonomische Integration gelingt, je geringer der Schulerfolg der Kinder ist, je mehr verschiedene Generationen Desintegration erleben und je härter die eigene Kultur abgeschottet wird. Von der anderen Seite aus gesagt: Je weniger die aufnehmende Kultur bereit ist, Integrationswillige aufzunehmen, je stärker sich die fundamentalistische Diskussion entwickelt und je weniger echte Chancen sich die Mitglieder der fremden Kultur ausrechnen können, desto mehr verschärft sich das Problem. Religiöse Überzeugungen lassen sich dabei politisch instrumentalisieren, und dies umso mehr, je weniger Kontakt mit anderen Kulturen besteht."[13]

Bei einer ausgehöhlten Identifikation mit dem Islam geht es nicht um Spiritualität, um Gotteserfahrung, um Inhalt, sondern lediglich um die äußere, identitätsstiftende Fassade. Und genau hier wird das sogenannte sala-

---

[13] *Jürgen Oelkers:* „Bildung, Kultur und Religion", in: *Rudolf Englert/Helga Kohler-Spiegel/Norbert Mette/Elisabeth Naurath/Bernd Schröder/Friedrich Schweitzer:* Was sollen Kinder und Jugendliche im Religionsunterricht lernen? (Jahrbuch der Religionspädagogik Bd. 27), Neukirchen-Vluyn 2011, 120 f.

fistische Angebot für junge Muslime attraktiv, denn dieses spaltet die Welt in Gut und Böse. Die Guten liebt Gott, die Bösen verdammt er bis in die Ewigkeit. Salafisten seien die Einzigen, die von Gott geliebt werden, sie seien letztendlich die Sieger, die Auserwählten. Dazuzugehören gibt ein Gefühl der Stärke und vor allem der Überlegenheit. Das restriktive Gottesbild der Salafisten verleiht Macht, denn an der Seite eines kriegerischen Gottes zu stehen, dessen Botschaft eine Kampfansage ist, macht mächtig. Ein barmherziger, liebender Gott, dessen Barmherzigkeit seinem Zorn vorauseilt, ist hingegen ein schwacher Gott, daher konstruieren fundamentalistische Gruppierungen einen patriarchalischen Gott, der seine Männlichkeit immer wieder mit Zorn und Gewalt unter Beweis stellt. Sich mit solchen fundamentalistischen Gedanken zu identifizieren ist letztendlich Ausdruck innerer Ohnmacht, die manche Jugendliche, aber nicht nur Jugendliche, durch die Identifikation mit einer mächtig auftretenden Religion zu kompensieren versuchen.

3. Ein notwendiger Perspektivenwechsel

Ich spreche hier bewusst vom „Neuen" und nicht vom „Fremden". Denn das Fremde wird assoziiert mit Unbehagen und Verunsicherung; es ist das vermeintlich Andere, das man auf Distanz halten will. Sieht man hingegen im „Anderen" das „Neue", geht man darauf zu, denn das „Neue" macht neugierig, und was neugierig macht, ist auch aneignungswert. In „Die Zeit bedenken" schreibt Vilém Flusser:

„Möglichkeiten erweitern sich, wenn ich den anderen in meine Zeit einbeziehe, d. h. wenn ich ihn anerkenne und liebe [...] Ich bin nicht allein auf der Welt, sondern andere sind auch dort [...] Indem ich meine eigene Zukunft dem anderen zur Verfügung stelle, verfüge ich über die seine."[14]

Das Dasein des Eigenen ist erst durch die Ankunft des Fremden möglich. So könnte man Hegels Aussage bezüglich der Entstehung der griechischen Kultur verallgemeinern. In den *Vorlesungen über die Philosophie der Geschichte* (Bd. 12) sagte er: „Wir haben soeben von der Fremdartigkeit als von einem Elemente des griechischen Geistes gesprochen, und es ist bekannt, dass die Anfänge der Bildung mit der Ankunft der Fremden in

---

[14] *Vilém Flusser*: Die Zeit bedenken, in: *Kunsthochschule für Medien* (Hg.): Jahrbuch für Künste und Apparate 2, Köln 2001, 126–130, hier: 126.

Griechenland zusammenhängen."[15] Auch Europa ist eine ostwestliche Fusion. Dazu bemerkt wiederum Herder in den *Ideen zur Philosophie der Geschichte der Menschheit*, „die ganze Kultur des nord-, ost- und westlichen Europas" sei „ein Gewächs aus römisch-griechisch-arabischem Samen".[16] Man darf nicht vergessen, dass der Islam im Mittelalter eine konstitutive Rolle für Europa spielte. Gerade zwischen dem 9. und 12. Jahrhundert fand eine Hellenisierung des Islam statt. Von dieser führt eine direkte Linie zur europäischen Renaissance: Die Muslime retteten das antike griechische Erbe vor dem Vergessen und bereicherten es. Darauf konnte die Renaissance aufbauen.

Wenn heute von der europäischen Renaissance bzw. der europäischen Aufklärung oder gar den europäischen Werten gesprochen wird, impliziert dies eine Selbstgenügsamkeit der europäischen Kultur und somit eine Verdrängung der Ankunft des „Neuen". Die historischen Einflüsse des Islam auf die Entwicklungen in Europa werden verdeckt und vergessen.

Der Soziologe Joachim Matthes bemerkt zur europäischen Kultur:

„Die Fähigkeit, die Erfahrung von Fremdheit zu verarbeiten und in Verhaltensformen zu übersetzen, scheint mit der Vermehrung dieser Erfahrung nicht Schritt zu halten. Das europäische Prinzip der kulturellen und territorialen Sortierung von Fremdem und Eigenem hat sich bis in die ‚tiefsten' Schichten des Alltagslebens und des Alltagswissens hinein in die Vorstellungs- und Handlungswelt der Europäer eingelassen. Im Zuge dieser Entwicklung hat die neuzeitliche europäische Welt etwas verloren, worüber sie zuvor durchaus verfügte: ein Verständigungs- und Regelwerk für die Koexistenz mit Fremdem im ‚eigenen Haus', in räumlicher Mischung."[17]

Heute erzeugt die Globalisierung Nähe und somit eine Fülle an kulturellen Lebenspraktiken und Ausdrucksformen. Der Philosoph und Medientheoretiker Byung-Chul Han beschreibt dies so:

„Alle Zeichen, alle Symbole und alle Codes, ja alle Kulturen sammeln sich in einem einzigen Hyperraum. In diesem hyperkulturellen Raum überlagern und durchdringen sich die Kulturen, es gibt keine Grenzen, keine Fremde und keine Entfernungen. Es gibt

[15] *Georg Friedrich Wilhelm Hegel:* Vorlesungen über die Philosophie der Geschichte, Kapitel 18, Leipzig (1924 [1848]). Aufgerufen am 8.1.2015 unter http://gutenberg.spiegel.de/ buch/1657/18.

[16] *Johann Gottfried Herder:* Ideen zur Philosophie der Geschichte der Menschheit, hg. v. *Wolfgang Proß* (Bd. III/1), München 2002 [1784–91], 651.

[17] *Joachim Matthes:* Wie steht es um die interkulturelle Kompetenz der Sozialwissenschaften?, in: *Michael Bommes* (Hg.): Transnationalismus und Kulturvergleich (IMIS-Beiträge 15/2000), 13.

kein ‚Dort', alles ist hier und alles ist verfügbar. Man muss sich nicht für eine bestimmte Kultur entscheiden, das ‚Entweder-Oder' hat sich zugunsten des ‚Und' aufgelöst. Wir leben heute in diesem hyperkulturellen Raum und das Konzept der Hyperkulturalität kennzeichnet unsere Zeit."[18]

Han spricht von einem „Hypermarkt der Kultur". Alle Zeichen, Symbole und Kulturen gehören uns allen und stehen jedem zur Verfügung. So „bedient" sich in diesem Hypermarkt jeder selbst, eignet sich an, was ihn interessiert. Das Eigene wird erst aus dem kulturellen Hyperraum angeeignet, also erworben und nicht ererbt.

Ich sehe dieses Szenario, das Han beschreibt, als einen möglichen Ausgang, aber nicht als einzigen. Denn Nähe und Fülle an kulturellen Lebenspraktiken und Ausdrucksformen erzeugen nicht zwangsmäßig einen gemeinsamen hyperkulturellen Raum, Nähe kann auch verunsichern und zur Zurückhaltung führen.

Es hängt von unserer Sichtweise ab, ob wir im „Anderen" das Fremde oder das Neue erkennen wollen. Sind wir bereit, auf dieses „Andere" zuzugehen oder ziehen wir uns ins „Eigene" zurück? Wer sich für die zweite Variante entscheidet, beginnt, das „Eigene" so zu konstruieren, als wäre es essentiell, immer und unverrückbar statisch nachweisbar so gewesen. Unter welchen Voraussetzungen aber führt Nähe zur Öffnung dem Anderen gegenüber?

Der Islam benötigt ein Europa, das ihm Raum gibt, in dem er sich entfalten kann. Anders kommen Muslime aus der Rechtfertigungsposition nicht heraus, um sich selbst die zentrale Frage stellen zu können: „Wie können wir die Gesellschaft bereichern, was können wir beitragen?" Ich habe mehrfach die Erfahrung gemacht, dass, wenn muslimische Jugendliche in Begegnungen mit Jugendlichen nicht-muslimischen Glaubens von ihrer religiösen Praxis, von ihrem Moscheebesuch, von ihrem Fasten sprechen, sich die nicht-muslimischen Jugendlichen fragen: „Und wie ist es eigentlich bei uns, in unserer Religion?" Durch die Ankunft des Islam entdecken viele ihre eigene Religiosität wieder, und zwar nicht im Sinne einer christlichen Identität als Gegenpol zur islamischen Identität, sondern im Sinne einer Erweiterung der europäischen Identität, die nicht mehr als jüdisch-christlich zu sehen ist, sondern als jüdisch-christlich-muslimisch. Die Ankunft des Islam in Europa ruft auch christliche Werte in Erinnerung, die der Islam genauso vertritt: Nächstenliebe, Verantwortlichkeit für die Schöpfung, soziale Verantwortlichkeit, aber auch Familie.

---

[18] *Byung-Chul Han:* Hyperkulturalität. Kultur und Globalisierung, Berlin 2005, 18.

Ob Europa im Islam das „Fremde" und somit eine Bedrohung oder aber das „Neue" sieht, und ob die Muslime in Europa eine Heimat oder eine Diaspora sehen, hängt von der Perspektive des jeweiligen Betrachters ab. Das „Fremde" für sich gibt es nicht, es ist ein Konstrukt in unseren Köpfen. Fremdheit ist keine Eigenschaft einer Person oder einer Gruppe, sondern das Ergebnis eines Zuschreibungsprozesses. Ein Perspektivenwechsel – „neu" statt „fremd", „aufeinander zugehen" statt „sich zurückhalten", „sich dem Anderen öffnen" statt „verschließen" verlangt jedoch selbstsichere Identitäten, keine ausgehöhlten. Der Prozess beginnt also mit der kritischen Reflexion des Eigenen, um sich dann mit dem notwendigen Selbstbewusstsein offen und ohne Angst dem Anderen, dem Neuen zuzuwenden, mit und von ihm zu lernen, es zu bereichern und sich von ihm bereichern zu lassen.

4. Die Rolle islamisch-religiöser Bildung

Die religiöse Bildung muslimischer Jugendlicher in Deutschland muss der angesprochenen Entwicklung der Entstehung ausgehöhlter religiöser Identitäten Rechnung tragen und ein sinnvolles Angebot machen, das diese entkernten Identitäten mit einem sinnvollen Gehalt füllt. Moderne religiöse Bildung versteht sich nicht als Prozess der Vermittlung von Religion. Beim veralteten Konzept der Vermittlung stand das zu Vermittelnde im Vordergrund. Heute geht es um Aneignungsprozesse. Bei diesem Konzept der Aneignung steht der Schüler/die Schülerin, also das Subjekt selbst, mit seiner Lebenswirklichkeit, seinen Erfahrungen, Erwartungen, Wünschen, Bedürfnissen usw. beim Prozess der religiösen Bildung im Vordergrund. In der islamischen Religionspädagogik geht es heute also nicht um das Eintrichtern von Glaubensgrundsätzen und die Vermittlung von endgültigen Antworten, sondern darum, Schülerinnen und Schüler zu befähigen, ihre eigene Religiosität zu entwickeln und wahrzunehmen sowie die Bedeutung religiöser Inhalte individuell zu reflektieren, damit sie ihre Religiosität selbst verantworten können. Es geht also um Fragen wie „Was bedeutet Religion für mich? Welchen Bezug haben religiöse Inhalte zu meinem Alltag?".

Moderne religiöse Bildung bezeichnet alle Begegnungen und Erfahrungen mit Religion, die für das Leben eines Menschen Bedeutung haben und die ihn reicher, reifer und sensibler machen können. Religiöse Bildung gelingt erst, wenn sie Teil einer religiösen Einstellung wird. Die Besonderheit einer modernen Religionspädagogik ist gerade ihr Gegenwartsbezug.

Durch religiöse Bildung sollten Menschen befähigt werden, ihr Leben in religiöser Hinsicht selbst entwerfen zu können und diesen Lebensent-

534   wurf selbst verantworten zu können. Sie sollten in der Lage sein, zwischen lebensfreundlichen und lebensfeindlichen religiösen Angeboten zu unterscheiden. Es geht vor allem um ein subjektives Betroffensein von Religion. Daher nimmt die Religionspädagogik von allen theologischen Fächern am stärksten an den Veränderungen der modernen Lebenswelt teil.[19] Und unsere heutige moderne Welt ist gerade durch ihre kulturelle und religiöse Vielfalt gekennzeichnet.

Religiöse Bildung kann nur dann gelingen, „wenn die Erfahrungen divergierender Lebensweisen und vielfältiger Fremdheit sinnvoll aufgegriffen und für die Lernprozesse fruchtbar gemacht werden können".[20] Gerade Lernprozesse im Religionsunterricht sprechen die Lebenswelt der Schülerinnen und Schüler direkt an und bewirken existentielle Betroffenheit.

Aufgabe einer zeitgemäßen islamischen Bildung ist es daher nicht, jungen Menschen einen Katalog an Erlaubtem und an Verbotenem zu vermitteln und Heranwachsende somit zur unkritischen Befolgung religiöser „Gesetze" anzuhalten, was den Prozess der Entstehung ausgehöhlter Identitäten nur begünstigt. Vielmehr sollen junge Menschen zur kritischen Reflexion von Traditionen, die sich mit humanen Werten nicht vereinbaren lassen, angehalten und dazu befähigt werden, ihre freie individuelle Selbstbestimmung als Muslime auf Basis eines offenen Islamverständnisses im Sinne einer spirituellen und ethischen Religion und weniger einer Gesetzesreligion zu entfalten. Sie sollen den Sinn ihrer Religiosität für sich entdecken und dazu befähigt werden, Gotteserfahrungen zu machen.

Wenn es aber in religiöser Bildung um ein subjektives Betroffensein von Religion geht, dann setzt dies eine dialogische Theologie voraus, die die Beziehung Gott-Mensch nicht als Gehorsamkeitsbeziehung, sondern als dialogische Beziehung vorsieht.

Gott ist nur dann fremd, wenn wir Menschen uns Gott gegenüber verschließen. Dann machen wir Gott zu etwas Fremden, was mit Gott an sich nichts mehr zu tun hat. Manche Menschen vereinnahmen Gott für sich – einen Gott, der sich der ganzen Welt geöffnet hat. Diese machen Gott tatsächlich „fremd", weil sie nicht (mehr) von Gott reden, sondern von etwas, das für uns alle nur noch befremdend ist.

Das Verständnis einer Theologie beginnt mit der Frage nach dem Gottesbild, das dieser Theologie bzw. das einer bestimmten Auslegung der Theologie zugrunde liegt. Eine Theologie, die in Gott primär einen Richtergott sieht, dem es um die Befolgung seiner Anweisungen geht und der den-

---

[19]   Vgl. *Joachim Kunstmann:* Religionspädagogik. Eine Einführung, Tübingen 2004, 45.
[20]   *Monika Tautz:* Interreligiöses Lernen im Religionsunterricht. Menschen und Ethos im Islam und Christentum, Stuttgart 2007, 13.

jenigen, die ihm gehorchen, ein ewiges Verbleiben im Jenseits im Paradies verspricht und denjenigen, die ihm nicht gehorchen, mit dem ewigen Höllenfeuer droht, kann in Religion nichts anderes sehen als Instruktionen, eine Religion, die auf so einem Gottesbild basiert, ist eine Gesetzesreligion. In ihr geht es lediglich um die Befolgung von Gesetzen. Ich spreche hier in diesem Zusammenhang von einem instruktionstheoretischen Modell.

5. Freiheit ist eine Haltung des „Sich-Öffnens"

Die Freiheit des Menschen und somit seine Offenheit realisieren sich erst durch die grundsätzliche Bejahung der Freiheit an sich. Die Freiheit des Menschen verwirklicht sich erst, indem er nicht mehr in sich selbst gefangen bleibt, sondern sich öffnet. Die Fähigkeit des Menschen, sich immer wieder zu sich und zu anderen verhalten zu können, dass er also immer Distanz zu allen und allem nehmen kann, deutet auf eine prinzipielle grenzenlose Offenheit in ihm hin. Der Neurologe und Psychiater Viktor Frankl spricht in diesem Zusammenhang von einem grundlegenden anthropologischen Tatbestand, dass das Menschsein immer über sich selbst hinaus auf etwas verweise.[21] Der Mensch ist in seiner Natur veranlagt, sich öffnen zu wollen. Um sich als souveränes und freies Individuum selbst zu bestimmen, muss die Freiheit des Menschen gewahrt bleiben, was nur dann möglich ist, wenn sich der Mensch nicht in sich selbst oder in geistigen, sozialen oder politischen Strukturen gefangen hält, sondern aus ihnen ausbricht und sich dem öffnet, was außerhalb ist, indem er all diese Strukturen ständig kritisch hinterfragt. Aus diesen Strukturen auszubrechen, bedeutet nicht die permanente Opposition oder eine Existenz als „Nein-Sager". Vielmehr geht es darum, nichts als absolut hinzunehmen und sich eine Haltung des stetigen kritischen Hinterfragens zu bewahren, eine Haltung zur Freiheit und zur Souveränität. Sich als Teil eines sozialen Kollektivs zu sehen, auch als Teil der Menschheit, bedeutet nichts anderes als ein „Sich-Öffnen", also die eigene Freiheit zu entfalten. Dadurch verschwindet die Spannung zwischen individuellen und kollektiven Interessen. Um ein Individualist zu sein, ist man zwangsläufig ein Kollektivist; in der Bereicherung des Anderen findet zugleich die Bereicherung des Selbst statt; in der Verhinderung der anderen Freiheit liegt hingegen die Einschränkung der eigenen, denn eine Haltung des „Selbst-Verschließens" gegenüber dem Anderen verhindert die eigene Selbstentfaltung.

---

[21]   *Viktor Frankl:* Ärztliche Seelsorge, Frankfurt a. M. 1987, 201.

Wir benötigen heute einen Humanismus, der sich als Haltung des „Sich-Öffnens" versteht, der den Menschen auffordert, aus sich herauszugehen und sich auf das „Andere" außerhalb seiner selbst einzulassen. Dieses andere kann eine Idee oder Kritik sein, ein Mensch, eine Meinung, eine Weltanschauung, es kann eine Gesellschaftsordnung sein, eine neue Perspektive, eine andere Option, eine andere Freiheit, vielleicht ist es ein anderes Anliegen als das eigene, ein anderes Gefühl oder das Mitleid mit dem Leid des anderen. Das Höchste, woraufhin sich der Mensch öffnen kann, ist das Absolute, das im Islam in Gott gesetzt wird, um den Menschen vor Selbst- oder Fremderhöhung zum Absoluten zu schützen. Extremisten sehen keine Notwendigkeit, sich zu öffnen, denn sie halten sich und ihre Positionen für absolut, wozu also noch sich öffnen? Diese Haltung des „Sich-Verschließens" lässt sich mit einem Bekenntnis zu Gott als dem einzig Absoluten nicht vereinbaren. Ein Bekenntnis zu Gott als dem einzig Absoluten ruft zur Demut mit dem Wissen seiner eigenen Beschränktheit und Endlichkeit auf.

Innerislamischer und interreligiöser Dialog am Beispiel der Aleviten

Ismail Kaplan[1]

1. Vorbemerkungen

Aleviten haben den offenen und öffentlichen Dialog etwa vor 25 Jahren in Hamburg und konkret an der Universität Hamburg durch eine öffentliche Großveranstaltung angetreten.

Waren Aleviten vorher nicht in der Lage, in den Dialog zu treten? Oder lässt ihre Lehre den Dialog nicht zu? Nein. Aleviten lebten davor aufgrund der Repressalien und Unterdrückung in ihrer Geschichte in der Türkei in Deckung und in Verborgenheit. Diese Ohnmacht dauerte auch in der Migration in Deutschland einige Jahrzehnte. Die erste alevitische Bewegung mit Dialogansätzen entstand in Hamburg, und sie organisierte im Oktober 1989 eine Kulturwoche und holte das Alevitentum von der Verborgenheit in die Öffentlichkeit.

Bis vor etwa 30 Jahren galten die Aleviten für die sunnitischen Gelehrten und Machthaber als „Ketzer". Vorurteile und Verleumdungen verhinderten jahrhundertelang, dass die sunnitische Bevölkerung zu realistischen Informationen über das Alevitentum gelangte.

Zwei solche Vorurteile und Erniedrigungen prägten und prägen immer noch das Verhältnis zwischen der sunnitischen und alevitischen Bevölkerung besonders negativ:

- Aleviten seien blasphemisch. Sie würden Ali als Gott verehren.
- Sie trieben Inzest in ihrer Gemeinde während des Cem-Gottesdienstes.

[1] Ismail Kaplan, Diplom-Sozialpädagoge, ist ehemaliger Bildungsbeauftragter der Alevitischen Gemeinde Deutschland. Er beteiligte sich maßgebend bei der Erstellung der Lehrpläne für den Alevitischen Religionsunterricht in Deutschland. In der Arbeitsgruppe zur

Die Aleviten wurden in der Geschichte wegen dieser Vorurteile mit der Todesstrafe verfolgt. Um die Verfolgung zu überleben, praktizieren die Aleviten das Prinzip der „takiyye" – die Verheimlichung der Identität. Deshalb war der alltägliche interreligiöse Dialog im Alevitentum in der Vergangenheit keine Selbstverständlichkeit. Grundsatz war, falls ein Kontakt zwischen Alevit und Sunnit zustande kommen würde, sollte der Alevit seinen Glauben verheimlichen und versuchen, einen „guten" Sunniten zu spielen.

Diese Verleugnungen und Verleumdungen führten auf der einen Seite dazu, dass die Aleviten sich in Schweigen hüllten und sich abkapselten – also möglichst auf den Dialog bzw. Kontakt verzichteten, und auf der anderen Seite führte diese Situation zu einem Monolog der Sunniten in der Begegnung mit Nichtsunniten, insbesondere mit Aleviten, was auch zum Erstarren der sunnitischen Glaubensauffassung führte.

In den vergangenen 40 Jahren wurden die Begegnungen durch die Einführung der Säkularisierung und teilweise Demokratisierung der türkischen Gesellschaft etwas entspannter. Erst seit ca. 25 Jahren stehen Aleviten öffentlich zu ihrer Religion. Seitdem entsteht der interreligiöse Dialog aus verschiedenen Situationen heraus.

Seit dem ersten öffentlichen Erscheinen der Aleviten, gegen Ende der 1980er Jahre, nehmen sie überhaupt erst an den offenen interreligiösen Dialogen teil. Seither wurden viele alevitische Gemeinden gegründet, die den interreligiösen Dialog ermöglichen. Inzwischen finden interreligiöse Dialoge auch in Schulen oder Kindergärten statt, dort wo Kinder mit ihrer alevitischen Identität auftreten. Auch kommt teilweise der interreligiöse Dialog durch den Besuch alevitischer Schülerinnen und Schüler aufgrund des fehlenden Angebots des evangelischen oder katholischen Religionsunterrichts zustande. Aber auch durch die konstruktive Identitätssuche der Jugendlichen und Erwachsenen sind Dialoge in Gang gesetzt worden, die für die eigene Konstitution der Identität durch Ein- und Abgrenzung eine wichtige Rolle spielen. Aus dieser Entwicklung heraus sind mittlerweile auch viele interreligiöse Ehen entstanden. In den letzten Jahren wurden vermehrt Anfragen an die Alevitische Gemeinde Deutschland gestellt, die z. B. das Thema Ehe zwischen Aleviten und Christen oder Sunniten betreffen. Es gibt auch vereinzelt Fälle, in denen Ehepartner aus religionsverschiedenen Ehen um Unterstützung in der Klärung oder Bewältigung von religiösen Fragen bitten. Hin und wieder umfassen die Probleme auch das Thema der Kindererziehung.

Weiterentwicklung des „Religionsunterrichts für alle" vertritt er in Hamburg die Alevitischen Gemeinden.

Da alle Religionen von Aleviten als gerecht anerkannt, respektiert und als unterschiedliche Wege zu Gott gesehen werden, gibt es bei einem alevitischen Ehepartner oder bei einer Partnerin keinen Konversionszwang in der Ehe. Wenn z. B. ein alevitischer Mann eine sunnitische Frau heiratet, hat die Frau weiterhin die Möglichkeit, ihre religiösen Handlungen gemäß der sunnitischen Auffassung zu praktizieren.

Durch die im Glauben verankerte Offenheit und einvernehmliche Haltung gegenüber den Angehörigen anderer Religionen stellen die unterschiedlichen religiösen Wertevorstellungen keine Hindernisse bei den Aleviten für einen interreligiösen Dialog dar. Es fanden von Anfang an interkulturelle Dialoge zwischen den christlichen und alevitischen Bevölkerungsteilen statt, die sich jetzt auf einen interreligiösen Dialog ausweiten konnten.

In einer multireligiösen Gesellschaft sind in allen Bereichen des Lebens interreligiöse Begegnungen erforderlich. Jeder friedliche Mensch und jede Organisation, die den Frieden fördern will, sehnt sich nach einem wirksamen Dialog.

2. Alevitisch-theologische Hintergründe für einen interreligiösen Dialog

„Zum Bekenntnis der Aleviten gehört der Glaube an Gott, der sich in seinem vollkommensten Geschöpf, dem Menschen, manifestiert. Aus diesem Grund gebührt dem Mitmenschen Respekt und Achtung. Der Mensch ist nicht Sklave Gottes, sondern sein selbstverantwortliches Geschöpf. Daraus ergeben sich die Werte wie Gleichwertigkeit, soziale Gerechtigkeit und selbständiges Denken. In der alevitischen Lehre steht der Mensch im Mittelpunkt und nicht seine Rasse, Sprache oder Religion."[2]

Nach alevitischem Verständnis hat Gott die Menschen als Mann und Frau, als gleichwertige Wesen geschaffen. Der türkisch-alevitische Dichter und Mystiker Yunus Emre formulierte im 13. Jahrhundert die tolerante Haltung gegenüber den Menschen wie folgt:

„Sie nennen uns Ergebende,
Wir haben nur einen Feind, den Hass
Wir hassen niemanden,
Alle sehen wir gleich und eins."[3]

---

[2] *Ismail Kaplan:* Zugänge zum christlich-islamischen Dialog aus alevitischer Perspektive; in: *Andreas Renz* u. a. (Hg.): Handbuch Christlich-Islamischer Dialog, Freiburg i. Br. 2014, 51–58.

[3] *İlhan Başgöz:* Yunus Emre, 1990, 117.

540

Wichtige Elemente des Alevitentums, die den interreligiösen Dialog unterstützen:

a) Akzeptanz im Alevitentum

Das höchste Gebot der alevitischen Lehre ist die Akzeptanz (kabullenme). *„Akzeptiere alle Geschöpfe des Schöpfers wegen."* Die Akzeptanz setzt einen Dialog (görüşme) zwischen Menschen voraus. Ohne Dialog gibt es keine echte Akzeptanz. Im Alevitentum werden alle Menschen und Glaubensgemeinschaften als gleichwertig geachtet. Im alevitischen Gebetbuch „Buyruk – das Gebot" wird dieser Begriff mehrfach mit der Formulierung betont: *„Betrachte 72 Volksgruppen bzw. Religionsgemeinschaften als gleichberechtigt."*

„In dieser Formulierung erkennen die Aleviten die gleichberechtigte Koexistenz der Völker bzw. Religionsgemeinschaften an. Dies ermöglicht den interreligiösen Dialog auf gleicher Augenhöhe."[4]

b) Das Einvernehmen (rızalık)

Das Einverständnis unter den Menschen wird in alevitischer Vorstellung nicht von Anfang an vorausgesetzt. Vielmehr ist der Prozess einer Annäherung wichtig, der durchschritten werden muss, um das Einverständnis zu erlangen. Die Endstufe der toleranten Haltung ist das Einverständnis, das auf beiderseitiger Akzeptanz beruht.

Akzeptanz und Einverständnis sind keine Eigenschaften, die angeboren sind, sondern sie müssen ständig gepflegt und gefördert werden, z.B. in der Familie sagt man „unser" statt „mein"; in der Schule gibt es „interreligiösen" Religionsunterricht statt „konfessionellen", in den Gemeinden „Nächstenliebe" und nicht zuletzt in der Politik „Schutz von Minderheiten".

Aus diesem Verständnis heraus resultieren folgende zentrale Gebote, die in dem Buch „Das Gebot ‚Buyruk'" als alevitische Ethik „Vier Tore und Vierzig Stufen" festgelegt wurden und die für den Interreligiösen Dialog relevant sind:

„Sei bescheiden, achte und ehre alle Menschen."
„Auch wenn du verletzt wirst, verletze niemals."
„Füge, keinem Geschöpf Schaden zu. Beleidige keinen Menschen. Betrachte alle Menschen als gute Wesen, denke nicht hinterhältig."[5]

[4]   *Kaplan,* Zugänge zum Dialog, 52.
[5]   *Ismail Kaplan:* Das Alevitentum – Eine Glaubens- und Lebensgemeinschaft in Deutschland, Köln 2004, 85.

Die Menschen sind damit verpflichtet, alle Geschöpfe zu schützen und das Gleichgewicht der Natur zu bewahren.

c) Die Bekämpfung des Egos (nefs) bis zum Einvernehmen

„Beherrsche Hand, Zunge und Lende." Dadurch legt die alevitische Lehre die Verantwortung des einzelnen Menschen bei der Person selbst fest. Die religiös ethnische Leitlinie orientiert sich daran, den inneren Frieden der Gemeinschaft zu wahren.

Gegen das eigene Ego zu kämpfen, ist die Lebensaufgabe der Aleviten. Ohne vollkommene Bewältigung des Egoismus kann ein Alevit nicht die zweite Stufe (tarikat) seiner Vervollkommnung erreichen. Viele Handlungen der Aleviten haben das Ziel, das eigene Ego zu bekämpfen und es zu besiegen. Die Bekämpfung des Egos bis hin zur Einwilligung eines Einverständnisses lässt sich wie folgt darstellen:[6] „Die erste Art der Einwilligung einer Person ist der Einklang mit sich selbst: Das bedeutet, dass ein Gläubiger sich selber prüft und beurteilt. Es ist die Konfrontation mit seinem Ich, über sich selbst zu richten und zu versuchen, eigene Fehler selbst zu erkennen. Die Entscheidung bleibt jedem selbst überlassen. Die zweite Art ist die Einwilligung einer Person mit der Gesellschaft: Das ist die Prüfung mit der Gesellschaft, ob ein Gläubiger seine Hand gegen Stehlen, seine Zunge gegen Lügen und seinen Körper gegen unerlaubten Sexualtrieb sowie gegen Gewalt unter Kontrolle hält. Wenn jemand sich nicht unter Kontrolle hat, kann er von Angehörigen der Gemeinde Sanktionen auferlegt bekommen. Er ist nicht im Einvernehmen mit der Gemeinde. Die dritte Art ist die Einwilligung einer Person zum mystischen Pfad: Die Gläubigen treten freiwillig auf eigenen Wunsch in die Gemeinde ein."[7]

Die alevitische sinnstiftende Deutung des harmonischen Einsseins schafft Hoffnung auf Frieden unter allen Geschöpfen. Die harmonische „Mensch – Welt"-Beziehung kann nach alevitischem Schöpfungssinn nur durch die Wahrnehmung der Verantwortung seitens der Menschen erhalten bleiben. Wer daran glaubt, gewinnt die Fähigkeit zu vertrauen, zu lieben und zu schützen.

d) Die Gastfreundschaft

Die Gastfreundschaft ist auch ein weiteres Element zum interreligiösen Dialog. Ein Gast wird bei den Aleviten „Gottesgast" (tanrı misafiri) genannt. Aus diesem Verständnis heraus nimmt die Behandlung des Gastes

---

6   Vgl. *Mehmet Fuat Bozkurt* (Hg.): Buyruk, Istanbul 1982, 101–102.
7   *Kaplan,* Das Alevitentum, 53.

542 den höchsten Rang ein. In den anatolischen Dörfern ist es eine Tradition, nicht das ganze Essen einer Mahlzeit zu verbrauchen. Mindestens eine Portion wird immer für einen eventuellen Gast zurückgestellt. Und weiter hat jede Familie einen „Gastraum" (*misafir odası*) im Haus oder in der Wohnung. Einen Gast nicht zufrieden zu stellen bedeutet, Gott nicht zufrieden zu stellen. Dem Gast dienen bedeutet, Gott zu dienen.

3. Dialog in Praxis

a) Face to Face: Unter Kollegen oder Nachbarn

„Menschen unterschiedlicher kultureller Herkunft und religiöser Bindung leben Tür an Tür. Dies löst einerseits Ängste und Unsicherheiten aus, stellt aber andererseits eine große Bereicherung dar. Begegnung, Gespräche und der Dialog mit Menschen anderer Kulturen und Religionen können helfen, sich gegenseitig kennen und respektieren zu lernen.

Dort, wo Menschen zusammen leben, gibt es auch Konflikte. Besonders in Krisensituationen verschärfen sich Konflikte, es werden Schuldige und Sündenböcke gesucht und es wird polarisiert. Es findet dann kein Gespräch miteinander, sondern nur noch ein Schimpfen übereinander statt. Es wird bei diesem Fall nebeneinander monologisiert, wo der Dialog Konflikte entschärfen könnte. Eine andere Folge der nicht toleranten Haltung ist der Stress, der nicht nur für egoistische Menschen selbst schädlich ist, sondern auch für ihre Umgebung. Im Gegenteil erlebt man im Dialog, dass Menschen in einer offenen und nachbarschaftlichen Atmosphäre zusammenleben wollen, um ihre Freude und ihr Leid, Probleme und Beschwernisse miteinander teilen. Menschen haben auch ein Bedürfnis, eigene religiöse Erfahrung und Tradition und Suche nach Gott und Absolutem mit anderen zu teilen. Auch Aleviten pflegen gute Beziehungen zu ihren Nachbarn. Viele Menschen erleben doch die Nachbarschaft von unterschiedlichen Religionsangehörigen als eine kulturelle Bereicherung."[8]

b) Theologieebene

„Einzelne Geistliche und Würdenträger könnten sich in den interreligiösen Begegnungen über die eigene Glaubenslehre austauschen. Dabei können verschiedene Fragen gegenseitig gestellt und aus eigenen Perspek-

---

[8]   Ebd., 54.

tiven beantwortet werden. Religionswissenschaftler aus den christlichen und islamischen, buddhistischen und jüdischen Religionen sollten differenzierte Informationen untereinander austauschen und ihr jeweiliges religiöses Erbe systematisch vertiefen. So ein Prozess müsste aufgegriffen und koordiniert werden."[9]

Aus dieser Motivation und aus dem herangetretenen Bedarf heraus hat die Alevitische Gemeinde Deutschland im Juni 2003 eine interreligiöse Gruppe ins Leben gerufen. Die Gruppe (später: Multireligiöse Studiengruppe – MUREST) hat mit dem Ziel ihre Arbeit aufgenommen, konfliktträchtige gesellschaftliche Themen „multireligiös" aufzugreifen, sich damit auseinanderzusetzen, konkrete Positionen zu formulieren und sie zu veröffentlichen. Durch die Auseinandersetzung in ausgewählten Sachfragen des interreligiösen Dialogs sollte eine Verbesserung der Kommunikation sowohl zwischen den alevitischen und sunnitischen als auch den evangelischen und katholischen Gemeinden erreicht werden. Die Beteiligung der Vertreterinnen und Vertretern von vier Glaubensgemeinschaften bzw. Konfessionen hat sich im Nachhinein als eine Bereicherung des bisher geführten interreligiösen Dialogs erwiesen.[10]

c) Gemeindeebene

„Religionsgemeinschaften sollten sich, außer bei Glaubensfragen, untereinander auch zu den gesellschaftlichen Fragen austauschen und kooperieren: Friedensfrage, Umweltverschmutzung, Terroranschläge, Ausländerfeindlichkeit, Armut, Neid und Eifersucht sind einige Themen solcher Kooperationen. Alevitische Ortsgemeinden ergreifen selbst die Initiative und gehen auf die christlichen Gemeinden zu, wenn sie personell in der Lage sind. In den letzten Jahren zeigen auch die alevitischen Heranwachsenden ein Interesse daran, an dem interreligiösen Dialog aktiv teilzunehmen. Es liegt u. a. daran, dass sie – ohne eine psychische Unterdrückung der sunnitischen Herrschaftsposition – hier aufgewachsen und viel freier und offener als ihre Eltern sind."[11]

Nicht nur interreligiöser Dialog, sondern auch intrareligiöser Dialog – also ökumenischer Dialog – ist wichtig und nötig. Anhand dieser Informationen können sie gezielte Aufklärungsarbeit in ihren eigenen Gemeinden betreiben und ihren Beitrag zur friedlichen Koexistenz in einer multireligiösen Gesellschaft leisten.

---

[9] *Kaplan,* Zugänge zum Dialog, 55.
[10] Nach mehr als zweijähriger Arbeit legte die MUREST-Gruppe Anfang 2006 die Ergebnisse dieser Arbeit als „Handbuch Interreligiöser Dialog" der Öffentlichkeit vor.
[11] *Kaplan,* Zugänge zum Dialog, 55.

Wichtig ist, den interreligiösen Austausch unter den Geistlichen zu den Gemeindemitgliedern zu tragen, auch wenn uns die Antworten der Gegenseite nicht immer gefallen.

Ein wichtiges Anliegen in den Gemeinden ist die Behandlung der Konvertierten, die den interreligiösen Dialog unmittelbar erschwert oder zum Teil erleichtert.

Unabhängig davon, ob die Beweggründe zu einer Konversion den Gemeindemitgliedern gefallen oder nicht, müssen die Gemeinden die Absicht zu einer Konversion ernst nehmen und die Konvertierten – unabhängig in welche Richtung – als gleichberechtigte Menschen respektieren und achten. Die Vertreter der Religionsgemeinschaften sollten im Einvernehmen mit den Betroffenen ein gemeinsames Gespräch zur Prozedur und über die Konsequenzen der Konversion führen. Es liegt im Interesse der Religionsgemeinschaften, die Konversion reibungslos zu vollziehen. Die Konvertierten können unter Umständen die Personen sein, die den interreligiösen Dialog verstehen oder anderen verständlich machen können.

„Die Aleviten akzeptieren, dass Menschen anderer Religionszugehörigkeit durch deren eigenen Weg Gott erkennen und die eigene heilige Kraft wieder entdecken können. Aus diesem Verständnis heraus ist es dem Menschen zugesichert, sich bzgl. seines Religionsbekenntnisses frei zu entscheiden. Der Spruch ‚betrachte alle Religionsgemeinschaften und Ethnien als gleichwertig' empfiehlt den Aleviten, nicht zu missionieren oder andere von ihrem Glauben abzuwerben. Einen Menschen zum Alevitentum zu zwingen, würde somit den alevitischen Grundwerten widersprechen."[12]

d) Schulebene: Religionsunterricht

„Die Unterschiede in der Tradition und Interpretation zum Glauben und zum Gebet von Aleviten und Sunniten sind doch so gewaltig, dass ohne theologische Auseinandersetzung und gegenseitige Anerkennung ein gemeinsamer Religionsunterricht für die alevitischen und sunnitischen Kinder nicht möglich ist."[13]

Aleviten gehen nicht in die Moschee, sondern beten im Cem-Haus. Das alevitische Gebet wird von sunnitischen Moscheeträgern nicht als Gebet anerkannt.

An die bekannten Konfliktthemen der sunnitischen Muslime mit dieser Gesellschaft, wie z. B. Minarettbau, das Schächten und das Kopftuch, beteiligen sich Aleviten nicht, weil sie von der Tradition und Glaubens-

---

[12] *Ismail Kaplan:* „Konversion aus alevitischer Sicht", in: *Multireligiöse Studiengruppe* (Hg.): Handbuch Interreligiöser Dialog, Köln 2006, 71.
[13] *Kaplan,* Zugänge zum Dialog, 56.

lehre her eine Auffassung vertreten, die sinnliche statt äußerliche Aspekte in den Vordergrund stellt.

Der Dachverband der Aleviten *„Alevitische Gemeinde Deutschland"* wurde aufgrund der Eigenständigkeit und der Einigkeit der Aleviten auf eine Glaubenslehre in den Bundesländern Baden-Württemberg, Nordrhein-Westfalen, Hessen, Bayern, Saarland, Niedersachsen und Rheinland-Pfalz als Religionsgemeinschaft anerkannt und in diesen Bundesländern wird der alevitische Religionsunterricht nach Artikel 7 Absatz 3 des Grundgesetzes als ordentliches Fach erteilt. Wo der alevitische Religionsunterricht erteilt wird, ist es vorgesehen, mit anderen bekenntnisorientierten Religionsunterricht exemplarisch interreligiös bzw. ökumenisch vorzubereiten.

In diesem Zusammenhang ist es wichtig, das Hamburger Modell „Religionsunterricht für alle" zu erwähnen. Das Alevitische Kulturzentrum Hamburg hat durch die Mitarbeit im Gesprächskreis für den interreligiösen Religionsunterricht das Projekt „interreligiöser Religionsunterricht" unterstützt und mitgewirkt. Danach werden die Kinder im Religionsunterricht nicht getrennt, sondern gemeinsam nach dem Lehrplan „Religionsunterricht für alle" unterrichtet. Dort kann ein echtes ökumenisches Lernen und Lehren entstehen.

e) Auf der Ebene der Seelsorge in Krankenhäusern und in Haftanstalten

Religiöse Dienste sollten in der Tradition der Betroffenen geleistet werden. Ein Patient alevitischer Herkunft sollte nach seinem Glauben eine Seelsorge erhalten und ein Häftling sunnitischer Herkunft selbstverständlich eine sunnitische. Durch einen engen Dialog der Religionsgemeinschaften kann eine konfessionsgerechte Seelsorge gewährleistet werden.

f) Auf der Ebene des Interreligiösen Bestattungen ermöglichen

In Sterbefall einer Person aus einer gemischt religiösen Familie ist eine interreligiöse Bestattungszeremonie zu organisieren. Dabei müsste die Konfessionszugehörigkeit der verstorbenen Person maßgeblich berücksichtigt werden.

Bei Naturkatastrophen, Massenunfällen oder auch Terrorereignissen kommt es vor, dass mehrere Personen unterschiedlicher Konfession gleichzeitig ums Leben kommen. In diesen Fällen müsste die Bestattungsfeier möglichst die Traditionen aller Konfessionen berücksichtigen. Das ermöglicht die seelische Überwindung der Katastrophe besonders für die Hinterbliebenen. Die betroffenen Religionsgemeinschaften sollten für solche Fälle ein gemeinsames Gebet entwickeln.

4. Schlussbemerkungen

Interreligiöser Dialog ist aus der Sicht der alevitischen Glaubenslehre ein Gebot und in unserer multireligiösen und multikulturellen Gesellschaft eine Not, um ein friedliches Zusammenleben für uns und für unsere Kinder zu schaffen. Unabhängig davon, ob jemand religiös oder nicht religiös ist, ist jeder Mensch dazu berufen.

Das Alevitentum kann in dieser multireligiösen Gesellschaft einen wichtigen Beitrag zur Förderung der Akzeptanz leisten. So wie die Aleviten von dieser Gesellschaft einige positive Verhaltensweisen übernahmen, kann auch die deutsche Gesellschaft einiges von Aleviten übernehmen. Das würde das friedliche Zusammenleben fördern.

Ich will zum Schluss den Spruch von Hans Küng wiederholen:

„Kein Frieden unter den Nationen ohne Frieden unter den Religionen! Kein Frieden unter den Religionen ohne Dialog unter den Religionen."[14]

---

[14]   *Hans Küng:* Projekt Weltethos, München 1992, 171.

Intrareligiöse Differenzierungs- und Entdifferenzierungsprozesse

Zusammenfassende Überlegungen

Reinhold Bernhardt[1]

Die in diesem Heft der Ökumenischen Rundschau abgedruckten Vorträge haben nicht nur inhaltlich, sondern auch in der Form ihrer Präsentation das Thema der Tagung auf verschiedene Weise beleuchtet. Schon damit wird deutlich, wie sehr das Verständnis von intrareligiöser Vielfalt und Einheit vom Selbstverständnis der jeweiligen Religion und Konfession abhängt.

Der Beitrag aus dem *Judentum* besteht im Grunde aus einer Rezitation des jüdischen Narrativs im Stil einer Familiengeschichte, vorgetragen in erzählendem Stil auf persönliche Weise. Das stimmt mit dem Verständnis von Vielfalt und Einheit im Judentum überein: Vielfalt entsteht – so die Deutung – durch Trennungen in der Familie, durch Meinungsverschiedenheiten, durch verschiedene Weisen, die Geschichte der jüdischen Großfamilie zu erzählen. Im Wesentlichen sind die dabei entstehenden verschiedenen Interpretationen der jüdischen Geschichte miteinander vereinbar. Vielfalt ist ein Reichtum. Einheit wäre eine Verarmung. So wie es eine Verarmung wäre, wenn man die von den verschiedenen Mitgliedern einer Familie auf verschiedene Weise erzählte Familiengeschichte uniformieren und kanonisieren würde. Sicher wird es Versionen dieser Geschichte geben, die im innerjüdischen Diskurs nicht auf Anerkennung stoßen. Aber es gibt keine „offizielle" Autorität, die diese aus diesem Diskurs ausschließen könnte.

Die Vorträge aus dem *Christentum* waren eher lehrhafter, reflexiver, diskursiver, argumentativer Art. Das stimmt mit dem Selbstverständnis des christlichen Glaubens als reflektierter Gottesbeziehung (bzw. Christusbe-

---

[1]   Reinhold Bernhardt ist seit 2001 Professor für Systematische Theologie/Dogmatik an der Universität Basel und seit 2004 Redakteur der Theologischen Zeitschrift, die von der Theologischen Fakultät der Universität Basel herausgegeben wird.

ziehung) überein: „fides quaerens intellectum". Die Schrift als Urkunde des Glaubens, die Bekenntnisse, die Lehren spielen eine wichtige Rolle in der Auskunft über den Glauben. In abgestufter Weise haben sie normativen Charakter. Und so vollzieht sich die Suche nach Einheit immer auch (jedenfalls nicht ohne) Streben nach Einheit in der Lehre. Gerade aber die Auslegung der Lehrgrundlagen führte und führt zu Trennungen innerhalb des Christentums, sogar innerhalb der Ökumenischen Bewegung. An der Frage des Bibelverständnisses hat sich sogar die Ökumenische Bewegung gespalten, indem sich neben der „Genfer Ökumene" die so genannte „Allianz-Ökumene" etablierte. Einheit wird also nur insofern realisiert, als die jeweils für normativ gehaltenen Basisüberzeugungen dabei zur Geltung gebracht werden können.

Die Vorträge aus dem *Buddhismus* haben gezeigt, dass sich der Buddhismus weder über eine gemeinsame Geschichte noch über normative Glaubensbekenntnisse, sondern über einen Erfahrungsweg definiert. Die verschiedenen Schulen unterscheiden sich in der Anleitung zum Gehen dieses Weges. Letztlich entscheidend ist aber nicht die Anleitung zum Gehen, sondern der Vollzug des Gehens. Selbst die strengste Meditationspraxis hat die Befähigung zum je eigenen Vollzug der Meditation zum Ziel. Ein Bedürfnis nach Einheit kommt im Buddhismus bestenfalls aus pragmatischen, z. B. politischen Erwägungen auf, weniger aus inneren spirituellen Antrieben. Als Bedingungen für die Erlangung von Einheit wird oft der Verzicht auf Absolutheits- bzw. Exklusivitätsansprüche in der Lehre genannt. Das bekannte Gleichnis „Die blinden Männer und der Elefant" veranschaulicht diesen Appell. Es reagiert auf massive Schulstreitigkeiten im Buddhismus.

Die Vorträge aus *muslimischer* Perspektive zeigen, dass Trennungen sowohl aus politischen Loyalitäten als auch aus dogmatischen Wahrheitsansprüchen hervorgehen konnten und können. Die Fragen, an denen sich die Geister scheiden, sind eher ethischer als theologischer Art. Sie kreisen um die rechte Lebensführung in der Orientierung am Willen Gottes. Debatten um das Gottesverständnis werden demgegenüber als spekulativ, zuweilen sogar als blasphemisch empfunden.

Einerseits besteht im Islam ein starkes Einheitsbewusstsein, das im Glauben an den *einen* Gott, in der Ausrichtung auf den Koran als das *eine* Wort Gottes, im Blick auf den Propheten als den *einen* Übermittler des Gotteswortes und in Bezug auf die Umma, die eine Gemeinschaft der Gottergebenen gründet. "The *ummah* is held together not by any formal organization but by a collective act of will, inspired by personal conviction and embodied in the ritual duty of daily prayer, the monthlong fast of Ramadan and the annual pilgrimage to Mecca. Five times a day, millions of

Muslims face Mecca all at the same time to observe the same ritual prayers. This core of shared ritual practices combined with observances of the *shari'a* is integral to Muslim life and creates the bonds that tie the ummah *together.*"[2] Das Koranwort „Haltet alle fest an der Verbindung zu Gott und entzweit Euch nicht" (Sure 3,103) kann man als „ökumenischen" Imperativ des Islam verstehen.

Andererseits gibt es ein starkes Differenzbewusstsein zwischen den verschiedenen muslimischen Gruppen, die sich in einer Konkurrenz um das wahre Verständnis des Islam und die wahre Praxis ausdrückt. Diese Konkurrenz wird befeuert durch das Prophetenwort: „Meine Umma wird sich in 73 Gruppen spalten. Eine davon wird ins Paradies kommen und 72 in die Hölle."[3] Das Wort führt in einzelnen Gruppen nicht selten dazu, Kataloge der von der Wahrheit abweichenden 72 Gemeinschaften aufzustellen und die eigene als die wahre davon abzuheben. Glaubensspaltung wird oft mit Glaubensabfall (*fitna*) gleichgestellt. Der große Rechtsgelehrte al-Schāfiī (gest. 820) führt in seinem *kitāb al-umm* den Hadith an: „Wer mitten im Paradies wohnen will, sollte sich eng an die Gemeinschaft halten, denn der Teufel ist mit den Einzelgängern und hält sich schon fern, wo zwei beieinander sind ... Wer vertritt, was die muslimische Gemeinschaft vertritt, hält sich eng an die Gemeinschaft, und wer von dem abweicht, was die muslimische Gemeinschaft vertritt, weicht von der Gemeinschaft ab, an die sich zu halten ihm befohlen ist. Aus Trennung entsteht Irrtum. In der Gemeinschaft kann es keinen allgemeinen Irrtum geben im Hinblick auf die Bedeutung des Buches Gottes, des Allmächtigen, der Sunna und des Analogieschlusses, so Gott will."[4]

Von Anfang an – vom Schisma der Kharidschiten, Sunniten und Schiiten – bis heute hat es immer wieder Spaltungen im Islam gegeben. Sie hatten ihre Ursache zunächst im Streit um die Führerschaft der Umma und um deren „wahre" Gestalt. Mit der arabisch-islamischen Expansion in der Frühzeit des Islam mussten andere Kulturen integriert bzw. neue Inkulturationsformen des Islam geschaffen werden, was die innerislamische Diversität erhöhte. Und natürlich trugen auch politische Interessengegensätze, ethnische Zugehörigkeiten und soziale Spannungen zu Parteibildungen bei.

---

2   *Ron Geaves:* Charismatic Authority in Islam: an analysis of the cause of schisms in the *ummah,* in: *James R. Lewis/Sarah M. Lewis* (eds.): Sacred Schisms: How Religions divide, Cambridge/New York 2009, 37 f.

3   *Sunan Ibn Mādschah* (Majah), Hadith Nr. 3992; siehe www.gowister.com/hadith/ibnmajah/4117/ (aufgerufen am 17.8.2015).

4   Zitiert nach *Lamya Kaddor:* Zum Töten bereit: Warum deutsche Jugendliche in den Dschihad ziehen, München/Berlin/Zürich 2015.

Wie tief die Spaltungen und Verwerfungen heute reichen, zeigt die aktuelle Situation im Nahen Osten in erschreckender Weise, auch wenn es sich dabei um eine komplexe Gemengelage religiöser, sozialer, politischer und ökonomischer Motive handelt, die zudem durch Interventionen von außen angeheizt wird.

Dieser kurze Blick auf die vier Religionen, die auf der Tagung durch Referenten repräsentiert waren, zeigt, dass die Einheitsbegründungen und -bestrebungen wie auch die Prozesse der Binnendifferenzierungen religionsspezifisch sehr verschieden sind. Sie hängen eng mit dem jeweiligen Identitätszentrum der Religion und deren Verfasstheit zusammen.

Vielleicht lassen sich aber doch auch (mit gebührender Vorsicht) Spannungsverhältnisse benennen, die sich in allen Religionen in analoger Weise entdecken lassen: die Spannung zwischen einem eher am Wort der Offenbarung und der Lehre orientierten orthodoxen Religionsstil gegenüber einem stärker auf Erfahrung ausgerichteten „mystischen" Religionsstil beispielsweise; die Spannung zwischen charismatischer und institutioneller, amtsgebundenen Autorität, die Spannung zwischen kontemplativer Weltabwendung und aktiver Weltgestaltung; die Spannung zwischen den Religionswegen, die eher auf das Denken ausgerichtet sind, gegenüber solchen, die das Handeln in den Vordergrund stellen, und jenen, die sich auf das Fühlen konzentrieren.

Mit diesen Überlegungen bin ich schon im Übergang zum nächsten Teil meines Beitrages. Nachdem ich im ersten Teil – ausgehend von den Vorträgen der Tagung – das Selbstverständnis der Religionen nach den darin eingelagerten Einheitsimperativen und Differenzierungsimpulsen befragt habe, trete ich nun von dieser Binnenperspektive einen Schritt zurück und suche in einer eher religionsphänomenologisch vergleichenden Betrachtung nach verallgemeinerbaren Strukturmerkmalen von Differenzierungs- und Vereinigungsbestrebungen: Wie kam und kommt es zu inneren Ausdifferenzierung in den Religionen? Und: Wie sind die Bestrebungen und Bewegungen motiviert, die innere Pluralität durch Annäherungs- und Vereinigungsprozesse zu überwinden?

1. Wie kommt es zur Entstehung von Binnendifferenzierungen in den Religionen?

Systematisch betrachtet entstehen Binnendifferenzierungen in Religionsgemeinschaften, wenn Uneinigkeiten in der Auslegung der Lehre, in der Deutung der eigenen Geschichte, im Blick auf die Organisation, Autorität und Führerschaft der Gruppe, oder hinsichtlich der Gestaltung der Praxisformen zu sakrosankten, identitätsstiftenden Prinzipien verabsolutiert werden und eine Gefolgschaft finden, die sich zu einer neuen Gemeinschaft mit Einigkeitsbewusstsein nach innen und Differenzbewusstsein nach außen formiert.[5]

Historisch betrachtet kann man verschiedene Prozesse als Ursache für Binnendifferenzierungen aufweisen. Eine der wichtigsten ist die Entstehung von Reform- bzw. Erneuerungsbewegungen. Diese streben – in den Offenbarungsreligionen – zumeist danach, die durch Tradition überlagerte Offenbarung in ihrem Ursprungssinn wieder freizulegen bzw. die Originalgestalt der Religion wieder ungebrochen in der Gegenwart zur Geltung zu bringen. Die Rückbesinnung auf den Ursprung soll die Religion aus Verkrustungen befreien und die Glut unter der Asche wieder entfachen.

Dabei bringt die intendierte Wiederherstellung der ursprünglichen Gestalt de facto aber nicht die Einheit des Ursprungs zurück, sondern immer neue Gestalten hervor. Die Absicht, den Einheitsgrund freizulegen, führt zur Pluralisierung. Nicht selten werden die Reformbewegungen von ihren eigenen Abspaltungen mit dem Anspruch überholt, die Reform konsequent zu Ende zu führen. So gibt es innerhalb der Reformbewegung wieder neue Spaltungen. Der sogenannte linke Flügel der Reformation, die Täufer und Spiritualisten, sind mit diesem Anspruch aufgetreten. Der Pentekostalismus und die charismatische Bewegung stellen dem wortlastigen Protestantismus eine vom Geist Gottes erweckte Spiritualität gegenüber.

Die Salafiyya – zuweilen ironisch als „islamischer Protestantismus" bezeichnet – strebt eine Rückbesinnung auf die „Alten" (arab. *Salaf* „der Vorfahre; der Vorgänger") an. Der normative Orientierungspunkt ist hier also die Frühzeit des Islam, genauer: die ersten drei Generationen der Muslime, die noch unter dem direkten Einfluss des Propheten standen oder dessen Nachfolger persönlich kannten oder Nachfolger der Nachfolger waren. Mit dieser Rückwendung soll Authentizität hergestellt und Legitimität gewonnen werden. Im Hintergrund steht das Bewusstsein einer Krise der Gesellschaft und der Religion, das durch Rückgriff auf die Fundamente bewältigt werden soll. Einer der Grundimpulse der entstehenden Salafiyya im ausgehenden 19. Jahrhundert war übrigens die Klage über die mangelnde Einheit des Islam und das Bemühen, diese durch die Wiederherstellung des

---

[5]   Der theoretische Überblick, den *Roger Finke/Christopher P. Scheitle* im Band „Sacred Schisms" über die Entstehung von Schismen geben, ist instruktiv, aber weitgehend auf den Kontext der nordamerikanischen Religionslandschaft bezogen: *Roger Finke/ Christopher P. Scheitle:* Understanding Schisms. Theoretical Explanations for their Origins, in: *James R. Lewis/Sarah M. Lewis* (eds.): Sacred Schisms (siehe Anm. 2), 11– 33, dort weitere Literatur.

unverfälschten Islam zu restituieren. In diesem Sinne handelt es sich dabei um eine „ökumenische" Bewegung.

Der Buddhismus ist insgesamt eine Reformbewegung, die aus einer scharfen Abgrenzung vom Hinduismus entstanden ist. Und auch innerhalb des Buddhismus gab und gibt es immer wieder Reformbewegungen. Alan Cole fasst seine Darstellung der "Schisms in Buddhism" mit der Feststellung zusammen, dass "the history of Buddhism, in the twenty-five-centuries since the Buddha's death, could be told as a series of schismatic developments".[6]

Zwischen den traditionellen „Fahrzeugen des Buddhismus – dem Theravada, dem Mahayana und dem Vajrayana-Buddhismus" – gibt es allerdings erhebliche Spannungen, die bis hin zu gewalttätigen Auseinandersetzungen gehen konnten. Die Mahayana-Buddhisten werfen den Theravada-Buddhisten vor, einen Heilsegoismus zu pflegen, der nur die eigene Erleuchtung anstrebt und damit die höhere Stufe des spirituellen Weges, die im Bodhisattva-Ideal besteht, also darin, andere Menschen zur Erleuchtung zu führen, nicht zu erreichen. Sie bezeichnen den Theravada-Buddhismus abwertend als „Hinayana", was man mit „mickriges Fahrzeug" übersetzen kann. Umgekehrt werfen die Theravada-Buddhisten dem Mahayana vor, eine die reine Lehre Buddhas verraten habende Neubildung zu sein, die wieder stärker von hinduistischer Spiritualität beeinflusst ist. Aus den vom Theravada-Buddhismus beherrschten Ländern Südostasiens sind sie verdrängt worden, so dass die verschiedenen traditionellen Fahrzeuge im Buddhismus auf verschiedene geographische Regionen verteilt sind. Sie leben weitgehend ohne Austausch miteinander nebeneinander. Auch innerhalb der Fahrzeuge, besonders zwischen den verschiedenen Mahayana-Schulen, gibt es massive Spannungen. Ansätze zu einer buddhistischen „Ökumene", wie sie sich in der 1950 gegründeten "World Fellowship of Buddhists" mit Sitz in Bangkok, niedergeschlagen hat, haben demgegenüber kaum eine Aussicht auf Erfolg. Die Möglichkeit, die Lehre Buddhas als gemeinsamen normativen Bezugspunkt aufzufassen, wie von der Fellowship propagiert, bleibt im Selbstverständnis und in der Praxis der buddhistischen *opinion leader* weitgehend unrealisiert, weil die Auslegungen und Anwendungen dieser Lehre so disparat sind.

Im Buddhismus gibt es neben den „alten" drei Fahrzeugen neue Fahrzeuge. André van der Braak hat die drei bedeutsamsten in seinem Vortrag vorgestellt: den "Engaged Buddhism", den säkularen westlichen Buddhis-

---

[6] *Alan Cole:* Schisms in Buddhism, in: *James R. Lewis/Sarah M. Lewis* (eds): Sacred Schisms (siehe Anm. 2), 61.

mus und die buddhistischen Reformbewegungen in Japan und China, die sich als „Humanistischen Buddhismus" verstehen. Besonders der westliche Buddhismus beansprucht dabei, die Lehre Buddhas von den Überformungen der Aneignungsgeschichte in den anderen Fahrzeugen zu befreien und in einer reinen, das heißt undogmatischen Form neu zur Geltung zu bringen – als "Buddhism without beliefs".

Reformbewegungen haben zumeist ein starkes Selbst- und oft auch ein starkes Sendungsbewusstsein. Die eigene Wahrheitsgewissheit wird über das Bewusstsein der intrareligiösen Einheit gestellt. Wahrheit (genauer: das eigene Verständnis der Wahrheit) geht vor Gemeinschaft. Neue Bewegungen in den traditionellen Religionen sind faktisch oft antiökumenisch, auch wenn sie mit dem Erneuerungsimpuls die Hoffnung verbinden, die ursprüngliche Einheit der Religionsgemeinschaft wieder herzustellen. Denn sie wollen diese nach *ihrem* Verständnis herstellen.

Eine zweite Ursache für Prozesse der Binnendifferenzierung in den Religionen – neben den Reform- bzw. Erneuerungsbewegungen – können Inkulturationsprozesse sein. Der Versuch, die Tradition an den kulturellen Kontext bzw. an verschiedene Milieus anzupassen, kann eine intrareligiöse Pluralisierung auslösen.

Ein Beispiel dafür ist das Reformjudentum, das sich darin von den oben genannten Reformbewegungen unterscheidet, dass es weniger rückwärts- und mehr vorwärtsgewandt war und ist. Durch die Unterscheidung von zeitlos geltenden ethischen Geboten und zeitbedingten rituellen Vorschriften wurde die Möglichkeit eröffnet, den Ritus zu modernisieren und den jeweiligen kulturellen Gegebenheiten anzupassen. Die Verwendung der Landessprache in Teilen des Gottesdienstes, die Gleichstellung der Frauen bei rituellen Handlungen, die Betonung der Glaubens- und Gewissensfreiheit waren weitere Modernisierungsmerkmale. Mit diesen Reformen kam es zu einer bis heute anhaltenden Binnendifferenzierung innerhalb des Judentums, die sich – wie auch das orthodoxe Judentum – intern weiter ausdifferenzierte.

Um neue Inkulturationsformen des Buddhismus handelt es sich auch bei den von André van der Braak beschriebenen neuen Fahrzeugen. Sie lassen deutlich den Bezug zu ihrem jeweiligen historischen und kulturellen Kontext erkennen. Im "Engaged Buddhism" Thich Nhat Hanhs wirkt die Erfahrung des Vietnamkrieges nach. Der westliche Buddhismus trägt den Kontextbezug schon in seiner Bezeichnung. Die Reformbewegungen in China und Japan mit ihrer starken Betonung der Ethik und ihrem missionarischen Impuls reagieren auf Bedürfnisse der Lebensorientierung in den jeweiligen Ländern. Yukio Matsudo sprach in seinem Vortrag davon, dass sich der Buddhismus transformiere, „so dass er alltagstauglich ist".

Das Interesse an Inkulturation kann teilweise oder ganz missionarisch motiviert sein. Ökonomisch ausgedrückt: Es soll eine möglichst genaue Passung zwischen religiösem Angebot und Nachfrage hergestellt werden. Religionswissenschaftlich ausgedrückt: Die Lehre und Praxis der je eigenen Religion soll durch Anpassung an den sozialen und kulturellen Kontext besser in die Lebenswelt hinein kommuniziert und damit für breitere Zielgruppen attraktiver werden. Theologisch ausgedrückt: Das Wort Gottes soll kulturell inkarniert werden, „damit die Welt glaube" (Joh 17,21). Im Hintergrund steht ein Universalanspruch, der für die Geltung der je eigenen Botschaft erhoben wird. Sie soll möglichst viele Menschen erreichen.

Solche Inkulturationsprozesse rufen neue Bewegungen ins Leben, die ihrerseits wieder Gegenbewegungen und Abspaltungen hervorbringen. So erzeugten die durch den Inkulturationsimpuls erzeugten Binnendifferenzierungen weitere Differenzierungen in der Religion, sei es durch die Abwehrreaktionen, die sie provoziert, sei es durch das von ihr bei anderen geweckte Interesse, den Inkulturationsprozess noch konsequenter voranzutreiben.

Zuweilen, aber nicht immer, treten die durch Inkulturationsbemühungen entstandenen progressiven Bewegungen mit weniger steilen (exklusiven, universalen und finalen) Geltungsansprüchen auf als die durch restaurative Reformabsichten entstandenen. Es geht ihnen nicht so sehr darum, die ursprüngliche Lehre oder Gestalt der Religion in möglichst reiner Form wiederherzustellen und die gesamte Religion darauf zu verpflichten, sondern eine kontextuelle Gestalt zu entwickeln, die keinen Alleinvertretungsanspruch erhebt. In der Polarität von Identität und Relevanz betonen sie mehr den Pol der Relevanz. In der Spannung von Katholizität und Kontextualität betonen sie die Kontextualität. In der Spannung von intrareligiöser Universalität (Geltungsanspruch für die ganze eigene Religion) und Partikularität (Geltung primär für diejenigen, die neue Wege in der Aneignung der Tradition gehen wollen) betonen sie mehr den Pol der Partikularität.

Neben diesen bewusst intendierten „revolutionären" Inkulturationsprozessen differenzieren sich Religionen intern aber auch durch die „evolutive", gewissermaßen „natürliche" Anpassung an ihren Kontext und dessen politische, soziale, kulturelle, ethnische, ökonomische und ökologische Prägung. Die gesamte Religionsgeschichte dokumentiert diese Differenzierungsvorgänge. Die drei klassischen Fahrzeuge des Buddhismus sind ein besonders signifikantes Beispiel dafür. Der Theravada-Buddhismus hat sich in Süd- und Südostasien, der Mahayana-Buddhismus in Ostasien, der Vajrayana hauptsächlich in Tibet, aber auch in Japan, China und der Mongolei mit den dort vorherrschenden Kulturen verbunden und diese dabei seinerseits geprägt. Eine wichtige Rolle spielte dabei auch der „Paradigmenwechsel von der Eliterreligion zur Massenreligion".[7]

Über diese in den Religionsgemeinschaften selbst – in ihrem Selbstverständnis – liegenden Differenzierungsimpulse gibt es auch solche, die stärker von außen auf sie einwirken (wobei sich keine klare Demarkationslinie zwischen innen und außen ziehen lässt, denn auch Inkulturationsprozesse reagieren ja auf Veränderungen des äußeren Umfeldes). Wenn etwa politische oder ökonomische Interessen das Klima zwischen Konfessionen und Gemeinschaften einer Religion vergiften, wie im Fall der Beziehungen zwischen Sunniten und Schiiten im Irak und darüber hinaus, werden Spannungen und Spaltungen erzeugt und vertieft. Es entsteht eine Eigendynamik in der Spirale des gegenseitigen Hasses. Es gibt viele Stimmen von angesehenen Gelehrten im Islam – ich nenne nur Mahmoud Ayoub (Hartford Seminary) oder Seyyed Hossein Nasr (Georgetown University) –, die sich deutlich für eine innerislamische Ökumene aussprechen und einsetzen. Doch haben die von ihnen ausgehenden Impulse kaum Aussicht, das reale Beziehungsgeschehen zwischen den islamischen Strömungen zu beeinflussen. Dieses wird vor allem von politischen Mächten bestimmt, die im Interesse ihrer Machterhaltung und -ausweitung eher die Profilierung der jeweiligen schiitischen, sunnitischen u. a. Propria betreiben, als Einigungsprozesse zu lancieren. Die Verbindung von Religion und Politik im Islam erschwert richtungsübergreifende Verständigungsprozesse auf theologischer Ebene. Amtsautorität ist immer auch politische Autorität, wodurch sich der Konflikt zur geistlich-charismatischen Autorität verschärfen kann.

2. Wie kommt es zu Einigungsbestrebungen in den Religionen?

Ich nenne im Folgenden Faktoren, die das Interesse an Entdifferenzierungsprozessen wecken und fördern können.

In der Geschichte der Religionen und Konfessionen zeigt sich immer wieder, dass *Schuldbewusstsein* Einigungsimpulse freisetzen kann. Wenn bei Anhängern einer Religionsgruppe das Bedürfnis aufkommt, die Schuld, die sie gegenüber „Glaubensbrüdern und -schwestern" in anderen Gruppen der gleichen Religion auf sich geladen haben, im Rahmen eines Versöhnungsprozesses aufzuarbeiten und damit zu entgiften, wird in der Regel der eigene Wahrheits- und Machtanspruch, der für das schuldhafte Han-

---

[7] *Hans Küng* u. a.: Christentum und Weltreligionen. Hinführung zum Dialog mit Islam, Hinduismus und Buddhismus, Gütersloh 1984, 487.

deln mitverantwortlich war, zurückgenommen oder zumindest seiner aggressiven Züge entkleidet. Mit der Formel „Liebe statt Wahrheit" könnte man diesen Sinneswandel verkürzt beschreiben.

Die Ökumenische Bewegung im Christentum gründet nicht zuletzt in der bitteren Erfahrung, dass sich Christen in den Ländern Europas zur Begeisterung für den Ersten Weltkrieg hinreißen ließen und gegeneinander kämpften. Die Wiederholung dieser Erfahrung im Zweiten Weltkrieg hat mit zur Gründung des Ökumenischen Rates der Kirchen 1948 beigetragen.

Ein anderer Faktor, der zu Einigungsbestrebungen in den Religionen führen kann, ergibt sich weniger aus einem durch Geschichtserfahrungen ausgelösten Wandel des Selbstverständnisses in der Beziehungsbestimmung zu anderen Gruppen innerhalb der eigenen Religion, sondern durch geistlichen „Abrieb" im Laufe der Geschichte, indem *die spirituelle Kraft einer Bewegung erlahmt.* Wenn ursprünglich kräftige (Reform-)Bewegungen sedieren, wenn sie „alt" werden", wenn sie ihr ursprünglich steiles Geltungs- und Sendungsbewusstsein ermäßigen, werden sie offener füreinander und bereit, intrareligiöse Verständigungsprozesse zu lancieren.

Solche Transformationsprozesse können einhergehen mit der zunehmenden *Intellektualisierung und Institutionalisierung* einer Bewegung, d. h. zum einen mit der Ausbildung von historischem Bewusstsein, das sich etwa in der Aufarbeitung der eigenen Entstehungsbedingungen manifestiert und damit zu einer Selbstrelativierung führt, zum anderen mit der Verschiebung der charismatischen Unmittelbarkeit hin zu einer strukturellen Verfasstheit, verbunden mit der Ausbildung von Amtsautorität. Beide Entwicklungen hängen eng miteinander zusammen: Institutionalisierung führt zur Professionalisierung von Funktionen und damit zur Generierung von Verfahren, die Funktionsträger für ihr Amt zu qualifizieren. Dazu gehören u. a. Bildungsprozesse, die – wenn sie nicht nur in der unkritischen Aneignung der Tradition bestehen – langfristig zur Selbstaufklärung einer Religionsform führen. Die damit geschaffene reflexive Distanz zum eigenen Wahrheitsanspruch aber ist eine wichtige Voraussetzung für das Interesse an Verständigung mit anderen Religionsformen.

Prozesse dieser Art lassen sich etwa in Teilen der evangelikalen Bewegung oder in den Transformationen des Pentekostalismus zur charismatischen Bewegung in Nordamerika und Europa beobachten. Sie, die sich in ihrer Frühzeit auf charismatische Autorität beriefen und sich von der Amtsautorität der etablierten Kirchen abgrenzten, bilden nun ihrerseits Strukturen aus, die stärkere Stabilität garantieren. Freigeistigkeit geht auf diese Weise in Institutionalität über.

Ein weiterer Faktor, der Einigungsbestrebungen freisetzen und nähren kann, besteht in der pragmatischen Einsicht in die *Notwendigkeit, die*

Kräfte zu bündeln. Um etwa in der Mission oder im Dienst an der Welt ef-
fektiver zusammenarbeiten zu können, gilt es zusammenzustehen. So hatten sich auf der Weltmissionskonferenz in Edinburgh 1910 die bislang konkurrierenden Missionsgesellschaften darauf verständigt, durch eine klarere
Aufteilung der Missionsgebiete zu kooperieren. Dieser Einheitsimpuls
kommt natürlich nur dort zur Wirkung, wo eine Religion auf Ausbreitung
und/oder auf Weltgestaltung angelegt ist. Im Judentum ist ersteres nicht
der Fall, in Teilen des Buddhismus (vor allem im Theravada-Buddhismus)
ist letzteres nicht oder nur bedingt gegeben.

Einigungsinteresse kann auch durch (realen oder empfundenen) *Druck
von außen* entstehen, etwa durch den massiven Druck von Bedrohungen, zu
deren Abwehr ein gemeinsames Handeln erforderlich ist, oder auch durch
den in der Regel sanfteren Druck der Diasporasituation. Die Zersplittertheit
verschiedener Gemeinschaften einer Religion außerhalb ihrer Stammlande –
etwa der Buddhisten in Deutschland – kann dazu führen, dass man sich weniger über die Propria der eigenen Gemeinschaft und mehr über die Zugehörigkeit zum Buddhismus insgesamt (oder zum westlichen Buddhismus) identifiziert. Dadurch können neue Koalitionen entstehen.

Gemeinschaften, die innerhalb der eigenen Religion in einer *Minder-
heitensituation* sind und um Anerkennung ringen (wie es teilweise bei
den Aleviten der Fall ist, sofern sie sich dem Islam zugehörig fühlen), werden geneigt sein, weniger die Differenzen und mehr die Übereinstimmungen mit der „Mutterreligion" zu betonen. Streben nach Anerkennung bedeutet dabei nicht, die eigene Identität aufzugeben. Es geht gerade um die
Anerkennung dieser Identität. „Einigung" ist also nicht gleichbedeutend
mit Einheit.

Besonders in einem säkularen Umfeld kann das Streben nach höherer
Glaubwürdigkeit durch Abbau innerer Differenzen und Konflikte ein Motiv
für intrareligiöse Entdifferenzierungen sein. Wenn sich nicht nur die einzelne Gemeinschaft, sondern die ganze Religion, vielleicht sogar Religion
überhaupt unter Rechtfertigungsdruck gesetzt fühlt, wird sich die Selbst-
darstellung einer Religionsgemeinschaft nach außen defensiver gestalten
und stärker an den Grundwerten und -überzeugungen der eigenen Religion
insgesamt orientiert sein, als wenn die Geltung der von ihr vertretenen Religionsform unbestritten ist. Das wiederum hat Rückwirkungen auf die Beziehung zu anderen Gruppen der gleichen Religion. Mit der Betonung des
Gemeinsamen nach außen verlieren die Unterscheidungen und Trennungen im Innern an Bedeutung.

Ein die jeweilige Gruppenidentität übergreifendes gemeinsames *politi-
sches Interesse* in Bezug auf die Rolle der Religionsgemeinschaft in Gesellschaft kann ein verbindendes Element darstellen. Wie im Vortrag von Yu-

kio Matsudo deutlich wurde, verdanken sich die Einigungsbestrebungen der Buddhisten in Deutschland, wie sie sich u. a. in dem „Buddhistischen Bekenntnis" niedergeschlagen haben, vor allem dem Bemühen um politische Anerkennung.

Wie es bei der Beschreibung der Differenzierungsimpulse zu konstatieren war, so können auch Einigungsprozesse von außen – durch *soziale und politische Rahmenbedingungen* – induziert sein. Die Ideologie des Panarabismus wurde religiös unterlegt, indem man sie auf den Islam bezog. Dabei mussten innerislamische Differenzen zurückgedrängt werden. Auch in der Geschichte des Christentums gibt es viele Beispiele von Einigungsbestrebungen, die von den politisch Herrschenden inauguriert, kontrolliert und aufoktroyiert wurden, man denke nur an die altkirchlichen Konzilien oder an die preußische Union. Zu solchen politisch motivierten Einigungsinitiativen konnte es immer dort kommen, wo Religion und Politik ineinander verwoben waren.

In meiner Auflistung der Faktoren, die zu Einigungsbestrebungen in den Religionen führen konnten, habe ich nicht die expliziten theologischen Imperative dazu genannt, etwa das Leitwort der ökumenischen Bewegung im Christentum: „ut omnes unum sint" (Joh 17,21) oder die eingangs zitierte Sure aus dem Koran 3,103. Ich rechne solche Aufforderungen nicht zu den Einheit *erzeugenden* Faktoren, sondern zu den Legitimationsstrategien des aus anderen Quellen gespeisten Einheitswillens. Es sind nicht Begründungen, sondern Rechtfertigungen.

Joh 17,21 stand seit der Kanonisierung im Neuen Testament, wurde aber erst in der Ökumenischen Bewegung als Auftrag Christi „entdeckt", der diese Bewegung biblisch untermauerte. Auch zuvor schon waren die Trennungen in der Christenheit im Allgemeinen und im Protestantismus im Besonderen als schmerzlich empfunden worden – Calvin hatte mit Macht versucht, diese Zerreißung des Leibes Christi, wie er es empfand, zu verhindern. Doch die theologischen Eigeninteressen und Wahrheitsansprüche der Konfessionen waren stärker und führten zu einer starken inneren Differenzierung im evangelischen Zweig der Christenheit. Lutheraner und Reformierte haben sich durch die Unterscheidung von der jeweils anderen Konfession definiert und waren sich primär in der Abgrenzung vom römischen Katholizismus und vom dritten Flügel der Reformation einig. Die Ökumenische Bewegung hat diesen Prozess nicht gestoppt, sondern lediglich zur Versöhnung der Verschiedenheit innerhalb des Christentums beigetragen, indem sie den gemeinsamen Bezug auf das exzentrische Zentrum des christlichen Glaubens – auf Christus – in Erinnerung gerufen hat.

Wo der Gemeinschafts*wille* nicht da war und ist (oder wo er hinter der Betonung des eigenen Propriums zurücktreten musste), fruchten auch biblisch untermauerte theologische Einheitsimperative nichts, zumal sich auch ein Abgrenzungswille biblisch bestens begründen lässt. Wo hingegen der Bezug auf den die eigene Religion konstituierenden Grund – die Führung des Volkes Israel aus dem Sklavenhaus Ägyptens ins gelobte Land, das Christusereignis, die Offenbarung des Koran, die Lehre Buddhas – *über* das konfessionelle Proprium gestellt wird, kommt es zu einer theologischen Selbstrelativierung der je eigenen Religionsgestalt und damit zur Verständigungsbereitschaft mit anderen Versionen der gleichen Religion. Man kann diese Akzentverschiebung als Verlagerung von Geltungsansprüchen beschreiben: Unbedingte Geltung gebührt nicht der *Gestalt,* sondern dem *Grund* der Religion. Das nimmt den Gestalten nicht ihre Bedeutung, pflanzt aber einen Transzendierungsimpuls in sie ein.

Dieser „vertikale" Impuls, der die Gestalt auf ihren Grund hin ausrichtet, wird sich mit innerer Notwendigkeit in einen „horizontalen" Impuls umsetzen, der nach Gemeinschaft mit den Glaubensgeschwistern anderer Konfessionen und Gemeinschaften strebt, die auf den gleichen Grund ausgerichtet sind. Wo sich dieser Impuls im Selbstverständnis einer Religionsgemeinschaft einnistet, wo diese also intrareligiöse Einheit bzw. Gemeinschaft zum Wesensmerkmal des eigenen Glaubens erklärt, wird sie „von Grund auf" ökumenisch sein. Es kommt dann zu immer neuen Aushandlungen der Balance zwischen dem Interesse, die eigene Identität zur Geltung zu bringen, und dem Wunsch nach Gemeinschaft mit den auf den gleichen Glaubensgrund bezogenen Glaubenden, die diese Beziehung aber anders auffassen und realisieren.

In Anlehnung an Dietrich Bonhoeffers christlichem Gemeinschaftsideal, wie er es in „Gemeinsames Leben" entfaltet hat, wird Gemeinschaft nicht *unmittelbar* zwischen den Partnern, sondern vermittelt über dem Glaubensgrund – im Fall des christlichen Glaubens also über Christus – konstituiert. Dieses Modell lässt sich auch auf Einigungsprozesse in anderen Religionen übertragen: Einigung wird möglich, wo ein gemeinsamer Bezugspunkt *jenseits* der Gemeinschaften gesucht wird – im Grund, auf den sie ausgerichtet sind.

3. Grundfragen

Am Ende meiner Überlegungen zu intrareligiösen Differenzierungs- und Entdifferenzierungsprozessen will ich einige der Grundfragen aufwerfen, die sich in diesem Zusammenhang stellen. Sie sollen hier nicht diskutiert, sondern nur benannt werden. Das wird dem Selbstverständnis der in diesem Heft dokumentierten Tagung gerecht, die das Thema nicht abschließend behandeln, sondern mit offenem Ende in den ökumenischen Diskurs einführen wollte und will.

Eine Frage, die sich in der christlichen Ökumene immer gestellt hat und die sich in vergleichbarer Weise auch bei Einigungsbestrebungen in anderen Religionen stellt, bezieht sich auf die dazu notwendige Anerkennung des anderen, handele es sich dabei um eine Person oder um eine Gemeinschaft, um eine Lehr- oder um eine Praxisform. Muss eine solche Anerkennung dem Verständigungs- und Einigungsprozess *voraus*gehen oder ist sie als dessen *Resultat* anzustreben? Oder sollte beides miteinander verbunden sein? Reicht es aus, die Andersglaubenden – in ihrer Würde als Personen – anzuerkennen (trotz ihres Glaubens) oder muss zu einer Verständigung mit ihnen auch die *Religionsform* anerkannt werden, der sie angehören? Hängt die intrareligiöse Gemeinschaftsbildung von der Herstellung einer Übereinstimmung im Verständnis der religiösen Lehre und Praxis ab, ist der Wille dazu also konditional, oder liegt der Einigungswille dieser Verständigung voraus und nimmt bestehenbleibende Verschiedenheiten in Kauf?

Eine zweite Frage betrifft das Verständnis von Wahrheit. *Doktrinalpropositionalen* Wahrheitsverständnissen ist der Dualismus von wahr und falsch eingeschrieben. Was nicht mit der Wahrheit übereinstimmt, ist falsch. *Existentielle* Wahrheitsverständnisse dagegen sind mit dem Bewusstsein verbunden, dass es Wahrheit immer nur als personal und gemeinschaftlich angeeignete, auf den eigenen Lebensvollzug bezogene und sich darin bewährende Wahrheits*gewissheit* gibt, für die kein Anspruch auf rationale Allgemeingültigkeit erhoben werden kann. Weil die Aneignungsformen immer verschieden sein werden, ist dieses Wahrheitsverständnis von Grund auf pluralismusfähig, was die Anerkennung abweichender Wahrheitsüberzeugungen erleichtert.

Die dritte Frage: Wo muss sich selbst der ausgeprägteste Einigungswille Grenzen ziehen, um die eigene religiöse Identität nicht preiszugeben? Wie geht er mit einheitsunwilligen Hardlinern in der eigenen Religion um?

Und schließlich, viertens: Welche Art von Beziehung soll angestrebt werden? Die Palette der Optionen reicht von friedlicher Koexistenz im Nebeneinander, über Toleranz (im Sinne einer Duldung), Respektierung bis hin zur vollen Anerkennung in gleichberechtigter Partnerschaft. Auch diese Frage wird nicht mit einer ein für alle Mal gleichen Antwort versehen werden können, sondern je nach den Gegebenheiten, Möglichkeiten und Bedürfnissen neu zu beantworten sein.

Aufstehen zum Leben

Predigt über Joh 15,5.8–12 anlässlich des Abschlussgottesdienstes des regionalen ökumenischen Kirchentags in Speyer

Die Evangelische Kirche der Pfalz und das Bistum Speyer haben zusammen mit der ACK Südwest an Pfingsten 2015 zum ersten regionalen ökumenischen Kirchentag nach Speyer eingeladen. Die Tage vom 23. bis 25. Mai standen unter dem Motto „Aufstehen zum Leben". Rund 25.000 Teilnehmer sind der Einladung gefolgt. Mehr als 100 kirchliche Organisationen, Verbände und Gruppen wirkten mit. Der Vorsitzende der ACK Südwest, Pastor Dr. Jochen Wagner, hielt im Abschlussgottesdienst die Predigt.

Jesus sagte zu den Jüngern:
Ich bin wie der Wein-Stock.
Ihr Jünger seid wie die Reben:
Ihr müsst immer mit mir verbunden bleiben.
Dann bringt ihr auch reiche Früchte.
Ihr könnt alles tun, wenn ihr bei mir bleibt.
Wie die Reben am Wein-Stock.
Mein Vater im Himmel freut sich, wenn ihr bei mir bleibt.
Mein Vater freut sich, wenn ihr reiche Frucht bringt.

Jesus sagte zu den Jüngern:
In meinem Herzen ist eine große Freude.
Ich freue mich, weil mein Vater im Himmel mich sehr lieb hat.
Ich möchte, dass Ihr euch genauso freut.
Ich habe euch genau so lieb wie mein Vater im Himmel.
Ihr könnt immer spüren, dass ich euch lieb habe.
Ihr sollt euch auch gegenseitig lieb haben.
So wie ich euch lieb habe.
So sollt ihr euch wie Freunde lieb haben.
Mit eurem ganzen Herzen.
(Bibel in Leichter Sprache)[1]

Wir waren jetzt zwei Tage zusammen unter dem Motto: „Aufstehen zum Leben". Ich hoffe, Sie haben dieses Glaubensfest an Pfingsten mit viel Freude gefeiert.

Auch der Text aus dem Johannesevangelium, den wir eben gehört haben, hat das Ziel, Freude zu wecken und Freude zu erhalten. Die Freude ist das Ziel. Und so wünsche ich uns, dass wir diese Freude mitnehmen von diesem Kirchentag.

Die Freude und auch das Motto. Denn dieses Motto „Aufstehen zum Leben" bleibt aktuell. In den nächsten Tagen und Wochen, in unserem Alltag.

„Aufstehen zum Leben" – das geht nur in Verbindung mit Christus. Das geht nur, indem wir mit Christus in Verbindung bleiben. Das Bild vom Weinstock und den Reben ist sehr eindrücklich. Wir sind wie die Reben am Weinstock. Der Weinstock ist Christus. Es geht um die Verbindung mit ihm. Durch den Glauben und die Taufe sind wir mit ihm verbunden.

Aber dauerhaft *aufstehen und leben*, das wird uns nur gelingen, wenn wir es schaffen, die Verbindung mit Christus in unseren Alltag zu integrieren – wenn sie zu einem Teil unseres Alltags wird, wenn sie einen Platz in unserem Wochenrhythmus findet. Natürlich geht Christus immer wieder den ersten Schritt auf uns zu. Aber wir dürfen darauf antworten.

An dieser Stelle wird es ganz einfach und grundsätzlich. Es geht um die grundlegenden Lebensäußerungen eines Christenmenschen. Wir sind hier bei den Basics, und damit bei ganz einfachen Themen wie dem Gebet, also dem Reden mit Gott. Oder bei dem Lesen der Heiligen Schrift (gerne auch mit der Bibel-App). Oder bei der Feier des Abendmahls bzw. der Eucharistie. Um nur drei zentrale Lebensäußerungen des Glaubens zu nennen.

Um die Verbindung mit Christus zu leben, können auch geistliche Übungen für den Alltag helfen – so dass ich beten lerne und dadurch mit Jesus Christus im Gespräch bleibe, mit ihm in Verbindung bleibe. Einige haben das auf dem Weg zum Kirchentag schon mit den „Exerzitien im Alltag" praktiziert. Daneben helfen Rituale, wie z. B. das Anzünden einer Kerze. Wir haben zu Beginn die Kerzen hereingetragen, als Zeichen für das Feuer des Heiligen Geistes, der in allen Kirchen wirkt. Zuhause kann das Anzünden einer Kerze ein Zeichen dafür sein, dass Jesus Christus bei mir ist. Das Zeichen hilft dabei, sich mit Christus verbunden zu fühlen, ja mit ihm verbunden zu bleiben.

---

[1] Siehe: www.bibelwerk.de/Sonntagslesungen.39460.html/Evangelium+in+Leichter+Sprache.102163.html (aufgerufen am 5.9.2015).

Doch das Motto „Aufstehen zum Leben" macht auch aktiv. Beides gehört grundsätzlich zu unserem Glauben. Die Verbindung mit Christus halten und aktiv werden für andere. Das ist wie einatmen und ausatmen.[2] Beides gehört zusammen. Andere Traditionen würden es vielleicht so nennen: „Bei Gott eintauchen und bei den Menschen auftauchen."[3] Beides lässt sich nicht trennen. Wer bei Gott eintaucht, seine persönliche Spiritualität lebt, der taucht auch automatisch bei den Mitmenschen auf. Und das im wahrsten Sinne des Wortes.

Aufstehen zum Leben macht also aktiv. Und „Aufstehen zum Leben" heißt: lieben. Lieben, ein abgenutztes Wort. Aber wenn es konkret wird, füllt es sich mit Leben. Mir scheint aktuell z. B. der Umgang mit Flüchtlingen ein Ort zu sein, wo diese Liebe lebendig wird. Wo man aufsteht für das Leben und gegen Ängste und Vorurteile. Limburgerhof ist hier direkt vor der Haustür! Wir sollten uns immer wieder ins Gedächtnis rufen, dass eins der Grundbekenntnisse unserer jüdisch-christlichen Tradition lautet: „Mein Vater war ein heimatloser Aramäer, er lebte in Ägypten als Fremder. Und Gott hörte sein Schreien" (siehe Dtn 26,5–9). Die Erfahrung des Fremdseins und der würdige Umgang mit Fremden gehört zu unserer Tradition. Und es bleibt unser Auftrag, für Menschen einzutreten, die dies erleben und erleben mussten.

Vielleicht denken Sie jetzt: „Heute und hier kann man leicht schöne Worte machen. Aber wenn es konkret wird …"

Und Sie haben Recht. Wenn es konkret wird, hat „Aufstehen zum Leben" auch etwas mit Mut zu tun. In den ersten vier Wochen, in denen ich am Flüchtlingstreffen in dem Städtchen, in dem ich wohne, teilgenommen habe, habe ich mich irgendwie fehl am Platz gefühlt, weil die Verständigung mit den Flüchtlingen kaum möglich war. Aber es hat sich gelohnt, diese Wochen durchzustehen, und es hat etwas angefangen zu wachsen.

---

[2] Was Eberhard Jüngel 1999 in seinem „Referat zur Einführung in das Schwerpunktthema" der EKD Synode v.a. in Bezug auf „Mission und Evangelisation" sagt, gilt freilich auch für das diakonische Handeln: „Einatmend geht die Kirche in sich, ausatmend geht sie aus sich heraus. (…) Die Kirche muss mit diesem geistlichen Atemzug in sich gehen, um sich als Kirche stets aufs Neue aufzubauen. (…) Die Kirche muss, wenn sie am Leben bleiben will, auch ausatmen können. Sie muss über sich selbst hinausgehen, wenn sie die Kirche Jesu Christi bleiben will"; (www.ekd.de/synode99/referate_juengel.html, aufgerufen am 5.9.2015). Was für die Kirche als Ganze gilt, gilt m. E. ebenso für den einzelnen Christenmenschen.

[3] Ich lehne mich damit an eine Wendung an, die ich zuerst bei *Paul M. Zulehner:* Aufbrechen oder untergehen. So geht Kirchenentwicklung, Ostfildern 2003, 47 gelesen habe.

Wenn wir gemeinsam aufstehen als Kirchen und Christen, dann können wir viel bewegen.

Christus helfe uns dabei.

Amen.

Jochen Wagner

(Pastor Dr. Jochen Wagner vom Bund Freier evangelischer Gemeinden ist Vorstandsvorsitzender der ACK – Region Südwest. Arbeitsgemeinschaft Christlicher Kirchen in Rheinland-Pfalz und im Saarland.)

Eine „Armee Gottes" für Menschen am Rand der Gesellschaft

Die Heilsarmee ist 150 geworden!

Mit einem „Niemals" begann vor 150 Jahren die Geschichte dieser christlich-sozialen Bewegung. An einer Tagung der "Methodist New Connection", einer Abspaltung von dem wesleyanischen Hauptstrom der späteren Methodist Church in Großbritannien, wurde dem späteren Heilsarmee-Gründer William Booth (1829–1912) versagt, als missionarisch engagierter Prediger unabhängig von einer Gemeinde missionieren zu können. „Niemals", rief damals Catherine Booth von der Galerie herunter, als William wieder an eine Gemeinde gewiesen wurde. Es sieht so aus, als sei sie nach unten gestürmt, habe ihren William an der Hand ergriffen und mit ihm zusammen den Kirchenraum und die kirchliche Gemeinschaft verlassen.

Typische Aktivitäten dieser christlichen „Armee"

Im Laufe der Jahre wuchs aus der Arbeit an Zuhältern, Prostituierten, ausgestoßenen Alkoholkranken, Drogenabhängigen und Obdachlosen unter einer – vielleicht unter diesen Umständen notwendigen – straffen militärischen Führung die „Heilsarmee". Der Name spricht aus, worum es ihr ging: den Kampf um Heilung an Leib und Seele. Diese ungewöhnliche und mutige Gemeinschaft entwickelte sich unter der Leitung starker, im ursprünglichen Sinn charismatischer Leitungspersönlichkeiten, einer Frau mit ihrem Mann. Beide waren von einem starken Sendungsbewusstsein erfüllt. Nur vier Jahre nach der Gründung der „Armee der Liebe Gottes" wandte sich William Booth 1886 an die Herrscher in den deutschen Kleinstaaten. Er forderte sie auf, „mit aller Macht und allem Einfluss dahin zu wirken, Krieg zu verhindern" und, mit dem Blick nach Ostasien gerichtet, sich dafür einzusetzen, „daß dem schändlichen Opium Handel ... ein Ende gemacht wird". Der Brief war von Vertretern aus zwölf Ländern unterzeichnet, von manchen mit kyrillischen oder chinesischen Schriftzeichen.
Eine der Unterschriften kam von einem Schweizer. In dessen Heimat zog diese „Armee Gottes" im Dezember 1882 zuerst in Genf ein. Ein Teilnehmer berichtete aus der Versammlung in einem „Casino": „Eine bunte

Menge füllte den Saal. Mit freundlicher Hand wurden Männer, die nicht im besten Zustand waren und deren Äußeres zeigte, dass ihre Kleider nicht bloß unter der Arbeit des Tages zerrissen worden waren, auf die Estrade geführt und dort in nächster Nähe der Evangelistin gruppiert." Die Ansprache der Catherine Booth sei „von ergreifender Wirkung gewesen. Man hätte ein Herz von Stein haben müssen, um nicht durch die herzinnige Frömmigkeit, die tiefe Liebe zu den Seelen, den fröhlichen Geist der Hingabe, welche aus den Worten dieser edlen Frau herausklangen, auf's tiefste ergriffen zu werden". Alles das war charakteristisch: die Überwindung bürgerlicher Kirchlichkeit, die Hinwendung zu solchen, die man in keiner Kirche antraf, die emotionale, engagierte Predigt einer Frau, vorher schon der gesellschaftliche internationale Einsatz gegen Krieg und fernen Opiumhandel. Einer der feinen Bremer Domprediger, Karl Rudolf Schramm, schrieb 1883 eine Schrift unter dem Titel „Das Heer der Seligmacher". Ein ironischer Unterton schwingt mit. Solche Spektakel hätte er sich in seinem heiligen Dom nicht vorstellen können und wollen.

In Stuttgart, dem ersten Ort der Heilsarmee-Aktivitäten in Deutschland, griff die Polizei ein. Die Art von Heilsverkündigung für Leib und Seele konnten auch die schwäbischen Pietisten nicht ertragen. Nach der Erlangung einer Genehmigung, der frühere Verbote vorausgingen, durften unter polizeilicher Kontrolle nur solche in den gemieteten Versammlungssaal eingelassen werden, die eine spezielle Einladungskarte vorzeigen konnten.

Eine geteilte Meinung in der Öffentlichkeit und der methodistischen Kirche

Die Heilsarmee passte nicht ins Bild kirchlicher Arbeit. Die Öffentlichkeit, aber auch die Christen in den Kirchen schüttelten den Kopf. Es gab zahlreiche Schriften gegen ihre Arbeit und ihren Stil. Aber es gab auch Freunde, die sie unterstützten. Vielleicht war die Skepsis bei den kontinentalen Methodisten darin begründet, dass sie selber diskriminiert und gesellschaftlich an den Rand gedrängt waren. Und nun das noch! Ein Abkömmling aus der eigenen Tradition, vielleicht sogar einer, der manchen methodistischen Aktivitäten auf der Britischen Insel mit seiner Hinwendung zu den Menschen am Rand der Gesellschaft, dem Friedensengagement, dem Einsatz gegen Drogen und dem Ruf zum Heil näher stand als der deutsche Zweig dieser Kirche, der auf dem besten Wege war, sich der kirchlichen und bürgerlichen Situation anzupassen. Andrerseits wandte sich ein erfolgreicher Industrieller aus der methodistischen Tradition, Jakob Junker, ein Bruder des methodistischen Frankfurter Seminardirektors, der Armee zu. Er gab die berufliche Karriere auf und engagierte sich über alle Maßen und wurde Oberstleutnant von Gottes Gnaden. Sein Kapital, das er als Direktor eines Kohlebergwerks in Gelsenkirchen ansammelte und ihm durch seine patentierten Erfindungen zufiel, setzte er restlos für die Heilsarmee ein.[1]

Wie erging es der „Heilsarmee" mit den anderen Kirchen?

Ihre bewundernswerte Arbeit, zu der nur wenige Zweige innerhalb der Kirchen fähig oder auch willens sind, hätte von Anfang an die Unterstützung aller Kirchen verdient gehabt. Kaum jemand wird widersprechen, wenn behauptet wird: Sie hat von Anfang an eine Art „Stellvertreterfunktion" ausgeübt. Sie arbeitete ja, wie es nun wirklich der methodistischen Tradition entspricht, nicht gegen die Kirchen, sondern sie wandte sich an die „Verlorenen" und war damit in der Spur, einen der Uraufträge der Kirche Christi zu erfüllen. Eine „Option für die Armen" war von Anfang an ihr zentrales Proprium.

Aber alle Kirchen hielten sich vornehm zurück, auch die Freikirchen. Es ist anfangs wohl jahrzehntelang nicht erwogen worden, auch die Heilsarmee in ihre seit 1916 aktiv gestaltete Gemeinschaft einzuladen oder ihr 1926 zur konstituierenden Sitzung der Vereinigung Evangelischer Freikirchen in Deutschland (VEF) ein Angebot zu machen, mit unter das gemeinsame Minderheitendach zu schlüpfen.

Das hatte seine Auswirkungen bei den Vorbereitungen zur Bildung der Arbeitsgemeinschaft Christlicher Kirchen (ACK) und schließlich bei ihrer Konstituierung 1948. Die Vorarbeiten waren eng mit der freikirchlichen Vereinigung (VEF) als Ansprechpartner der EKD verbunden. Da hatte es auch nichts genützt, dass aus dem Bereich des Weltbunds für Freundschaftsarbeit der Kirchen schon 1945 den Rat der EKD die Aufforderung erreichte, sich in Deutschland ökumenisch zu organisieren und dabei die Heilsarmee und die Quäker nicht aus dem Blick zu lassen. Endlich, nach der Bildung des Ökumenischen Rates der Kirchen (ÖRK) 1948 in Amster-

---

[1] Vgl. *Karl Heinz Voigt:* Art „Jakob Junker", Biographisch-Bibliographisches Kirchenlexikon Bd. 19 (2001), Sp. 783–792.

dam war Oberstleutnant Richard Flade Teilnehmer einer Jahrestagung der VEF. Nachdem die weltweite "Salvation Army" in Amsterdam Gründungsmitglied des ÖRK war, hatte sich auch in Deutschland ihr kirchlicher Status offensichtlich verändert.

Kurz vor der Gründungsversammlung des ÖRK war auch die deutsche ACK gebildet worden. Zur konstituierenden Sitzung war die Heilsarmee noch nicht eingeladen. Aber noch im gleichen Jahr wurde unter Martin Niemöllers Vorsitz beschlossen, die Heilsarmee und die Quäker einzuladen. Das Hauptquartier nahm die Einladung an und entsandte umgehend Major Karl-Heinz Wilderoder. Der Kontakt war hergestellt. Über Jahre blieb es bei einer gastweisen Teilnahme. Erst als der Baptist Hans Luckey auf ein Wachstum durch die Einladung weiterer Kirchen drängte, wurde der deutsche Zweig der Heilsarmee 1966 auch offizielles ACK-Mitglied. Ihre aktive Teilnahme bekam jedoch schon 1968 einen Dämpfer. Auslöser war der in Genf aufgelegte „Sonderfonds für ein Antirassismus-Programm". Nachdem die Londoner Zentrale ihre Genfer Mitgliedschaft suspendierte, zog das Kölner Hauptquartier im Blick auf die ACK nach. Das hatte einen konkreteren Hintergrund als die heftige Debatte zu dieser Frage an die Landessynode in Württemberg von 1970. Die weltweite Gemeinschaft der Heilsarmee hatte Ermordungen unter den Lehrerinnen von afrikanischen Missionsschulen zu beklagen, in die offensichtlich eine der von Genf unterstützten „Befreiungsbewegungen" involviert war. Als es aber zur Neukonstituierung der Bundes-ACK in Verbindung mit dem Beitritt der römisch-katholischen Bistümer und der ersten orthodoxen Kirche, den Griechen, kam, war Walter Flade für die Heilsarmee in Deutschland zur Unterzeichnung der neuen Satzung berechtigt.

Im Rahmen der sog. „Würzburger Synode", die nach dem Ende des Konzils deren Folgen für den Raum der katholischen Deutschen Bischofskonferenz erörterte, gab es unter dem bekannten Ökumeniker Pater Gerhard Voss OSB eine Arbeitsgruppe, die sich mit den hiesigen ökumenischen Beziehungen befasste. Sie zog in der Konsequenz des römischen *par cum pari* eine Linie aus, die auch die Minderheiten als Partner im Blick haben sollte. Dazu gehörte auch die Heilsarmee.

Andere ökumenische Verbindungen

Zum „Ökumenischen Komitee" in Stuttgart, das bald alle Kirchen in den beiden damaligen Bundesländern Baden und Württemberg umfasste, gehörte die Armee von Anfang an. Das war seit 1950. Vorher war 1947, als nach dem Kriege in der Berliner Ernst-Moritz-Arndt-Kirche der erste Welt- gebetstag der Frauen stattfand, ganz selbstverständlich eine Offizierin der Salvation Army an der Gestaltung beteiligt. 1970 hätte man sich die natio- nale Bildung eines Weltgebetagskomitee gar nicht ohne ihre Mitwirkung vorstellen können, denn Frauen spielten dort schon immer eine zentrale Rolle. Auch an der jährlichen Aktion *Brot für die Welt* beteiligten sich die Gemeinden, in der Sprache der Heilsarmee die „Korps", ganz selbstver- ständlich, obwohl sie selber finanzielle Hilfe nötig hatten. Neben der Verei- nigung Evangelischer Freikirchen, in der die Heilsarmee nach längerer Gastmitgliedschaft seit 1988 Mitglied wurde, gehört sie auch dem Diakoni- schen Werk und der Deutschen Bibelgesellschaft an. Die kleine „Kirche" ist höchst aktiv auch in das nationale ökumenische Netzwerk eingebunden.

Ein Blick auf das Sakramentsverständnis

Bei der Magdeburger gegenseitigen Taufanerkennung spielte die Heils- armee natürlich keine Rolle, insofern sie weder Taufe noch Abendmahl kennt. Aber ein Blick auf ihre „Fahne" ist angebracht. Schon bei der Weihe der ersten Fahne sagte Catherine Booth ganz in den Metaphern der Armee, sie ist „ein Symbol unserer Hingebung an unseren großen König im Him- mel". Wo sie aufgerichtet wird, ist sie ein Zeichen des Sieges.

Wer als Mitglied in die Heilsarmee aufgenommen wird, also „Salutist" oder „Salutistin" wird, legt unter der Fahne ein Gelöbnis ab. Dazu gehört das persönliche Bekenntnis der gläubigen Annahme durch Jesus Christus als „meinen Herrn und Heiland" und das Verlesen der offiziellen „Kriegsar- tikel", in denen er oder sie sich zur „Lebensweise eines Bekenners Jesu Christi" und zum „Entschluss, ein Kämpfer zu sein" verpflichtet. Die „Sa- lutisten" verpflichten sich unter der Fahne unter dem Erheben seiner rech- ten Hand, um nach alter Taufliturgie allem Bösen, „was meine Seele oder meinen Geist abhängig machen könnte", abzusagen.

Da Salutisten in den europäischen Ländern mit territorial organisierten Kirchen leben, ist eine Doppelmitgliedschaft nicht ausgeschlossen. Wer dort als Kind getauft wurde und sich später der Heilsarmee anschloss, er- lebte damit praktisch eine zweite „Taufe". Wer in der römischen Kaiserzeit als Legionär unter der Fahne zum Dienstantritt einen Fahneneid leistete, den man damals schon als „Sakramentum" bezeichnete, der wurde in die kaiserliche Truppe eingereiht. Als die Kirche ihre Täuflinge in die Gliedschaft einreihte, übernahm sie diese Terminologie für ihren sakramentalen Akt. Vielleicht ist die Heilsarmee in ihrem Aufnahmeakt dem „Taufakt" näher, als man gemeinhin denkt.

Bewunderung und Distanz

In unserer Gesellschaft bestimmt ein ganz festes, fast unumstößliches Bild vom Leben der Kirche die Öffentlichkeit. Die Heilsarmee erfüllt diese Erwartung einer bürgerlichen Kirche in keiner Weise. Wenn die Salutisten zu später Stunde durch die Kneipen ziehen und für ihre Sozialarbeit sammeln, dann spürt sie Zustimmung. Und wenn sie Alkoholisierte an einer Straßenecke aufsammelt, dann sind manche Behördenvertreter froh, wenn sie entlastet werden. Aber der Respekt geht selten soweit, dass sich jemand eingliedern lässt in diesen „militärischen Friedensverbund Gottes". Da hilft es auch nicht, wenn eine Schweizer Heilsarmee-Band es kürzlich bis zur Teilnahme am Eurovision Song Contest 2013 in Malmö gebracht hat. Immerhin zeigt dieses Beispiel die Wandlungsfähigkeit, so dass man nach 150 Jahren der Heilsarmee auch in Zukunft allerhand zutrauen kann.

Karl Heinz Voigt

(Karl Heinz Voigt ist Pastor der Evangelisch-methodistischen Kirche und war Mitglied der Ökumene-Kommission der EKD.)

Die Wahrheit leben
Die Bedeutung von Jan Hus für uns heute

Prager Erklärung der Internationalen Ökumenischen Gemeinschaft (IEF)[1]

Einleitung

Der 600. Todestag des tschechischen Theologen, Predigers und *Kirchenreformators Jan Hus* (ca. 1370–1415) bietet die einmalige Gelegenheit, tiefer über das Thema Wahrheit nachzudenken, das für Hus von zentraler Bedeutung war. Da wir uns in der Internationalen Ökumenischen Gemeinschaft (IEF) für die sichtbare Einheit der christlichen Kirchen einsetzen, sind wir uns schmerzlich bewusst, dass eine solche Einheit nur in Offenheit gegenüber der Wahrheit erreicht werden kann, indem man ehrlich miteinander umgeht und bereit ist, einander anzunehmen. Das Leben und der tragische Tod von Jan Hus sowie die Hauptpunkte seines theologischen Programms sind eine reiche Quelle der Inspiration auf unserem Weg.

Die Bedeutung von Jan Hus heute

Wichtig ist es zu betonen, dass Meister Jan Hus, die herausragendste Gestalt der Böhmischen Reformation, von dem englischen Theologen John Wycliffe (ca. 1320–1384) beeinflusst und im besonderen Zusammenhang

---

[1] Der 43. Internationale Kongress der IEF vom 24. bis 31. August 2015 in Prag stand unter dem Thema: „Die Wahrheit leben. Zur Erinnerung an den 600. Todestag des Reformators Jan Hus." Dazu wurden von dem Prager Hus-Experten Professor Peter Morée und dem polnischen katholischen Theologen Professor Przemyslaw Kantyka aus Lublin wegweisende Vorträge gehalten. Die knapp 200 Teilnehmenden feierten in der Ruine Kosi Hradek, wo sich Jan Hus die letzten zwei Jahre vor seinem Weg zum Konstanzer Konzil aufgehalten hatte, einen hussitisch-reformierten Gottesdienst und besichtigten anschließend die ehemalige Hochburg der Hussitenbewegung: die Stadt Tabor. Die Erklärung „Die Wahrheit leben" wurde nach mehrmonatigen Beratungen von der Generalversammlung der IEF am 28. August 2015 in Prag mit großer Mehrheit verabschiedet. Sie entfaltet die Bedeutung von Jan Hus für uns heute unter drei Gesichtspunkten: 1. Die *Wahrheit* als gelebte Wirklichkeit; 2. die *Bibel* als gemeinsamer Grund und unerlässlicher Führer; 3. die *Eucharistie* mit dem Laienkelch als Quelle christlicher Einheit.

spätmittelalterlicher Theologie und Frömmigkeit verwurzelt war. *Seine Lehre* kann daher nicht als eine Art allgemeines Programm für Christen und alle Menschen des 21. Jahrhunderts dienen. Andererseits wurden in späteren Jahrhunderten viele Hauptpunkte von Hus und der Hussitenbewegung verwirklicht und in verschiedenen christlichen Kirchen gelebt, einschließlich der Kirche, zu der Jan Hus selbst gehörte – die römisch-katholische Kirche. Und wir sind überzeugt, dass es bestimmte Punkte gibt, die noch stärker beachtet werden können und sollten, nicht nur als historischer Beweis, sondern wegen ihrer Bedeutung für die Gegenwart.

Wie die tragischen Ereignisse der Geschichte bis zum heutigen Tag deutlich zeigen, wird das Anliegen der *Wahrheit,* einer der Schlüsselbegriffe von Jan Hus' Lehre, von vielen Menschen doppeldeutig verstanden. Wahrheit kann gleichzeitig eine helfende Hand reichen und die Hand, die tötet – beides im Namen des Festhaltens an dieser „Wahrheit". Die Wahrheit im positiven Sinne zu leben, wie es aus der Lehre von Jan Hus gelernt werden kann, bedeutet dies: sich immer darum zu bemühen, die Wahrheit zu erkennen, die andere Menschen repräsentieren, besonders die Bedürftigen und Armen. Gerade jetzt denken wir besonders an die Unmenge von Flüchtlingen aus Kriegsschauplätzen in Afrika und dem Mittleren Osten, die unsere Grenzen und unser Gewissen bedrängen. Die Wahrheit in diesem Zusammenhang zu leben bedeutet für uns: füreinander da zu sein und für jeden, der unsere Aufmerksamkeit, unsere Hilfe und unsere Nähe braucht.

Wahrheit, die trennt – Wahrheit, die vereint

Für Jan Hus und seine Anhänger war die letztgültige Quelle der Wahrheit die Person Jesu Christi, der der Weg, die Wahrheit und das Leben ist (Joh 14,6), und die Bibel, das geschriebene autoritative Wort Gottes, in dem sie Jesus als das lebendige Wort Gottes fanden. Die *Bibel* ist ein gemeinsamer Grund, ein gemeinsames Erbe aller Christen sowie vieler Menschen guten Willens; und doch ist es nicht leicht, zu einer allgemein akzeptierten Wahrheit über alle Realitäten des Glaubens und des Lebens zu gelangen. Die Geschichte der christlichen Kirchen bezeugt dies – voll von Spaltungen, Verfolgungen von „Häretikern" und aller, deren Lebensweise nicht zur herrschenden Glaubensauffassung passte. Wir in der IEF sind davon überzeugt, dass die Aufgabe, die Wahrheit zu suchen, für jeden Christen, jede Frau und jeden Mann, jeweils von neuem beginnt. In Übereinstimmung mit Jan Hus verstehen wir daher die Bibel als einen unerlässlichen Führer auf diesem Weg, einem Weg, der nur gemeinsam beschritten werden kann in einer Gemeinschaft von gegenseitigem Vertrauen und gegenseitiger Unterstützung.

Das Herz des christlichen Gottesdienstes, die *Eucharistie*, hat in der Geschichte des Christentums das gleiche zweideutige Schicksal erlitten. Sie ist das tiefste Geheimnis eines Mensch gewordenen Gottes, der sein ganzes Sein der Menschheit anbietet, um ihr die Tore zur Fülle des Lebens und der Liebe zu öffnen, und wurde doch eine Quelle von Spaltungen, Missverständnissen und Trennungen. Wir bedauern das zutiefst und sind überzeugt, dass das Sakrament von Christi Leib und Blut die Quelle einer Einheit ist, die alle menschlichen Spaltungen überwindet. Im theologischen und liturgischen Programm der Hussitenbewegung finden wir wichtige Elemente, die diese Einheit fördern. Zu ihnen gehört die Verwendung von Muttersprachen, die allen Teilnehmenden Verstehen ermöglicht, später von einer großen Mehrheit von Kirchen akzeptiert und im Zweiten Vatikanischen Konzil schließlich auch von der römisch-katholischen Kirche. Ein anderes Element ist das Austeilen des Kelches auch an Laien, das folgerichtig Ordinierte und Laien einander näher bringt. Dies alles, damit die Kirche wahrhaftig ein Volk und ein Leib sein kann.

Heilung verwundeter Geschichte: der Weg zur Versöhnung

Der tragische Tod von Jan Hus beim Konzil von Konstanz am 6. Juli 1415 löste eine Kette von *verheerenden Ereignissen* nicht nur in der Geschichte des tschechischen Landes aus. Kriege wurden im Namen des Kreuzes gegen die Anhänger von Hus geführt und Hussiten verübten Gewalt gegen katholische Ordensleute und Laien. All dies, religiöse Intoleranz und Gewalt späterer Jahrhunderte, hat das Land von Jan Hus an Leib und Seele tief verwundet. Die Anwendung von Gewalt gegen Jan Hus im Namen der Wahrheit zu verdammen und wirklich alle Versuche zu verdammen, die darauf zielen, die Religion zu missbrauchen und religiöse Freiheit zu unterdrücken, sind ein unveräußerlicher Bestandteil jedes Versuchs, Heilung und Versöhnung zu erreichen.

Wir wissen es sehr zu schätzen, dass die römisch-katholische Kirche in der Person von *Papst Johannes Paul II.* Jan Hus als Reformator der Kirche anerkannte und am Ende eines Symposiums in Rom am 18. Dezember 1999 sein „tiefes Bedauern über den grausamen Tod von Jan Hus" zum

Ausdruck brachte und darüber, „dass die nachfolgende Wunde in den Herzen und Seelen des tschechischen Volkes zu einer Quelle von Konflikten und Spaltungen geworden ist". Und er gab der Hoffnung Ausdruck, „dass entscheidende Schritte auf dem Weg zu Versöhnung und wahrer Einheit in Christus unternommen werden können". Dies war ein wichtiger Schritt in Verbindung mit einer Gruppe von Gelehrten, die die wichtigsten Züge des Lebens und Werkes von Jan Hus vom Standpunkt der römisch-katholischen Kirche aus und aus einem breiteren ökumenischen Gesichtspunkt heraus untersuchten. Dieser Sichtweise folgend gab *Papst Franziskus* am 15. Juni 2015 seiner Überzeugung Ausdruck: „Im Licht dieser Annäherung müssen weitere Untersuchungen über den Prozess, das Werk und den Einfluss von Jan Hus unternommen werden. Eine derartige Erforschung, die ohne ideologische Beeinflussung durchgeführt wird, wird der historischen Wahrheit, allen Christen und der ganzen Gesellschaft, weit über die (tschechischen) nationalen Grenzen hinaus, einen wichtigen Dienst erweisen."

Wir als Internationale Ökumenische Gemeinschaft hoffen nach diesen beiden ermutigenden Schritten von Papst Johannes Paul II. und Papst Franziskus auf *einen dritten Schritt: eine Rehabilitation von Jan Hus als „Reformator der Kirche", unter anderem durch die Aufhebung seiner Verurteilung als Häretiker,* die so viele „Konflikte und Spaltungen" heraufbeschworen hat. Mit Papst Johannes Paul II. fordern wir öffentlich auf zu „entscheidenden Schritten auf dem Weg zu Versöhnung und wahrer Einheit in Christus".

Prag, 28. August 2015

In den Spuren von Hendrik Kraemer[1]

Vorbemerkungen

Der langjährige Generalsekretär des Ökumenischen Rates der Kirchen, Willem A. Visser 't Hooft, hat Hendrik Kraemer einmal wie folgt charakterisiert: „Er war ein Mensch vielfältiger Charismen, Kompetenzen und Interessen." Deshalb, so der Freund und Wegbegleiter: „Alle, die diesem überreichen Leben auch nur annähernd gerecht werden wollen, sollten sich darüber Rechenschaft geben, warum sie sich mit ihm beschäftigen."[2] An uns gewendet: Was fasziniert uns heute noch an dieser prophetischen Gestalt? Er war ein weltweit anerkannter Sprachwissenschaftler, galt als Experte des Islam. Er gehörte in Holland zum geistlichen Widerstand gegen die nationalsozialistische Besatzung. Er stritt über Jahrzehnte für die Erneuerung seiner Niederländisch-Reformierten Kirche. Er wurde als Laie Professor der Theologie und formulierte als Laientheologe wegweisende Perspektiven zur Zukunft der Kirchen in der modernen Welt. Und um es nicht zu vergessen: Hendrik Kraemer hat als erster Direktor des 1946 gegründeten Ökumenischen Instituts in Bossey die zentrale Aufgabe dieses Zentrums, Laien in ihrer Verantwortung zu schulen, wesentlich geprägt. Und er war dies alles in der Zeit weltweiter Befreiungskämpfe, der Renaissance der Religionen, der ideologischen Konflikte und des Widerstandes gegen menschenverachtende Systeme.

1. Als Bibelübersetzer im missionarischen Dienst in Niederländisch-Indien

Hendrik Kraemer wurde am 17. Mai 1888 in Amsterdam geboren. Seine Eltern waren Deutsche, die in den siebziger Jahren des 19. Jahrhun-

---

[1] Vortrag im Rahmen eines Symposions anlässlich der Schließung des „Hendrik-Kraemer-Hauses" in Berlin am 22. März 2014.

[2] Zitiert von *Ans van der Bent,* in: Artikel Hendrik Kraemer, Dictionary of the Ecumenical Movement, edited by *Nicholas Lossky* u. a., Geneva 1991, 574 f.

derts aus dem kleinen Grenzdorf Suderwick nach Amsterdam übergesiedelt waren. Hier versuchte sein Vater – er diente noch im 1870er Krieg für Deutschland – als Schneider sein Auskommen zu finden. Kraemer verlor seinen Vater mit 6 Jahren, seine Mutter im Alter von 12 Jahren. Seine vier Jahre ältere Schwester und er fanden zunächst Bleibe in einer Familie idealistisch gesinnter Sozialisten und Anarchisten, bei der seine Mutter gedient hatte. Mit 13 Jahren kam er in ein reformiertes Waisenhaus, das streng calvinistisch geführt wurde.[3] Später pflegte er zu sagen: *„Wir wurden hier nicht erzogen, sondern kujoniert."*[4] Das Erziehungssystem passte mehr in ein Jugendgefängnis als in eine freie Gemeinschaft. Hier lernte er den Heidelberger Katechismus auswendig, ohne ihn zu begreifen. Im Alter von 15 Jahren wurde er ergriffen von einem Missionsvortrag über Neuguinea, der ihn zu der Entscheidung brachte, dorthin als Missionar zu gehen. Die Alternative seiner frühen Jugend – Christ oder Sozialist zu sein – hatte er damit für sich zunächst einmal entschieden.

Die auf sechs Jahre angelegte Ausbildung im Missionsseminar in Rotterdam absolvierte er in vier Jahren. Doch die Prüfungsbehörde wollte ihm wegen eines „ungenügend" in Dogmatik die theologische Fähigkeit als Missionar nicht zugestehen.[5] So ging er nicht als Missionar nach Neuguinea, sondern wurde dazu auserkoren, als Gelehrter für indonesische Sprachen und Literaturkunde nach Java zu gehen. Er sollte dort Bibelrevisionen für die Missionsarbeit auf Javanisch, Sudanesisch und Malaiisch anfertigen. Nach mehr als 9-jährigem Sprachstudium legte er die entsprechende Prüfung ab und reiste 1922 mit seiner Frau – er hatte 1919 Hyke van Gemeren geheiratet – über Kairo nach Ostasien. In Kairo nahm er vier Monate am islamischen Leben teil, was ihm bei den Muslimen den Ehrennamen „Scheich Kraemer" einbrachte. Er studierte an der berühmten El Azhar und erhielt einen Vorgeschmack für das, was ihn auf Java erwartete. Wurde er doch konfrontiert mit den Aufbrüchen der islamischen Welt zwischen den beiden

---

[3] Ich beziehe mich im Folgenden immer wieder auf die Biographie von *Arend Theodor van Leeuwen:* Hendrik Kraemer – Pionier der Ökumene, Basel 1962. Zudem auf *Günter Gloede:* Hendrik Kraemer, in: Ökumenische Profile Bd. 2, Stuttgart 1963, ebenso auf den Beitrag von *Bas Wielenga:* „Zum Erbe von Hendrik Kraemer" (16 Seiten), den dieser 2002 beim Umzug des Hendrik-Kraemer-Hauses in neue Räume gehalten hat; weiterhin auf *Werner Schüßler:* Artikel „Hendrik Kraemer" im Biographisch-Bibliographischen Kirchenlexikon Bd. 4, Herzberg 1992, Sp. 577–580.

[4] *van Leeuwen*, Hendrik Kraemer, a. a. O., 10.

[5] Ebd., 13.

Weltkriegen. Wellen des Radikalismus, des nationalen und revolutionären Selbstgefühls wie des Modernismus, die in Niederländisch-Indien erst eine schwache Kräuselung zeigten, schlugen hier schon haushoch.

Auf Java war er nicht nur als Sprachwissenschaftler gefordert, er wurde auch zum gefragten Berater verschiedener Missionsgesellschaften, auch der Rheinischen und der Basler Mission. Auf unzähligen Reisen durch den indonesischen Archipel ging es stets um eine Frage: Wie Mission unter kolonialer Ordnung ihr Fremdsein angesichts der Zeichen der Zeit gestalten sollte. Brachte sie doch eine westliche Religion, die zur beherrschenden Rasse gehörte und die eine Abkehr vom sog. Heidentum forderte. So bildete sich bei Kraemer zunehmend die klare Perspektive, sich nicht der neuen Zeit zu verschließen. Konkret hieß dies: Auf den Feldern der Mission war es dringend geboten, dass sich „selbständige Kirchen" entwickelten. Denn in den Zeiten des nationalen Aufbruchs musste die bisherige bevormundende westliche Führung, der eigenen Verantwortlichkeit Platz machen.

Erst Jahre später werden die Früchte dieser Arbeit deutlich. Die unter seinem Einfluss erarbeiteten Kirchenordnungen und die Initiativen zu einer qualifizierten Ausbildung eigener Pastoren mit der Gründung der Theologischen Schule in Madang 1926 haben wesentlich dazu beigetragen, dass die „Jungen Kirchen" ohne große Einbußen die japanische Besatzungszeit überstanden. Obwohl ihre Pastoren und alle Missionare gefangen genommen und in Lagern – in sog. „jappe kamps" – festgesetzt waren.

Es verwundert nicht, dass Hendrik Kraemer im Befreiungskampf des indonesischen Volkes nach dem Zweiten Weltkrieg als einer von wenigen eindeutig Stellung bezieht.

2. Der missionstheologische Klassiker eines Laientheologen

Kraemer hat in einem Interview seiner Bosseyer Jahre einmal davon gesprochen, er sei ein Leben lang in die Theologie verliebt gewesen, habe sich aber immer geweigert, diese zu heiraten. Das stille Vergnügen, mit dem er sich in ökumenischen Debatten – oft nachträglich – als Nichttheologe „outete", entsprang freilich einer tieferen Quelle als einer gesunden Ironie. Denn er verstand die Theologie nicht nur als die wichtigste und notwendigste, sondern auch – hier sind Anklänge an die dialektische Theologie Karl Barths unübersehbar – als die gefährlichste und unmöglichste Wissenschaft. Denn sie maßt sich an, Umgang mit dem zu haben, der ein „verzehrendes Feuer" ist. Wo sie sich der Unmöglichkeit dieser Anmaßung nicht mehr bewusst bleibt, verkehrt sie das göttliche Gnadenrecht in ein menschlich verfügbares, verständliches Recht. Kraemers erotische Koketterie mit der Theologie war wohl auch mit dem Wunsch verbunden, einer theologischen Besserwisserei zu entfliehen und nicht in die Gesellschaft falscher Propheten zu geraten.[6] Übrigens: Die Theologische Fakultät von Utrecht hat dem Sprachgelehrten 1936 den theologischen Doktor h. c. zukommen lassen. Und seit 1939 wirkte er in Leiden im Fach Religionsgeschichte / Phänomenologie der Religionen, einem Bereich, der allerdings damals etwas am Rande der theologischen Wissenschaft stand.

Es ist mit Recht darauf aufmerksam gemacht worden, dass mit Kraemers „Christliche Botschaft in einer nichtchristlichen Welt" Karl Barth in den Raum der Mission gebracht wurde.[7] Er sollte ja darüber schreiben, wie das Christentum nichtchristlichen Religionen begegnen kann. Er korrigierte jedoch diese Vorgaben: Den geschichtlich so belasteten Begriff „Christentum" ersetzt er durch „Christliche Botschaft" und der Fokus auf die „nichtchristliche Welt" umfasst nicht bloß die Religionen des Ostens, sondern war auch bezogen auf den entchristlichten Westen, wo neue heidnische „Scheinreligionen" Menschen in ihren Bann zogen. Das Buch wurde so mehr als nur die erbetene Abhandlung über aktuelle Missionsprobleme, durch die die Missionswelt aufgrund der von liberalen amerikanischen Wissenschaftlern verfassten Studie „Rethinking Missions" durcheinander gewirbelt wurde.[8] Es wurde zum Aufruf an die Kirche Christi in der ganzen Welt: „Zwischen den Zeiten" – mit dieser der „Dialektischen Theologie entlehnten Formulierung beginnt sein Werk – die „Zeichen der Zeit" zu erkennen.

Schon in Tambaram erntete Kraemer nicht nur Zuspruch, sondern auch Widerspruch, der vor allem von indischen Delegierten formuliert wurde. Sie bezweifelten, ob der Aufbruch asiatischer Religionen wirklich – im Barthschen Sinne – als Abfallbewegung von Gott verstanden werden muss. Konnten sie nicht auch – so damals ganz zaghaft der indische Theologe Paul Devanandan – einen Platz im Heilsplan Gottes haben?[9] Heute

6 *Van Leeuwen,* a. a. O., 156. In englischer Sprache formulierte Kraemer in Bossey: "My relation to theology is one of being in love, but I don't propose ever to marry" (ebd., 157).
7 So u. a. *Gloede,* a. a. O., 79.
8 *W. E. Hocking* (ed.): Rethinking Missions. A Laymen's Inquiry After One Hundred Years, New York 1932.
9 Zu Paul Devanandan vgl. *Joachim Wietzke:* Theologie im modernen Indien – Paul David Devanandan, Frankfurt a. M. 1975, bes. 218 ff.

würden wir sagen: Es muss doch bezweifelt werden, ob ein in dem Kampf mit den „Scheinreligionen" in Europa gewonnenes Religionsverständnis auf die Wirklichkeit der Religionen Asiens übertragen werden kann.

Kraemer hat in Genfer Vorlesungen aus den Jahren 1953/54 diese seit Tambaram stets formulierte These aufgenommen, dass Gott auch unter den Völkern und in den Religionen außerhalb des biblischen Bereichs der Offenbarung am Werke ist. In Tambaram hatte er noch die Meinung vertreten, es sei unmöglich, den Versuch zu unternehmen, Stellen solcher göttlicher Aktivität auszuweisen. Dieses Verdikt nahm er 15 Jahre später zurück und gab damit selbst ein Signal für eine religionstheologische Wende.[10] Diese neue Offenheit für die Religionen Asiens kommt auch darin zum Ausdruck, dass Kraemer – in seiner späteren Funktion als Direktor von Bossey – zum Promotor des 1957 in Bangalore gegründeten weltberühmten "Christian Institute for the Study of Religion and Society (CISRS)" wurde, das wie kein anderes christliches Zentrum in Asien zur Stätte der Begegnung mit anderen Religionen wurde. Es stimmt wohl doch, was Visser 't Hooft über seinen Landsmann zu sagen wusste: Zu seiner Zeit gab es wenige, die die spirituelle Kraft der Weltreligionen und die Einzigartigkeit der Offenbarung in Christus so zusammenzubringen suchten, wie Kraemer.[11]

Gewiss, wir müssen im Kontext multireligiöser Gesellschaften über Kraemers kontextuell bestimmtes Religionsverständnis hinausgehen. Das betrifft vor allem sein Diktum vom „Rätsel Islam", dem auf der einen Seite „Oberflächlichkeit" und gleichzeitig eine große Faszination auf die Massen zu attestieren ist.[12] Es betrifft auch sein Verdikt gegenüber interreligiösen Gebeten und Gottesdiensten, die nach seinem Urteil notwendig flach und oberflächlich sein müssen.[13] Seitens der Religionswissenschaft wird zudem vor allem seiner Vorstellung von Religionen als organischen Totalitäten zu widersprechen sein, die ja zur Gleichsetzung mit den europäischen Scheinreligionen des Totalitarismus geführt hatten.[14]

Übersehen sollten wir aber bei dieser Kritik nicht, was Kraemers Entwurf in der Phase der Dekolonisation leistete: Mit ihm kam ein vom Evolutionsgedanken geprägtes Verständnis der Religionen mit dem Christentum als Zielgestalt an ein Ende. Zudem zertrümmerte er – hier ist die „Christli-

---

10 *Hendrik Kraemer:* Religion und christlicher Glaube, Göttingen 1959, 8 f.
11 Zitiert von *Emilio Castro* im Editorial der Ecumenical Review 41(1989).
12 *Hendrik Kraemer:* Die christliche Botschaft in einer nichtchristlichen Welt, 193–202.
13 *Kraemer,* Religion und christlicher Glaube, 363–365.
14 Vgl. dazu *Bert Hoedemaker:* Kraemer Reassessed, in: Ecumenical Review 41 (1989), 30 ff.

che Botschaft" wohl Barths „Römerbrief" vergleichbar – die in der Missi-onswelt immer noch dominierende Vorstellung von der christlich-abend-ländischen Kultursynthese. Beide Überzeugungen boten ja die Grundlage für eine theologische Legitimation westlichen Kolonialismus. Und er eröff-nete schließlich mit der Anwendung der Religionskritik auf das empirische Christentum Theologen aus Jungen Kirchen Möglichkeiten, sich sukzessive aus der Vormundschaft abendländischer Missionstheologie zu befreien und – auf dem Weg der theologischen Selbstbestimmung – einheimische Formen von Theologie zu entwickeln.[15]

3. Widerstand gegenüber der Besatzungsmacht und ökumenische Aufbrüche

Kraemer hat 1938 eine Professur in Leiden nicht zuletzt deshalb ange-nommen, weil sie ihm die Möglichkeit bot, die „eisige Erstarrung" der re-formierten Staatskirche „durch den lebenweckenden Atem eines urchristli-chen Radikalismus aufzutauen". Dabei wäre dies ihm und seinen Freunden kaum gelungen, wenn nicht der „Kairos", der begnadete Augenblick der Not des ganzen Volkes, unter dem Druck der deutschen Besatzung dazuge-kommen wäre.[16] Die von ihm gegründete Kommission einer „Kirchlichen Besinnung" organisierte er nach dem Beispiel der Bekennenden Kirche in Deutschland, die ihm in ihrer Tüchtigkeit und Schaffenskraft vorbildlich er-schien. In einer Flut von Initiativen versuchte er den Weg zu ebnen zu einer „Christusbekennenden Kirche", die an der ökumenischen Losung "Let the Church be the Church" orientiert war.

Schon die Erklärung der reformierten Synode vom 17. Mai 1940 – kurz nach der deutschen Besetzung – trug die Handschrift Kraemers und seiner Freunde. In den ersten Tagen des Jahres 1942 legte er eine Denkschrift vor, in der er die Teilnahme an dem von der Besatzung eingeführten Arbeits-dienst als dem Bekenntnis zu Christus widersprechend bezeichnete. Ange-sichts erster von der SS gegen niederländische Juden gerichteter Maßnahmen im Spätsommer desselben Jahres wurde mit einer Kanzelabkündigung vom 27. Oktober protestiert. Besonders gegen die verordnete Umsetzung des „Arierparagraphen" in Schulen hat Kraemer ein klares „Nein" gesprochen. Sein Eintreten für die Juden war theologisch begründet.

---

[15] So nach *van Leeuwen,* a. a. O., 210.
[16] Ebd., 180.

„Wir haben in Wort und Tat für das jüdische Volk einzustehen. Als ein Zeichen Gottes lebt dieses Volk mit seiner ganzen Rätselhaftigkeit unter uns. Als ein Zeichen Gottes haben wir Christen es zu respektieren und zu behandeln."[17]
Auch beim Widerstand der Universitäten stand Kraemer in vorderster Reihe. Als er und einige Kollegen gegen die Absetzung jüdischer Kollegen protestierten, wurden sie am 13. Juli 1942 nach St. Michielsgestel (Brabant) in ein Internierungslager gebracht. Sie dienten dort als Geiseln und Faustpfand der SS gegen mögliche Sabotageakte aus dem aktiven niederländischen Widerstand. So wurden fünf von ihnen als Vergeltungsmaßnahme für einen in Rotterdam verübten Sabotageakt hingerichtet. Trotz dieser ständigen Bedrohung – Kraemer wurde erst nach 18 Monaten Ende 1943 wieder frei gelassen – machten die Gefangenen von St. Michielsgestel eine geistliche Erfahrung, die ihr zukünftiges Leben bestimmen sollte. Sie erlebten am eigenen Leibe, den Fall von Mauern in diesem traditionell „versäulten" Land und entdeckten damit eine „Ökumene", die über die konfessionellen Zersplitterungen hinausging.[18]

Dazu gehörte auch der Durchbruch durch die Trennungsmauer zwischen dem Christentum und dem Sozialismus. Die aus solchen Erfahrungen eingeleitete Umschmelzung der Sozialdemokratischen Partei zur „Partij van de Arbeid (PvdA)" sollte für den Rest seines Lebens seine politische Perspektive bestimmen.[19] Er lernte, Christ und Sozialist zu sein. Dabei müssen wir uns klar machen, dass die PvdA wenig gemein hatte mit den kommunistischen Parteien Osteuropas und eher westdeutschen Sozialdemokraten nahe stand. Kraemers Einstellung zum Marxismus kann mit der Formel umschrieben werden, die in den 1930er Jahren die ökumenische Debatte bestimmte: Er wurde verstanden als weithin berechtigte Anklage gegen ein Christentum, das versagt hatte, Anwalt des niedergetretenen Menschen zu sein. Der Marxismus machte für ihn deutlich, *„welch eine ungeheure Macht die Religionskritik in der Weltgeschichte zu sein vermag"*[20].

So war die Ökumene in den Kriegsjahren eine sehr lebendige Wirklichkeit geworden. Dazu gehörte auch die beklemmende Frage von Aussöhnung mit der Kirche in Deutschland. Das „Stuttgarter Schuldbekenntnis"

---

[17] Zitiert ebd., 189.
[18] Ebd., 190–193.
[19] Ebd., 208 f.
[20] *Kraemer,* Religion und christlicher Glaube, a. a. O., 41. – Zur Marxismuskritik der frühen Ökumenischen Bewegung vgl. *Klaus Spennemann:* Die ökumenische Bewegung und der Kommunismus in Russland, 1920–1956, Heidelberg 1970.

erschien ihm als hoffnungsvolles Zeichen vom ehrlichen Willen deutscher Christen zu neuer Gemeinschaft. Zählte er doch zu der ökumenischen Delegation, die am 18. Oktober 1945 zu einem ersten Gespräch mit dem neu gewählten Rat der EKD in Stuttgart zusammenkam und dort mit der Bitte „Sagt Ihr uns etwas, damit wir Euch etwas sagen können" den entscheidenden Anstoß zu dieser berühmten Erklärung gab. Er selbst formulierte in Stuttgart in tiefer Bewegung durch das Schuldbekenntnis der deutschen Kirchenführer: *„Wenn man viel gelitten hat, dann hat man auch gelernt, viel milder zu urteilen… Wenn wir das mitnehmen dürfen nach Hause als die Stimme des Gewissens der Evangelischen Kirche in Deutschland, dann wird das sein wie ein Aufruf für die holländische Kirche."*[21]

So warnte er davor, die Not der Besatzungszeit nur als ein verhängnisvolles Zwischenspiel bzw. einen Alptraum rasch zu vergessen, anstatt sie als *„ein gnädiges Urteil über eine ungehorsame Kirche und ein widerspenstiges Volk zu erkennen"*[22]. In dem schon früher erwähnten Rückfall des Großteils des niederländischen Volkes und eines Teiles der niederländischen Kirchen in ein koloniales Besitzdenken, sah er diese versucherische Gefahr aufleben und die Chancen der Erneuerung verspielt.

4. Die Ökumene und die Laienfrage – Kraemer als Direktor von Bossey (1947–1955)

Eine der ermutigenden Erscheinungen im Widerstand der Kirchen während der Kriegszeit war es gewesen, dass Laien einen so wichtigen Anteil daran hatten. Diese Erfahrung stand wohl hinter dem Wunsch Visser 't Hoofts, für das in Bossey zu gründende Ökumenische Institut einen Laien als Direktor zu gewinnen. In Kraemer fand er diesen Mann, der – 1946 dazu ernannt – im Jahre 1947 dort begann. Hier konnte dieser seine in den Kriegsjahren entwickelten Überlegungen zum „Volk Gottes", dem „Laos", als den Werkzeugen, denen sich Christus für seinen Dienst an der Welt bedienen will, fortentwickeln. Diese zuhause gewonnene Einsicht versuchte er jetzt auf die Weltebene zu übertragen: die Kirche nicht länger klerikalen Körperschaften zu überlassen, sondern gemäß dem Priestertum aller Gläubigen, die Laien für ihre zentrale Rolle im Volk Gottes zuzurüsten. Bundesgenossen dazu fand er in dem in Driebergen gegründeten Institut „Kerk en

---

[21]   Zitiert bei *Karl Herbert:* Kirche zwischen Aufbruch und Tradition, Stuttgart 1989, 70.
[22]   *Van Leeuwen,* a. a. O., 213.

Wereld", in den deutschen Akademien und der Kirchentagsbewegung, in "Christian Frontier" in England und anderen verwandten Initiativen. Sie alle waren davon getrieben, die Kirchen mit einer modernen Welt in Beziehung zu bringen, die sich weitgehend säkular verstand.[23]

In diesen Jahren liegen auch die Wurzeln des Berliner Hendrik-Kraemer-Hauses. Bé Ruys, die in diesem „Institut" ihr Lebenswerk gefunden hat, nahm teil an dem ersten Theologenkurs, der in den ersten Monaten des Jahres 1947 in Bossey unter Kraemers Leitung stattfand. Ihr gelang es Kraemer davon zu überzeugen, Bossey-Lehrgänge nicht nur in der Schweiz, sondern auch in Berlin durchzuführen. Denn insbesondere Menschen aus Berlin und Ostdeutschland konnten aus politischen und finanziellen Gründen nur schwer an Tagungen in der Schweiz teilnehmen. Zwischen 1950 und 1970 sollen beinahe 100 Bossey-Tagungen, mit durchschnittlich 40 bis 50 Teilnehmern hier stattgefunden haben. Sie hat also dafür gesorgt, dass interessierte junge Menschen, Studenten, Jugendpfarrer das erste Mal im Leben „Ökumene gerochen" haben. Fast die gesamte ökumenische Generation der DDR-Kirchen hat ihre ersten Erfahrungen in solchen Tagungen gemacht. Und für die DDR-Kirchen war es lebenswichtig, mittels dieser Generation fähig und bereit zu ökumenischer Mitverantwortung zu sein.[24]

Was brachte Kraemer dazu, diesen ökumenischen Brückenschlag zwischen Ost und West 1959 mit seinem Namen zu verbinden? Es war wohl seine theologische Neugier, neue Grenzen zu überschreiten und die Möglichkeiten und Risiken des christlichen Zeugnisses in der säkularen Welt auszuloten. Berlin war dazu ein bevorzugter Ort, begegneten sich doch an dieser Nahtstelle des Ost-West-Konfliktes zwei Welten: der real existierende Sozialismus und der real existierende Kapitalismus mit ihren ideologischen Gebäuden. Beides auf je verschiedene Weise Welten, die in ihrem Selbstverständnis Gott nicht länger brauchten. Genau diese Ausgangslage muss ihn gereizt haben, den Aufbau eines ökumenischen Zentrums mit seinem Namen zu verbinden. Dazu auch die biblische Überzeugung von einer Kirche, die durch Leiden und Unterdrückung neu geboren werden kann. Von ihm kenne ich keine Zeugnisse über dieses Experiment, aber vielleicht gibt es einige unter uns, die darüber erzählen können.

---

[23] Ebd., 215 ff.
[24] Auch *Arend van Leeuwen* weist in seiner Biographie darauf hin, dass die wachsenden Visaschwierigkeiten für die Ostdeutschen, die Bossey-Leitung veranlassten, regelmäßig vergleichbare Kurse in Berlin anzubieten und einzurichten.

5. Entdeckungen in den Spuren Hendrik Kraemers

Hans Ruedi Weber hat 1969 die These formuliert, Kraemer werde man nur gerecht durch das Aufgreifen neuer Themen. Ich kann dem nur zustimmen.[25] Ich sehe in Kraemer einen im besten Sinne kontextuell orientierten Theologen, der Zeitgenossenschaft zu leben suchte und vermochte. Ich habe bewusst so oft ihn selbst zu Worte kommen lassen, um den Kontext seiner prophetischen Theologie deutlich werden zu lassen. Wer glaubt – wie etwa die evangelikale Szene – sich auf einen kanonisierten Kraemer berufen zu können, wird den Herausforderungen nicht gerecht, vor die er uns stellt. So werden wir in Fragen des interreligiösen Dialogs – zumal mit den Muslimen – heute Kraemer nicht einfach folgen können. Aber seine Perspektive gilt weiterhin: Nur im Zusammenleben mit Menschen anderen Glaubens, werden wir uns der Einzigartigkeit Christi vergewissern können. Was heute unter dem Stichwort „Konvivenz" als Grundlage des interreligiösen Dialogs gilt, wurde von Kraemer allseits praktiziert.

Kraemer hat in seinen vielfältigen Stellungnahmen zu den politischen Auseinandersetzungen seiner Tage aus der ökumenischen Einsicht gelebt, dass sich christlicher Glaube einer Solidarität verdankt, die die Loyalität gegenüber Rasse, Klasse, Volk und Nation übersteigt. Aus dieser Glaubensgewissheit hat er die neuheidnischen „Scheinreligionen" – Faschismus und Kommunismus – der dreißiger Jahre attackiert und den niederländischen Kolonialismus als Teil des europäischen Imperialismus heftigst kritisiert. In diesem Zusammenhang konnte er sogar die Besetzung seiner Heimat durch Nazideutschland als Zeichen des Zornes Gottes über die über Jahrhunderte erfolgte Bereicherung durch die Ausraubung Indonesiens sehen.[26] Er sah sich darin durch die alttestamentliche Prophetie bestärkt, die jeder Art von Vergötzung in ihren Zeiten entgegentrat. Die Frage, wo wir welchen Göttern heute dienen, ist deshalb nicht die geringste Herausforderung, die sich angesichts von Kraemers Erbe stellt. Übrigens, den Begriff der Vergötzung – im Englischen "idolatry" – konnte Kraemer nicht nur für einen räuberischen Kapitalismus, sondern auch für die verschiedenen Spielarten des Kommunismus benutzen. Einen Tatbestand, den keine geringere als Elisa-

---

[25] So nach *Bas Wielenga,* a. a. O., 24.
[26] *Bas Wielenga* unter Hinweis auf Kraemers Text „Auf welcher Basis?", mit dem dieser sich nach dem Ende der Besatzung 1945 an das niederländische Volk wandte (a. a. O., 21 f).

beth Adler im Blick auf Kraemers Spätwerk "World Cultures and World Religions" noch 1988 bitter beklagte.[27]

Kraemer hat mit seiner Kritik an jeder Religion auch das empirische Christentum im Blick gehabt. Auch das real existierende Christentum ist von dem Irregeführtsein geprägt, das alles religiöse Leben beherrscht. Beides erlebte er in seiner Zeit. Nicht nur in der Vergötzung des Volkes bei den Deutschen Christen, sondern auch in der eiskalten Erstarrung seiner eigenen Kirche, die sich über mehr als 100 Jahre selbstherrlich als Staatskirche zelebrierte. Reform der Kirche war deshalb für ihn immer mehr und anderes als eine Frage ihrer Reorganisation. Es ist der immer neu zu wagende Versuch, angesichts der Zeichen der Zeit – im Kairos – ein lebendiges Christusbekenntnis zu wagen. Die gegenwärtig verbreitete Selbstgenügsamkeit der Kirchen, die an der Selbstbehauptung der Konfessionen orientiert ist, widerstreitet Kraemers Erfahrung, dass nur in ökumenischer Verbundenheit die Kirchen ihren Dienst in der Welt tun können. Er hat nie bestritten, dass dies ein weiter Weg ist. Aber die von der III. Vollversammlung des ÖRK in Neu-Delhi (1961) formulierte Vision, dass an jedem Ort alle Christinnen und Christen nur zu einer Kirche zusammenkommen, wollte er bis zum Ende seines Lebens nicht aufgeben.[28]

Hendrik Kraemer ist nicht zu kopieren. Aber: Wer sich von ihm inspirieren lässt, landet bei einem biblisch geprägten Glauben, der aus der Dialektik von Gericht und Gnade lebt. Aus dem Vertrauen, dass der Vater Jesu Christi in seiner heiligen Liebe nicht zugrunde richtet, sondern aufrichtet. Von dieser Gewissheit angetrieben hat er Zeitgenossenschaft zu leben gewagt und damit auf eine Unzahl von Menschen seiner Zeit anregend gewirkt. Deshalb sage ich: Weniger in bestimmten Positionen und Beurteilungen, sondern in dieser Perspektive sollte er auch für uns heute noch wegweisend sein. Und ich hoffe, dass er dies auch nach dem Ende dieses Hauses – es hatte in der Tat eine volle und gesättigte Zeit – noch für viele sein wird.

Karl-Heinz Dejung

(Pfarrer Dr. Karl-Heinz Dejung war von 1995 bis zu seinem Ruhestand 2004 Leiter des Amtes für Mission und Ökumene des Zentrums Ökumene der EKHN.)

---

[27] *Elisabeth Adler:* Dialogue in the Second World, in: Ecumenical Review 41 (1989), 40 ff.
[28] Vor Neu-Delhi warnte er vor schnellen Erfolgen und stellte nachdrücklich fest: „Wir sind unterwegs, aber am Anfang des Weges" (*Günter Gloede*, a. a. O., 83).

Einführung in Dumitru Stăniloaes Theologie

Dumitru Stăniloae (* 16. November 1903 in Vlădeni; † 5. Oktober 1993 in Bukarest) ist als Autor der Anthologie „Philokalia" und unzähliger orthodox-dogmatischer Werke der bekannteste rumänische Theologe der orthodoxen Kirche. Seine Theologie brachte dem rumänisch-orthodoxen Mönchtum eine Art Wiedergeburt, und seine Moraltheologie versuchte ohne Unterlass, eine Beziehung zwischen Dogmatik und Alltagsleben zu realisieren. Die untrennbare Einheit der Vermenschlichung und Vergöttlichung begleitet Stăniloaes Dogmatik vom Schöpfungsbericht bis zur Eschatologie.

Eine Zusammenfassung des Werkes und Denkens von Dumitru Stăniloae bedeutet eine Aufgabe, die keine umfassenden und erschöpfenden Ansprüche erheben darf. Mit Recht wurde Stăniloae von vielen Theologen und Philosophen als der größte orthodoxe Denker des 20. Jahrhunderts bezeichnet.

Sein immenses Werk, sein inspiriertes Denken und seine unerschöpfliche Arbeitskraft haben nicht nur orthodoxe Theologen erstaunt, sondern auch viele westliche Theologen, die seine Dogmatik für die vollständigste orthodoxe dogmatische Version halten.

Die Relevanz von Dumitru Stăniloae als Theologe ist mit der Relevanz von Martin Heidegger als Philosoph zu vergleichen. Beide Denker haben auf eigene Weise versucht, die alte wertvolle Denkart der Kirchenväter bzw. der Philosophen der Antike neu zu beleben und in der Gegenwart zu etablieren. Dieser ontologische Versuch, immer wieder zu den alten patristischen Werten zu finden, definiert und begleitet die Art des Theologisierens bei Dumitru Stăniloae.

Stăniloaes ökumenische Bestrebungen finden bis heute ihre Relevanz in theologischen Kreisen. Zum Beispiel seine Freundschaft und theologische Interaktion mit dem reformierten Theologen Jürgen Moltmann.

Es ist sogar anzunehmen, dass Stăniloaes Theologie Moltmann geprägt hat. Die beiden haben sich persönlich 1979 in Bukarest kennengelernt und sind weiter in Verbindung geblieben. Außerdem zitiert Moltmann ausgiebig Stăniloaes Dogmatik, in der er das Vorwort auf Deutsch geschrieben hat. Da eine allgemeine oder verallgemeinernde Zusammenfassung von Stăniloaes Werk und Denken unmöglich ist, bleibt uns nichts anderes übrig, als uns auf bestimmte und subjektiv ausgewählte theologische Themen aus Stăniloaes reichem Repertoire kurz zu beziehen.

In diesem Sinne werden wir uns mit Themen befassen, wie Kosmologie oder Anthropologie in Verbindung mit der Trinitätslehre, die Stăniloae zu einem der größten Dogmatiker der neuzeitlichen Theologie machen.

Stăniloae beginnt die Präsentation seiner Trinitätslehre durch die Aseität Gottes. Dieses Attribut Gottes bezeichnet die unabhängige Fülle des göttlichen Wesens als apophatischen und existentiellen Zustand, der selbst vom Schöpfer verkündigt wird: „Ich bin, der ich bin" (Exodus 3, 14). Anders gesagt ist für Stăniloae die Wesensfülle Gottes die Voraussetzung für die Trinitätslehre. Das absolute Wesen Gottes setzt seine Anwesenheit in der Schöpfung voraus als einer, der allgegenwärtig ist. Infolgedessen wohnt Gott seiner Schöpfung ein als eine Konsequenz seiner ontologischen Qualität von Allgegenwart. Der rumänische Theologe drückt diesen Gedanken aus und spricht dabei von der bewegenden Liebe Gottes für seine Geschöpfe: „Er (Gott) ist nicht in einer toten Bewegung, sondern in einer Unbewegtheit der Fülle, die in allem Geschaffenen Bewegung zeugt. Er äußert diese seine Anziehungskraft durch den Liebesakt des Schaffens und die göttliche Providenz der Liebe für die Geschöpfe."[1] Diese Liebe Gottes besteht seit Ewigkeit zwischen den Personen der Dreieinigkeit und kommt ökonomisch (ad-extra) auf die Schöpfung herab. „Ohne einen dreieinigen Gott bliebe die Bewegung der Liebe sinnlos. Also hat Gott die liebende Bewegung und die selige Ruhe dieser Bewegung in sich, denn Gott ist Gott, nur weil er dreieinig ist."[2] Die trinitarische Subsistenz Gottes ist für Stăniloae die Voraussetzung für den Satz, dass Gott Liebe ist. Gott kann aus Liebe schaffen, nur wenn er selbst die höchste Form der Liebe ist. Jedes Eingreifen Gottes oder jede Modalität seiner Gegenwart in der Schöpfung ist einem persönlichen Handeln einzuordnen, denn das göttliche Wesen kennt keine andere Hypostasierung außerhalb der Trinität.

Das trinitarische Bild ist in der Schöpfung geprägt und gibt dem ganzen Kosmos eine allgemeine Tendenz zu Gemeinschaft und Liebe. Diese gemeinschaftliche Tendenz der Kreaturen wird natürlich durch die Gegenwart der Trinität in der Schöpfung weiterhin erhalten.

---

[1] *Dumitru Stăniloae:* Chipul nemuritor al lui Dumnezeu (Das unsterbliche Bild Gottes), Craiova 1987, 213.
[2] Ebd., 218.

In diesem Kontext spricht Stăniloae von einer gewissen Teilhabe des Menschen und der ganzen Schöpfung an der Trinität. Trotz ihrer Gegenwart in der Schöpfung bleiben die trinitarischen Personen in ihrem tiefsten göttlichen Dasein unberührt und apophatisch. In diesem Sinne macht Stăniloae den Unterschied zwischen dem Wesen Gottes und seinen Energien, denn Gott selbst ist nicht erkennbar.

Zum Schluss der trinitarischen Einführung sei noch erwähnt, dass Stăniloae – laut Dumitru Popescu – einen wichtigen Schritt im dogmatischen Ökumenismus in Richtung auf die katholische Theologie macht, wenn er von der zeitlichen Rolle (ad-extra) des Sohnes im Hervorgehen des Heiliges Geistes spricht.[3] Dem ist noch hinzuzufügen, dass sich Stăniloae gegen ein immanentes (ad-intra) Hervorgehen des Heiligen Geistes auch vom Sohn (filioque) ausspricht.

Die Modalität der kosmischen Gegenwart Gottes in der Schöpfung nach Dumitru Stăniloae

Die Originalität des theologischen Denkens von Dumitru Stăniloae beruht nicht auf Innovation, sondern auf der einzigartigen Expressivität und der inspirierten Kraft, die theologischen Gedanken der Heiligen Väter zu interpretieren und voranzubringen.

Die terminologische Versöhnung zwischen der Transzendenz und der Immanenz Gottes stellt heutzutage immer noch ein sehr umstrittenes theologisches Thema dar, dessen Lösung die Beziehung Gottes zu seiner Schöpfung erläutern würde.

In Stăniloaes Theologie wird die Beziehung zwischen Gott und seiner Schöpfung durch die Formulierung „ungeschaffene Energien Gottes" beschrieben. Die ungeschaffenen Energien Gottes strömen aus dem göttlichen Dasein heraus wie der Sonnenschein und füllen die ganze Welt. Sowie das göttliche Dasein den trinitarischen Personen gemeinsam ist, genauso ist es auch die göttliche Energie, denn sie kommt nicht vom Vater, Sohn oder Heiligen Geist, sondern von allen trinitarischen Personen zugleich. Diese Energien sind die göttlichen Gedanken und Eigenschaften, die den Schritt von Potentialität zu Realität ermöglichen. Stăniloae meint, die trinitarischen Personen und die Gottheit seien in einer untrennbaren

---

[3] *Dumitru Popescu:* Ortodoxie şi Catolicism (Orthodoxie und Katholizismus), Bukarest 1999, 35.

Beziehung, die aber zu keiner Verwechslung führt. Dieses Geheimnis einer sowohl abgrenzenden als auch vereinenden Beziehung hat seine Rätselhaftigkeit in dem Mysterium der Person, das er „Apophatismus der Person" nennt.

Eine vollkommene Person kommuniziert in einer vollkommenen Weise, aber sie berücksichtigt zugleich das Wahrnehmungsvermögen des Kommunikationspartners. Stăniloae ist trotzdem der Meinung, dass der tiefste Teil der Person nicht kommunizierbar ist und genau dieser Teil macht ein Dasein aus.

Wenn das göttliche Dasein nicht persönlich (als Person) existieren würde, dann wäre die Erkennbarkeit Gottes (für den Menschen) durch die ungeschaffenen Energien unmöglich, weil die Person ausschließlich nur in Beziehung gedacht werden kann.

„Um die Beziehung mit dem Menschen zu ermöglichen, lässt Gott sich durch seine Energien erkennen, aber er bleibt trotzdem unerkennbar in seinem Wesen."[4]

Die Schöpfung, meint Stăniloae, hängt von der Beziehung des Menschen mit Gott ab. In diesem Sinne redet Stăniloae von einer Teilhabe des Menschen an Gott, denn der Mensch wird selbst zu Gott durch Gnade und nicht durch Wesen. Infolgedessen kann der Mensch an den göttlichen Eigenschaften teilhaben, allerdings nur in dem Maß seines Könnens. Man muss die göttlichen Energien nicht als externe Wirkungen Gottes verstehen, sondern als aus Liebe entstehende und interne Kräfte.

Der rumänische Theologe zitiert den Heiligen Dionysius Areopagita und spricht von „der Bewegung, durch welche Gott aus sich herausgeht, nachdem er alles ins Dasein gerufen hat. Gott ist nun irgendwie von seiner Gegenwart (Anwesenheit) außer sich (seine Gegenwart in der Schöpfung) angezogen".[5]

Die Welt als Schöpfung Gottes ist nach Stăniloaes Ansicht der Ort für Dialog und Kommunikation zwischen Gott und Mensch. Gott spricht mit dem Menschen durch die in der Schöpfung bestehende Offenbarung. Anders gesagt, die Schöpfung ist das Wort Gottes zu dem Menschen. „In diesem Sinne ist die Schöpfung ein Wort oder ein kohärentes Sprechen Gottes für den Menschen ... denn Gott zeigt uns seine Liebe durch die Schöpfung als Geschenk und Dialogort."[6]

---

[4] *Dionysius Areopagita:* De divinis nominibus, Kap IV, PG, col. 693, in: *Dumitru Stăniloae:* Teologia Dogmatică Ortodoxă I (Orthodoxe Dogmatik I), Bukarest 1996, 190.

[5] Ebd., 241.

[6] Ebd., 108.

Mit diesem Gedanken dringen wir einen Schritt tiefer in das Thema der Kommunikation zwischen Gott und Mensch ein. Um in Stăniloaes Theologie über Kommunikation weiter zu kommen, muss man zuerst den Haupteinfluss über Stăniloae erkennen. In diesem Fall hat man wieder mit Dionysius Areopagita zu tun, der den Logos für die Hauptmodalität der Kommunikation zwischen Gott und Mensch hielt. Der Logos ist für Dionysius Areopagita natürlich Jesus Christus, der Sohn Gottes und das schaffende Wort, dessen Kraft und Gegenwart sich in allen Dingen der Schöpfung befinden und sie am Leben halten. Diese Partikel, um sie so zu nennen, bezeichnet er als „Logoi". Er unterteilt die „Logoi" in zwei Kategorien, einerseits spricht er von den „Logoi" als „Essenz schaffende" und allen Geschöpfen spezifisch, andererseits erwähnt er die sogenannten „Paradigmata" als ursprüngliche Elemente für jede Realität, die auch manchmal als Gedanken Gottes bezeichnet werden.

Stăniloae übernimmt diese Teilung von Dionysius, aber er verleiht den beiden Logoi-Kategorien mehr Präzision. Durch seine Interpretation über die areopagitischen Logos-Kategorien kreiert Stăniloae seine eigene Spur in der Theologie.

Er meint, die „Paradigmata" seien die ungeschaffenen Energien Gottes, die das Dasein der Welt erhalten und die geschaffenen Energien des Kosmos (Logoi) bewahren. Infolgedessen unterscheidet Stăniloae zwischen „Logoi" und „Paradigmata" dadurch, dass die „Logoi" die geschaffene „ratio" der Dinge und die „Paradigmata" die unterbrochen aus Gott herausquellenden ungeschaffenen Energien sind. In diesem Punkt kann man auch ein Entgegenkommen der Theologie Stăniloaes zur katholischen Theologie bemerken, denn er redet mit anderen Worten von einer Art *gratia creata*.

Anders gesagt, der Hauptunterschied zwischen den beiden Kategorien besteht darin, dass die „Logoi" der empirischen Welt und der zeitlichen Existenz gehören, während die „Paradigmata" synthetisch in Gott als ursprüngliche Rationalitäten aller Realitäten vor-existieren. Stăniloae nennt die „Logoi" „plastizisierte Rationalitäten" in dem Sinne von göttlicher Ratio oder Gedanken, die in der Schöpfungsmaterie existieren und sie am Leben halten. Die geschaffene „Logoi" in der Materie befinden sich in einer ununterbrochenen Verbindung mit den ungeschaffenen Energien Gottes, denn dadurch wird das kosmische Gespräch zwischen Schöpfer und Geschöpf ermöglicht.

Darüber hinaus spricht Stăniloae von einer notwendigen Evolution des Menschen auf der Erkenntnishierarchie der Rationalität der Dinge. Er meint, „die natürliche Rationalität der Dinge ist nur die erste Stufe zu den immer tiefer werdenden Sinnen der Dinge. Dieser spirituelle Aufstieg gilt als Erkenntnis der Gedanken Gottes und seiner Pläne in Bezug auf den Menschen".[7] Gotteserkenntnis durch die Rationalität der Dinge ist sowohl positiv (kataphatisch) als auch negativ (apophatisch oder mystisch). Folglich zitiert Stăniloae den Dionysius Areopagita: „Gott ist in allen und außer allen erkannt; er ist Verstand und Wort, Wissenschaft und Berührung, Gefühl und Ansicht, Vorstellung, Name und alle anderen, aber er ist zugleich nicht aufgefasst, nicht in Worten ausgesprochen und nicht genannt. Er ist nicht etwas von denen, die sind und kann nicht durch die, die sind, erkannt werden. Er ist alles in allen und nichts in keinem."[8]

Durch die apophatische oder mystische Methode der Theologie sprechen sowohl Dionysius Areopagita als auch Stăniloae von einer totalen und vollkommenen Gegenwart Gottes in der Schöpfung, auch wenn Gott in seinem tiefsten Dasein uns unzugänglich bleibt. Andererseits ist Gott in seinen Energien und Wirkungen total präsent.

Weder Stăniloae noch die Kirchenväter allgemein trennen die beiden Erkenntnisarten, sondern sie verwenden alternativ die den beiden Erkenntnisarten entsprechenden Begriffe. Die negativen Begriffe sind genauso wenig ausreichend wie die positiven, um die göttlichen Dinge auszudrücken. Deshalb wäre eine Synthese zwischen den beiden Erkenntnissen die passende Methode. So eine Synthese sollte allerdings auf einer spirituellen Erfahrung begründet sein, die alle Terminologien übertrifft.

Stăniloaes Erkenntnis- und Energiebegriffe gehen zweifelsohne sowohl auf die Lehre von Dionysius Areopagita über „Logoi" und „Paradigmata" als auch auf die Lehre von Gregorius Palama (14. Jahrhundert) über die geschaffene und ungeschaffene Gnade (*gratia*) Gottes zurück, aber der rumänische Theologe hat diese theologischen Begriffe weiterentwickelt und ausführlicher erklärt.

Der Mensch – das Bild des dreieinigen Gottes nach Stăniloae

Die anthropologische Ansicht Stăniloaes basiert auf der traditionellen Richtung der Kirchenväter und behandelt das Thema „Mensch" zugleich in einer eigenen Weise, denn der Hauptakzent fällt auf den Wert des Men-

---

[7]   *Stăniloae*, Teologia Dogmatică Ortodoxă I, 245–246.
[8]   *Dionysius Areopagita:* De divinis nominibus cap. VII, III P.G., col. 872, in: *Dumitru Stăniloae:* Teologia Dogmatică Ortodoxă I, Bukarest 1996, 190.

schen als Person. Die Schaffung des Menschen durch eine direkte Geste Gottes rechtfertigt und zeigt das menschliche Dasein als rationale Hypostasis und vernünftiges Subjekt. Gottes Ebenbildlichkeit im Menschen bedeutet bei Stăniloae die Möglichkeit für den Menschen, vergöttlicht und zur Ähnlichkeit Gottes erhoben zu werden.

„Wegen der göttlichen Gegenwart in sich kann der Mensch zu Gott ‚Du' sagen, weil er selbst vor dem Schöpfer ein Subjekt ist, ein ‚Ich'. Die ‚Ich-Du' Beziehung ist nicht nur eine göttlich-menschliche Beziehung, sondern auch eine Beziehung mit unserem Nächsten, weil er das Bild Gottes in sich trägt. Deshalb braucht jedes ‚Ich' ein ‚Du', um selbst als Person erklärt und bestätigt zu werden und, mehr als das, um seine eigene Existenz beweisen zu können. Dann gibt es ‚Er', in dem unsere Beziehung sich vervollkommnet und unsere Liebe sich widerspiegelt."[9]

Man bemerkt an dem rumänischen Theologen die Tendenz, das innere und existentielle Bedürfnis des Menschen zu kommunizieren. Die unmittelbaren Aspekte, die sich aus göttlicher Gegenwart im Menschen ziehen lassen, sind die für Stăniloae untrennbaren Eigenschaften der Freiheit und des Seins als Person. Die menschliche Person, als „Reduplikation des göttlichen schaffenden Geistes auf kreatürlicher Ebene",[10] kann denken, schaffen und sich äußern.

Stăniloae meint, der Mensch besteht aus materiellem Leib und dem, was wir Seele nennen, die die leibliche Materialität transzendiert.

In Bezug auf den Menschen verwendet Stăniloae wieder den Begriff „plastizisierte Rationalitäten" in dem Sinne, dass die „Logoi" im Menschen ihr höchstes Ziel erreichen können. Der Mensch konstituiert das komplexeste System von plastizisierter Rationalität, denn die Seele, deren Gegenwart im Menschen der leiblichen Materialität die Qualität als Leib verleiht, ist eine subjektive und aktive Rationalität, die der passiven Rationalität der Natur übertragen ist. Während der Leib als plastizisierte Rationalität mit dem Tod endet, hört die Seele nicht auf zu existieren, weil sie nicht ein und dasselbe mit der leiblichen Rationalität ist. Dank der Gegenwart der Seele im Menschen unterscheidet sich der menschliche Leib von der plastizisierten Rationalität der Natur und wird teilhaftig an der freien und bewussten Subjektivität des Menschen. „Die Seele ist das Produkt des ewigen selbstbewussten Geistes, der zusammen mit den rationalen Prinzipien der

---

[9] *Stăniloae,* Chipul nemuritor al lui Dumnezeu, 54.
[10] *Stăniloae,* Teologia Dogmatică Ortodoxă I, 259.

Materie auch eine selbstbewusste Seele ins Dasein ruft und sie nach seinem Bild schafft ... Die selbstbewusste Seele wird nicht durch das einfache
Denken oder Sprechen des schaffenden Geistes geschaffen, sondern sie ist
von Anfang an Subjekt bzw. Person und wird folglich durch eine Art Reduplikation des göttlichen schaffenden Geistes auf kreatürlicher Ebene ins
Dasein gerufen. Der höchste selbstbewusste Geist spricht mit dem selbstbewussten geschaffenen Geist wie mit einem eigenen geschaffenen ‚alter
ego'."[11]

Diese Gedanken Stăniloaes betonen den Charakter des Menschen als
selbstbewusster Geist und seine Qualität als Person, die ihm durch das Bild
Gottes gegeben wurde. Gott ist gegenwärtig in seiner Schöpfung sowohl
durch die plastizisierten Rationalitäten in der Natur als auch durch den
Menschen und durch seine aus Leib und Seele bestehende Konstitution. In
diesem Sinne kommentiert Nicolae Steinhardt (1912–1989) Stăniloaes Per-
son-Theologie, indem er sagt: „Wenn ich von Pater Stăniloaes Theologie
einen bestimmten Gedanken auswählen sollte, dann würde ich mich für
die Hauptidee seines Denkens entscheiden, dass Gott und Mensch Personen sind. Von hier kommt die außerordentliche und einzigartige Süße des
Christentums, von dieser Beziehung zwischen Mensch und Gott, zwischen
‚Ich' und ‚Du'."[12]

Bei Stăniloae schließt der persönliche Charakter des Menschen die
Freiheit von Natur ein, denn die Person ist frei von ihrer Natur und wird
von ihrer Natur weder bedingt noch bestimmt. Es lässt sich nun der
Schluss ziehen, dass Stăniloaes Ontologie eine persönliche ist und das
menschliche Dasein nur als Person subsistieren kann.

Durch die Prägung seines Bildes im menschlichen Dasein bietet Gott
dem Menschen die Möglichkeit der Unsterblichkeit und der ewigen Liebe
für ihn und seine Nächsten an. Die Qualität des Menschen als Person geht
auf dieselbe Qualität (auch wenn unvergleichlich übertragen) des Schöpfers zurück. Wie der Heilige Athanasius (298–373) sagte, „durch sein Bild
im Menschen hat Gott ihm viel mehr gegeben. Gott hat ihn nicht einfach
wie ein unrationales (sprachloses) Tier geschaffen, sondern er hat ihn nach
seinem Bild geschaffen, dass er ein Schatten des Wortes und rational sei. So
kann er sich ewig im Glück halten und im Himmel das wahre Leben der

[11] Ebd., 289.
[12] *Nicolae Steinhardt:* Primejdia marturisirii. Discutii cu Ioan Pintea (Die Gefahr der
Beichte. Diskussionen mit Ioan Pintea), Cluj-Napoca 1993, 78–79.

Heiligen erleben. Sein Wesen aber wurde von Sünde korrumpiert und er wurde schlecht".[13]

Stăniloae redet von einer Seelenverwandtschaft des Menschen mit Gott, seinem Schöpfer, nach dessen Bild er geschaffen worden ist. Das Bild Gottes im Menschen kann nur stark bleiben, wenn es zwischen Gott und Menschen eine lebendige Beziehung gibt, in der auch der Mensch aktiv ist und in der eine ständige Kommunikation herrscht. Das biblische Wort von Genesis 1,26, das sagt: „Laßt uns Menschen machen, ein Bild, das uns gleich sei", spiegelt nach Stăniloae das dreieinige Gottesbild im Menschen, der, dem trinitarischen Bild entsprechend, immer eine Neigung zu Gemeinschaft (coexistence) und Liebe zeigen wird.

Davon ausgehend, dass der Mensch nach der Ebenbildlichkeit des dreieinigen Gottes geschaffen wurde, zeigt Stăniloae den gemeinschaftlichen Charakter des Menschen, denn „der Mensch spiegelt in sich und in seiner spirituellen Struktur das trinitarische Leben der Gottheit".[14] Das ist der Grund für die Liebe zwischen menschlichen Personen, denn diese Liebe hat ihren Ursprung in der ewigen Urliebe innerhalb der Trinität.

Zusammen mit dem russischen Theologen Vladimir Lossky (1903–1958) behauptet Stăniloae, dass das Geheimnis des Singulars und Plurals im Menschen das Geheimnis des Singulars und Plurals in Gott widerspiegelt. Das menschliche Dasein sucht nicht das Alleinsein, sondern die gute Gemeinschaft der Liebe.[15]

Die transzendentale Tendenz und das gemeinschaftliche Bild Gottes im Menschen führen bei Stăniloae zu einer gänzlich unerforschlichen Tiefe des menschlichen Daseins, die der Tiefe des Schöpfers ähnelt. Im gleichen Maß wie die Tiefe des Menschen ist auch seine Verantwortung, denn die Welt ist für ihn nicht nur eine Lebensumgebung, die in sich kein Ziel trägt, sondern auch und insbesondere Gottes Schöpfung, deren Erlösung von ihm abhängt. Robert Hotz zitiert von Stăniloae einen Text, den er sehr geeignet für eine richtige Auffassung der Beziehung Mensch-Kosmos findet: „Stăniloae bemerkt, dass der Mensch nicht nur für sich allein leben kann; er braucht die Welt und findet sich wahrhaft selber in der Welt."

Außer dem gemeinschaftlichen Aspekt des Bildes Gottes im Menschen meint Stăniloae, dass das „Imago Dei" im Menschen auch ontologisch und als existentielle Grundlage aufgefasst werden muss. Auf der Spur der alten

---

[13] *Der Heilige Athanasius der Große:* De Incarnatione Verbi, kap III, apud *Stăniloae,* Chipul nemuritor al lui Dumnezeu, 9.
[14] *Stăniloae,* Teologia Dogmatică Ortodoxă I, 275.
[15] Ebd., 176.

theologischen Tradition und der Heiligen Väter unterscheidet Stăniloae zwischen Bild und Ähnlichkeit Gottes im Menschen. Durch den Sündenfall ist allerdings das Bild Gottes korrumpiert, aber auf keinen Fall irreversibel vernichtet. Stăniloae unterscheidet zwischen Bild und Ähnlichkeit (Gleichheit), denn während die Ähnlichkeit sich auf dem moralischen Niveau der Vervollkommnung befindet, ist das Bild auf dem ontologischen Niveau der Schöpfung einzuordnen. Die Ähnlichkeit ist das erfüllte bzw. vollkommene Bild und das Bild ist die ontologische Hauptvoraussetzung für die Erfüllung der Ähnlichkeit.

In diesem Sinne ist die Position des Menschen den göttlichen Energien gegenüber nicht statisch, sondern dynamisch. Der dynamische Charakter des Menschen im Umgang mit den ungeschaffenen Energien Gottes zielt auf die Transfiguration des Kosmos und auf die eigene Vergöttlichung. Dieser Prozess kann auch als Weg zu der Ähnlichkeit Gottes oder als Aktualisierung des Bildes Gottes verstanden werden.

Stăniloae ist der Meinung, dass unser Dasein als Bild Gottes immer an dem göttlichen Licht teilhaftig bleibt, auch wenn diese Teilhaftigkeit durch den Sündenfall nicht mehr vollkommen ist. In Übereinstimmung mit den Kirchenvätern, wie Irenäus, Gregor von Nyssa oder Gregor Palamas, schließt Stăniloae den menschlichen Leib in dem Bild Gottes ein, denn „Imago Dei" bezieht sich nicht nur auf den Geist des Menschen, sondern auch auf das menschliche Dasein in seiner Ganzheit. Infolgedessen geht der Prozess der zukünftigen Verklärung (Transfiguration) sowohl die Seele als auch den Leib an.

In Übereinstimmung mit der orthodoxen Tradition und unter Stăniloaes Einfluss wagt der reformierte Theologe Jürgen Moltmann, vom Bestehen des Bildes Gottes im Menschen nach dem Sündenfall zu sprechen und zwischen moralischem und ontologischem Zustand des Bildes Gottes im Menschen zu unterscheiden. „Der Menschen Würde ist kraft der bleibenden Präsenz Gottes unverlierbar und unzerstörbar. Es gibt weder im Alten noch im Neuen Testament einen Beleg dafür, dass der Mensch nach dem Sündenfall aufgehört habe, Ebenbild Gottes und damit Mensch zu sein. Darum wird der Sünder subjektiv ganz und gar Sünder und gottlos. Er bleibt darum aber zugleich ganz und gar Gottes Bild und wird diese seine Bestimmung nicht los, solange Gott sie festhält und ihm treu bleibt. Die Gegenwart Gottes macht den Menschen unverlierbar und unentrinnbar zum Bild Gottes."[16]

---

[16] *Stăniloae,* Teologia Dogmatică Ortodoxă II, 37.

596 | Ökumenische Persönlichkeiten

Ebenbildlichkeit heißt also für den rumänischen Theologen die Ganzheit, die Totalität des menschlichen Daseins. Diese schließt die relationale menschliche Natur und die menschliche Hypostase ein. Auch wenn diese oft betonte Vereinigung des Menschen mit Gott den Eindruck erwecken könnte, dass die menschliche Person in dieser Vereinigung bzw. Vergöttlichung aufgelöst wird, weil die vereinigende Kraft jede Form der Separation ausschließt, der ontologisch qualitative Unterschied zwischen Ebenbild und Archetyp bleibt unverändert. Genau dies macht eine Person aus in Stăniloaes Theologie, dass sie in der Ganzheit ihres Daseins ein unberührtes „alter ego" Gottes bleibt.

Infolgedessen ist der Vergöttlichungsprozess kein Auflösungsgeschehen, das der Mensch durchschreiten muss, sondern ein Prozess der Vereinigung in Liebe mit dem Schöpfer.

Die theandrische Qualität der Vergöttlichung hat ihren Ursprung und ihre Quelle in der Person Jesu Christi, dem Sohn Gottes und Gott selbst.

Kurze christologische Zusammenfassung

Die Christologie spielt in Stăniloaes Theologie eine zentrale Rolle und ist der Ausgangspunkt für die meisten anderen theologischen Bereiche. Nur dank der Menschwerdung Christi sind wir imstande, etwas über Gott zu sagen und überhaupt dogmatische Sätze zu formulieren.

Stăniloae entwickelt eine Theologie der hypostatischen Vereinigung, indem er den Effekt dieser Vereinigung darstellt. Denn Jesus vollbrachte menschliches Handeln als Gott und göttliche Werke als Mensch, was bedeutet, dass die hypostatische Vereinigung apophatisch und undurchschaubar ist. Darüber hinaus zieht Pater Staniloae eine Analogie in Anlehnung an das Vorbild der trinitarischen Perichoresis, d. h. er spricht von einer Perichoresis der zwei Naturen in Christus.

Auch im christologischen Bereich behält der rumänische Theologe die patristische Lehre, die laut den 3. und 4. Ökumenischen Synoden, die Vereinigung der zwei Naturen in der Person Christi als *unvermischt, unveränderlich, ungetrennt* und *unteilbar* formuliert. In Christus, aufgrund der göttlichen Überlegenheit, werden sein Wille und seine menschlichen Tendenzen nicht von einem autonomischen Subjekt oder Individualismus gedrängt, sondern von der göttlichen Hypostase erfüllt und zu Gottes Ähnlichkeit aktualisiert. Anders gesagt, durch die Menschwerdung Christi bzw. durch die hypostatische Vereinigung findet eine einzigartige Erfüllung der

Gottebenbildlichkeit im Menschen und eine Art Wiederherstellung vom menschlichen Willen und Erkenntnisvermögen statt. Diese Wiederherstellung des menschlichen Willens und des menschlichen Erkenntnisvermögens erreicht natürlich ihre höchste Form in der Person Christi, aber sie bleibt nicht ohne Folgen für die menschliche Natur im Allgemeinen. In diesem Sinne meint Stăniloae, dass diese Änderung des Charakters der menschlichen Natur alle Menschen umfasst. Infolgedessen zeigen die Menschen nach der Menschwerdung Christi eine größere Tendenz zur Nähe füreinander. Der Denkfaden wird weiter gesponnen und weist eine hypostatische Vereinigung auf, deren Konsequenzen sich ontologisch auf die gesamte menschliche Natur ausbreiten. Er zitiert diesbezüglich Cabasilas: „Uns gegenüber ist Christus weder nur ein Vorbild, dem wir nachmachen sollten, noch nur ein Richter, auf den wir hören sollten ... noch die schlichte Ursache unserer Gerechtigkeit, sondern er ist das Leben an sich und die Gerechtigkeit in uns selbst".[17]

Außer den bekannten dogmatischen Folgen der Zwei-Naturen-Lehre erwähnt Stăniloae drei andere bedeutende Konsequenzen der hypostatischen Vereinigung:

1. das Menschliche wird zur Personalisierung in Gott erhoben und die Person des Sohnes Gottes enthypostasiert sich im Zustand einer menschlichen Person ohne aufzuhören, göttlich zu sein;
2. durch die erste Konsequenz wird das Fundament des ewigen Dialogs zwischen Gott und Menschen gesetzt und
3. die Wiedervereinigung der menschlichen Natur mit Gott, nach der sie sich immer gesehnt hat, findet auf intimste Weise statt.[18]
4. Bezüglich der Zwei-Naturen-Lehre und ihrer Konsequenzen behandelt Stăniloae dieses Thema in traditioneller Weise, den Kirchenvätern folgend.

Wir erwähnen nur eine der Konsequenzen, die für uns hier von spezieller Bedeutung sind, nämlich die Kenose. In diesem Kontext zitiert Pater Stăniloae Karl Barth und nimmt seine kenotische Auffassung als authentisches Verständnis für die christliche Dogmatik: „Also ist das Herabkommen Gottes das Erheben des Menschen; das Herabkommen Gottes ist seine höchste Herrlichkeit, denn genau dieses Herabkommen bestätigt und beweist seine Göttlichkeit ...".[19]

17 Stăniloae, Chipul nemuritor al lui Dumnezeu, 321–322.
18 Stăniloae, Teologia Dogmatică Ortodoxă II, 37.
19 Stăniloae, Teologia Dogmatică Ortodoxă II, 52.

Der rumänische Theologe zeigt in seinen Werken den dazu gehören-
den Respekt für die Dogmatiker anderer Konfessionen, insbesondere für
bekannte Theologen, wie Karl Barth, Jürgen Moltmann, Hans Küng, Martin
Luther, Karl Rahner etc., die er nicht selten zitiert.

Dumitru Stăniloae kann in Bezug auf seine Lebensführung und sein
theologisches Wirken als beispielgebend für alle rumänischen Theologen
(und nicht nur für diese) betrachtet werden. Sein Beitrag im theologischen
Bereich ist immens und ohne Präzedenz. Stăniloae verfügte über eine Art
theologischer Kunst, die das Traditionelle mit dem Originellen hervorra-
gend zu verknüpfen vermag. Seine Theologie hat spirituelle Spuren in der
ganzen Welt hinterlassen. Nun obliegt uns die Aufgabe, seine Gedanken
und sein Theologisieren unvergessen zu machen.

Mugurel Pavaluca

*(Dr. Mugurel Pavaluco ist Wissenschaftlicher Mitarbeiter, Dozent,
Studienkoordinator und Habilitand an der Technischen Universität
Dortmund innerhalb des Institutes für Evangelische Theologie.)*

Anlässlich ihrer ersten Tagung vom 17. bis 24 Juni im Kloster Caraiman in Rumänien hat die 49-köpfige *Kommission für Glauben und Kirchenverfassung* in der neuen Zusammensetzung seit der 10. Vollversammlung des Ökumenischen Rates der Kirchen (ÖRK) ihre Arbeitsschwerpunkte ihrer bis zur nächsten ÖRK-Vollversammlung 2020 dauernden Amtszeit festgelegt. Dazu gehören eine theologische Fundierung des *„Pilgerwegs der Gerechtigkeit und des Friedens"* und die Suche nach einer *gemeinsamen Grundlage über die Lehre von der Kirche in den verschiedenen Konfessionen.* Fortgesetzt werden soll auch die Arbeit am Forschungsprojekt über die *moralische Urteilsfindung in den Kirchen* zu aktuellen Fragen wie Klimawandel, Sklaverei oder Sexualität und Lebensschutz. Die Zusammenarbeit mit dem *Päpstlichen Rat zur Förderung der Einheit der Christen* und anderen Partnern soll intensiviert und die gemeinsamen Tätigkeiten mit anderen ÖRK-Programmen und Partnerorganisationen im Zusammenhang mit interreligiösem Dialog und Zusammenarbeit gefördert werden. Die Kommission arbeitet auch mit dem Ökumenischen Aktionsbündnis von und für Menschen mit Behinderungen und dem Ökumenischen Bündnis indigener Völker zusammen.

Am 5. Juli wurden in Prag die *Feierlichkeiten zum Gedenken an* den Tod des Vorreformators Jan Hus vor 600 Jahren eingeleitet. In der evangelischen Salvatorkirche wurde eine Ausstellung zur Reformation in verschiedenen Ländern eröffnet. Am 6. Juli, dem Todestag von Jan Hus, der in Tschechien ein Feiertag ist, fand u. a. ein Festumzug statt. Am späten Nachmittag stand ein ökumenischer Gottesdienst auf dem Programm.

Im Rahmen des *ÖRK-Pilgerwegs der Gerechtigkeit und des Friedens* war eine ÖRK-Delegation von Kirchenleitenden auf einer Pilgerreise in Japan, um der Atombombenabwürfe in Hiroshima und Nagasaki am 6. und 9. August 1945 zu gedenken. Zum 70. Jahrestag der nuklearen Katastrophe wurde ein *Nukleares Abrüstungssymposium* (Nuclear Disarmament Symposium) veranstaltet, das von der Gemeinschaft Sant'Egidio, Religions for Peace Japan und Japan Religious Committee for World Federation organisiert wurde. Dr. Sang Chang von der Presbyterianischen Kirche der Republik Korea und ÖRK-Präsidentin für Asien hielt eine Ansprache auf einer Session des Symposiums mit dem Titel *„Aktionen für nukleare Abrüstung: Nie mehr Krieg".*

Organisiert von seiner Heimatkirche, der Syrischen Mar-Thoma-Kirche in Indien, wurde am 31. Au-

600 | gust der 100. Geburtstag des verstorbenen *ökumenischen Leiters und indischen Theologen Dr. M. M. Thomas* (1916–1996) in Form eines Seminars in seinem Heimatstaat Kerala, Indien, begangen. Die Teilnehmenden erinnerten sich an Thomas' bedeutenden *Beitrag zur ökumenischen Bewegung.* Von 1968 bis 1975 war Thomas Vorsitzender des Zentralausschusses des Ökumenischen Rates der Kirchen (ÖRK). Von den Seminarteilnehmenden wurde seine Arbeit als Vorsitzender der Kommission für Kirche und Gesellschaft sowie sein Dienst für andere ökumenische Organisationen in Erinnerung gerufen. Von 1962 bis 1975 war er Direktor des Christian Institute for the Study of Religion and Society in Bangalore und von 1990 bis 1992 Gouverneur des indischen Bundesstaates Nagaland.

Nur gerade zwei Monate vor der entscheidenden Konferenz der Vereinten Nationen über Klimaänderungen (COP 21) fand am 1. September in Paris eine internationale Konferenz zum Thema *Desinvestition aus fossilen Energieträgern* (Divestment) statt, an der Pastor Henrik Grape den Ökumenischen Rat der Kirchen (ÖRK) als Hauptredner vertrat. Die Konferenz befasste sich mit der wachsenden Bewegung, die zum Ziel hat, sich von Investitionen in fossile Brennstoffe, welche Emissionen verursachen und den Klimawandel beeinflussen, zurückzuziehen, und vielmehr in nachhaltige Energie zu investieren.

Patriarch Bartholomaios I. von Konstantinopel lud alle griechisch-orthodoxen Bischöfe, die zum Ökumenischen Patriarchat gehören, für den 1. September zu einer Synaxis (Versammlung) an seinem Sitz im Phanar von Istanbul ein. An diesem Tag begann das neue byzantinische Kirchenjahr. Gleichfalls wird zu dem Datum ein ostkirchlicher *„Tag der Umwelt"* gefeiert. Dieses Bischofstreffen diente aber auch Vorgesprächen für die kommende *„Heilige und Große Synode der Orthodoxie".* Dieses Konzil ist für den 19. Juni 2016 in Istanbuls Irenenkirche einberufen.

Die *Communauté de Taizé* feierte in der Woche vom 9. bis 16. August das 75-jährige Jubiläum ihrer Gründung durch Roger Schutz, sowie dessen 100. Geburtstag (12. Mai 1915). Außerdem jährte sich am 16. August zum zehnten Mal sein Todestag. Während der *Versammlung zu einer neuen Solidarität,* für eine Solidarität mit den Armen und Ausgegrenzten, wurde in thematischen Workshops über interreligiösen Dialog, Fragen von Migration, Ökologie, Wirtschaft, Gerechtigkeit, Politik, Gesundheit sowie Spiritualität, innerem Glaubensleben und Kunst intensiv diskutiert. Referierende von Menschenrechtsorganisationen oder aus kirchenleitenden Positionen vermittelten die Erfahrung, dass es möglich ist, mit ganz „anderen", mit fremden Menschen Begegnungen zu schaffen, zusammenzukommen über alle Grenzen von Nationalität, Konfession, Religion wie auch kriegerischen Konflikten hinweg zu der einen Menschheitsfamilie und gemeinsam verändernd einzuwirken. Das biblische Motiv der „Gastfreundschaft" sei eine Kraft, um sich Flüchtlingen gegenüber zu öffnen und sie als Menschen aufzunehmen.

Mit einer Exkursion in das Leipziger Neuseenland, einem ökumenischen Gottesdienst in der Evangelischen Stadtkirche St. Marien in Borna und einem Empfang beging die Arbeitsgemeinschaft Christlicher Kirchen in Deutschland (ACK) den diesjährigen *Tag der Schöpfung* am 4. September in Borna bei Leipzig. Er stand unter dem Motto *„Zurück ins Paradies?"*. Borna wählte die ACK als Ort, weil sich dort besonders zeige, wie eine geschundene Natur wieder verändert werden könne. Nach vielen Jahren des Braunkohletagebaus war die Landschaft um Borna durch Renaturierungsprojekte in das Naherholungsgebiet „Leipziger Neuseenland" verwandelt worden. Auf einer Exkursion vor dem Gottesdienst konnten sich rund 150 Teilnehmer von den Veränderungen überzeugen. Allerdings habe die Renaturierung auch die Grenzen des menschlich Machbaren aufgezeigt und neue Probleme geschaffen, da viele ihre Arbeitsplätze im Braunkohletagebau verloren haben. Seit dem Jahr 2010 feiert die ACK jährlich einen *Ökumenischen Tag der Schöpfung*. Er geht auf eine Anregung des damaligen Ökumenischen Patriarchen Dimitrios I. zurück, einmal im Jahr „gemeinsam zum Schöpfer zu beten". Dieser Tag wird bundesweit begangen und regt dazu an, das Lob des Schöpfers gemeinsam anzustimmen und gleichzeitig die eigenen Aufgaben für die Bewahrung der Schöpfung in den Blick zu nehmen. Vereint im Gebet werden die christlichen Kirchen überall auf der Welt wieder die ökumenische „Zeit der Schöpfung" vom 1. September bis zum 4. Oktober begehen, in diesem Jahr unterstützt von Papst Franziskus jüngster Erklärung, den 1. September zum „Weltgebetstag zur Bewahrung der Schöpfung" zu proklamieren.

Die *MEET (More Ecumenical Empowerment Together)-Jahrestagung* vom 4.–6. September in Koppelsberg/Plön veranstaltete mit dem Netzwerk Junge Ökumene der Nordkirche einen Pilgerweg am Plöner See (von Plön nach Bosau) im Rahmen des Pilgerwegs von Flensburg nach Paris vom 13. September bis 6. Dezember. Damit sollte der *Pilgerweg der Gerechtigkeit und des Friedens des Ökumenischen Rates der Kirchen* umgesetzt werden. Aus der Einladung zum Pilgerweg des Zentralausschusses wurde der Dreischritt *via positiva – via negativa – via transformativa* übernommen. Er soll zu Reflexionen zu den Themen Frieden und Krieg sowie Klimaflüchtlinge anregen und auf gemeinsame Gaben, Schmerzpunkte und Hoffnungsmomente hinweisen.

Das *Interreligiöse Friedenstreffen der Gemeinschaft Sant'Egidio in Tirana* (Albanien) vom 6. bis 8. September stand unter dem Thema *„Frieden ist immer möglich – Religionen und Kulturen im Dialog"*. Unter anderen wurden folgende Themen behandelt: *Gespaltene Welt und die Einheit der Christen; Christen und Muslime: Herausforderungen der globalen Welt; Frieden ist möglich im Irak; Die Märtyrer – das Gesicht des Christentums ändert sich; 70 Jahre nach Hiroshima: Gedenken und Zukunft; Globalisierung der Solidarität; Religionen und Gewalt; Migranten: eine globale Herausforderung*. Zum Abschluss wurde ein Friedensappell 2015 an die ganze Welt gerichtet. Die Gemeinschaft Sant'Egidio organisiert das Interreligiöse Friedenstreffen jährlich in Erinnerung an das Friedensgebet der Weltreligionen, zu dem Johannes Paul II. 1986 nach Assisi eingeladen hatte.

Während der *„Fairen Woche"* vom 11. bis 25. September forderte das *Forum Fairer Handel* mehr *Transparenz in internationalen Produktions- und Lieferketten*. In ganz Deutschland beteiligen sich an der Aktionswoche Weltläden, Schulen, kirchliche Organisationen und Umweltgruppen. Sie organisieren vielfältige Aktionen – vom fairen Frühstück bis zum Infoabend. Bauern und Handwerker aus Indien, Honduras, Ecuador und den Philippinen berichten zudem, wie sie vom fairen Handel profitieren.

Der *Deutsche Waldensertag 2015* am 13. September im hessischen Bad Homburg drehte sich um Flucht und Flüchtlinge. Das Thema *„Zuflucht in der Fremde – den Glauben bewahren"* wurde durch Referenten aus Italien und Deutschland erörtert. Der Deutsche Waldensertag findet seit mehr als 100 Jahren statt und soll die Gemeinschaft der Nachfahren der Waldenser in Deutschland sowie die Verbindung der Waldenserkolonien untereinander stärken.

Am 12. und 13. September fand der bundesweite Auftakt zum *„Ökumenischen Pilgerweg für Klimagerechtigkeit"* in Flensburg statt. Er begann mit der Begrüßung der ankommenden Pilger aus Skandinavien und wurde mit einem Symposium mit Impulsvorträgen und Workshops über Gerechtigkeitsfragen im Zusammenhang mit dem Klimawandel weitergeführt. Der Ökumenische Gottesdienst wurde in der St. Nikolaikirche gefeiert. Der internationale Pilgerweg verläuft von Flensburg über Trier nach Paris und wird ergänzt durch einen südlichen Zulauf von Ludwigshafen nach Metz. Er trifft Anfang Dezember zur *21. UN-Klimakonferenz 2015* in Paris ein.

Unter dem Motto *„Rüstungspolitik: Vernichtung von Arbeitsplätzen – Vernichtung von Menschenleben"* befasste sich die *Evangelische Arbeitsgemeinschaft für Kriegsdienstverweigerung und Frieden* (EAK) auf einem Studientag am 23. September mit Fragen zur deutschen Rüstungspolitik, dem Rüstungsstandort Kassel, aber auch Konversionsprozessen in Bremen und Württemberg. *Was fehlt den Konfessionslosen?*, fragte eine Tagung des *Sozialwissenschaftlichen Instituts der EKD* vom 28.–30. Oktober in Berlin. Etwa ein Drittel der Deutschen gilt heute als „konfessionslos". Ihr Anteil an der Bevölkerung ist dominant im Osten Deutschlands – aber ihre Zahl wächst auch im Westen. In anderen Ländern Europas, besonders deutlich in Tschechien und in den Niederlanden, sind ähnliche Entwicklungen zu beobachten. Wer sind diese Menschen? Wie leben sie? Was sind ihre Hoffnungen und Ängste – was ihre Kraftquellen? Auf der Tagung wurden erstmals Studienergebnisse eines SI-Projektes vorgestellt.

Der bundesweite Auftakt der *40. Interkulturellen Woche unter dem Motto „Vielfalt. Das Beste gegen Einfalt"* fand am 27. September in der Mainzer Staatskanzlei statt. Bundespräsident Joachim Gauck hielt zu diesem Anlass die Auftaktrede. Der ökumenische Gottesdienst im Mainzer Dom wurde vom Ratsvorsitzenden der Evangelischen Kirche in Deutschland, Landesbischof Heinrich Bedford-Strohm, dem Vorsitzenden der Deutschen Bischofskonferenz, Reinhard Kardinal Marx, sowie dem Vorsitzenden der Orthodoxen Bischofskonferenz in Deutschland, Metropolit Augoustinos von Deutschland geleitet. Die Interkulturelle Woche ist eine gemeinsame Initiative der Deutschen Bischofskonferenz, der Evangelischen Kirche in Deutschland und der Griechisch-Orthodoxen Metropolie und findet seit 1975 in mittlerweile mehr als 500 Städten und Gemeinden in ganz Deutschland statt.

Junge Lutheraner aus aller Welt haben in der *„Werkstatt Wittenberg"* für 60 Staaten *Projekte zur Gestaltung des 500. Reformationsjubiläums 2017* entwickelt. Entstanden sind insgesamt 76 verschiedene und lebendige Konzepte. Bei dem Treffen hatten 140 Lutheraner zehn Tage lang Ideen für das Reformationsjubiläum gesammelt, die sie nun in ihren Heimatländern umsetzen wollen. Die Projekte wurden zu drei Themenblöcken zusammengefasst, die mit den LWB-Leitbegriffen zum Reformationsjubiläum 2017 überschrieben waren: *Erlösung – für Geld nicht zu haben, Menschen – für Geld nicht zu haben und Schöpfung – für Geld nicht zu haben.* Allen Projekten gemeinsam ist ihre internationale Ausrichtung auf Kooperation und Vernetzung.

Ein Riss geht durch das signalrote Plakat mit dem Titel *„Grenzerfahrung"*. So lautet das Motto der *36. Ökumenischen FriedensDekade* vom 8. bis 18. November. Immer mehr Menschen sind angesichts von Krieg, Gewalt und Verfolgung in ihren Heimatländern zur Flucht gezwungen. Dabei machen sie unterschiedliche „Grenzerfahrungen". Die Grenzen bleiben vielen verschlossen, viele kommen auf den langen Wegen der Flucht an ihre eigenen körperlichen und seelischen Grenzen, und täglich sterben Menschen auf der Flucht. „Grenzerfahrung" kennzeichnet das Leben der vielen Millionen Menschen auf der Flucht. Sie geht wie der Riss auf dem Mottoplakat durch ihr Leben. Materialien können bestellt werden unter www.friedensdekade.de. Wie auch in den früheren Jahren bezieht sich die FriedensDekade auf *zwei biblische Texte.* Der erste ist das *Gebet,* das der Prophet *Jona* im Bauch des Fisches spricht (Jona 2,3–10). Der Auftrag, den Jona in Gottes Namen an die Stadt Ninive richten soll, bedeutet für ihn eine harte Grenzerfahrung. Der zweite Text ist die *Erzählung vom barmherzigen Samariter* (Lukas 10,25–37). Darin überschreitet der Samariter die unsichtbar zwischen Juden und Samaritanern gezogene Grenze und kommt dem unter die Räuber gefallenen Juden zu Hilfe.

Unter dem Motto *„Berufen, die großen Taten des Herrn zu verkünden"* (1 Petrus 2,9) aus dem ersten Petrusbrief bereiteten Christen aus Lettland die Texte für die *Gebetswoche für die Einheit der Christen* im Jahr 2016 vor. Traditionell findet die Gebetswoche vom 18. bis 25. Januar zwischen den Gedenktagen für das Bekenntnis des Apostels Petrus und die Bekehrung des Apostels Paulus statt. Da der Januar auf der Südhalbkugel Ferienzeit ist, feiern die Kirchen dort die Gebetswoche zu einem anderen Zeitpunkt, zum Beispiel zu Pfingsten, das ebenfalls ein symbolisches Datum für die Einheit ist. Für folgende Projekte wird um Spenden gebeten: *Projekt 1:* (Vorschlag der Arbeitsgemeinschaft christlicher Kirchen in der Schweiz) Bangladesch – Arbeiterinnen in der Bekleidungsindustrie schützen; *Projekt 2:* (Vorschlag Evangelisches Werk für Diakonie und Entwicklung – Brot für die Welt) Guatemala – Unterstützung von Kleinbauern in trockenen Regionen; *Projekt 3:* (Vorschlag des Deutschen Caritasverbandes) Irak – Hilfe für verfolgte Familien.

Porträtbilder von Menschen in verschiedenen Lebensaltern stehen im Zentrum der Werbekampagne zum *100. Katholikentag,* der vom 25. bis 29. Mai 2016 in Leipzig stattfindet. Die Motive greifen das Leitwort *„Seht, da ist der Mensch"* auf. „Die Frage ist: Was haben wir in der heutigen modernen Welt für ein Bild vom Menschen – und wie verhalten wir uns als Christen dazu", erläuterte der Präsident des Zentralkomitees der deutschen Katholiken (ZdK), Alois Glück, bei der Präsentation. Er hatte dabei auch den Dialog mit Nichtglaubenden im Blick. Als Herausforderungen nannte er die technologisch-medizinischen Entwicklungen, die Globalisierung, Flüchtlingsströme, Terrorismus, Big Data und den Klimawandel.

Von Personen

Gennadios von Sassima vom Ökumenischen Patriarchat von Konstantinopel, *William Henn* von der römisch-katholischen Kirche, *Morag Logan* von der Unionskirche in Australien, *Makhosazana K. Nzimande* von der Anglikanischen Kirche des südlichen Afrika und *Hermen Shastri* von der Methodistischen Kirche in Malaysia sind auf der Tagung von Glauben und Kirchenverfassung (17.–24. Juni) zu stellvertretenden Vorsitzenden gewählt worden. Sie unterstützen die Arbeit der Vorsitzenden der Kommmission, *Susan Durber* von der Vereinigten Reformierten Kirche des Vereinigten Königreichs.

Hovakim Manukyan (Vardkes) wurde zum Primas der armenischen Kirchen des Vereinigten Königreichs und Irland von Seiner Heiligkeit Karekin II., Katholikos und Oberster Patriarch aller Armenier, ernannt.

Gottfried Locher, Präsident des Schweizerischen Evangelischen Kirchenbundes (SEK), ist neuer Vorsitzender des Schweizerischen Rates der Religionen. Er folgt auf den im Mai verstorbenen *Hisham Maizar.* Als stellvertretender Vorsitzender wurde *Montassar Ben Mrad* von der Föderation islamischer Dachorganisationen gewählt. Der (2006) gegründete Schweizerische Rat der Religionen engagiert sich für den religiösen Frieden in der Schweiz

und unterstützt den Dialog zwischen den Religionsgemeinschaften.

Friedrich Hauschildt, seit 2000 Leiter des Amtes der Vereinigten Evangelisch-Lutherischen Kirche Deutschlands (VELKD) und seit 2007 zugleich Vizepräsident des Kirchenamts der EKD in Hannover, ist in den Ruhestand verabschiedet worden. Bei der EKD leitete er die Hauptabteilung „Öffentliche Verantwortung". Der Leitende Bischof der VELKD, Landesbischof Gerhard Ulrich (Schwerin), würdigte Hauschildt als „großen Theologen, der alle Oberflächlichkeit und Schnelligkeit der Gedanken verabscheut".

Mike Malke, Unternehmer und Mitglied der Syrisch-Orthodoxen Kirche, ist neuer Vorsitzender des 2013 gegründeten Zentralrats der Orientalischen Christen in Deutschland. Zum Stellvertreter wurde der Diplom-Informatiker *Christos Marazidis* von der Griechisch-Orthodoxen Kirche gewählt.

Carsten Rentzing wurde mit einem Gottesdienst in der Dresdener Kreuzkirche am 29. August als neuer Landesbischof der Evangelisch-Lutherischen Landeskirche Sachsens in sein Amt eingeführt. Zuvor wurde sein Amtsvorgänger *Jochen Bohl* verabschiedet.

Milton Mejía wurde am 27. Juli zum Generalsekretär des Lateinamerikanischen Rates der Kirchen (CLAI) gewählt. Er ist Mitglied der Presbyterianischen Kirche von Kolumbien, die Mitglied in der Weltgemeinschaft der Reformierten Kirchen (WCRC) ist.

Es vollendete

das 75. Lebensjahr:

Hans Christian Knuth, langjähriger Bischof der Nordelbischen Evangelisch-Lutherischen Kirche und Leitender Bischof der VELKD, am 6. September.

Verstorben sind:

Eduard Lohse, ehemaliger Landesbischof der Hannoverschen Landeskirche und Vorsitzender des Rates der EKD, im Alter von 91 Jahren, am 23. Juni;

Nerses Bedros XIX. Tarmouni, Patriarch des armenisch-katholischen Patriarchats von Kilikien, im Alter von 75 Jahren, am 25. Juni;

Tony Waworuntu von der Protestantischen Kirche in West-Indonesien, früherer Exekutivsekretär der Asiatischen Christlichen Konferenzen (CCA), Mitglied der ÖRK-Kommission für Internationale Angelegenheiten (1999–2006) und Mitglied des Zentralausschusses des ÖRK, im Alter von 63 Jahren, am 16. August;

Rudolf Meiser, früherer Regionalbischof im Kirchenkreis Ansbach, der 35 Jahre lang die Arbeit der überregional engagierten Diakonie Neuendettelsau maßgeblich bestimmte, im Alter von 95 Jahren, am 2. September;

Theodor Ahrens, von 1987 bis 2005 Professor für Missionswissenschaften und ökumenische Beziehungen der Kirchen im Fachbereich Evangelische Theologie an der Universität Hamburg, Vorsitzender des Vorstands der Missionsakademie und Mitglied der Theologischen Kommission des Evangelischen Missionswerks Deutschland, im Alter von 75 Jahren, am 16. September.

Zeitschriften und Dokumentationen

I. Aus der Ökumene

Kurt Kardinal Koch, Einführung in die Ablasstheologie. Für eine neue ökumenische Verständigung über den Ablass, KNA-ÖKI 29/15, Dokumentation I–VIII;
Kurt Kardinal Koch, Auf dem Weg zur Kirchengemeinschaft. Welche Chance hat eine gemeinsame Erklärung zu Kirche, Eucharistie und Amt, Catholica 2/15, 77–94;
Matthias Türk, Der Päpstliche Rat zur Förderung der Einheit der Christen im Jahre 2014, ebd., 95–111;
Hans-Georg Link, Für ein „Jahr der Versöhnung". Ein Vorschlag des Altenberger Ökumenischen Gesprächskreises für 2017, KNA-ÖKI 25/15, Thema der Woche, I–XI;
Heinz Gstrein, Notlösung und Ökumene-Modell. Neue Initiative im Bemühen um ostsyrische Kirchen-Einheit, ebd. 28/15, 3–4.

II. Orthodoxie

Nikolaj Thon, Keine radikalen Veränderungen. Metropolit Hilarion zum kommenden Panorthodoxen Konzil, KNA-ÖKI 30–31/15, 9–10;
Heinz Gstrein, „Begegnung der Hoffnung". Synaxis legt Bekenntnis zum Dialog vor orthodoxem Konzil ab, ebd. 37/15, 13;
Joseph Famerée, Du neuf dans les relations de l'Église orthodoxe avec les autres chrétiens, Revue théologique de Louvain 2/15, 248–255;
Serge Model, Un „phénomène" dans l'Église russe au XXe siècle: le père Alexandre Men' (1935–1990), Irénikon 1/15, 5–31;
Anca Manolescu, La paix chrétienne comme dialogue: le père André Scrima, ebd., 33–42;
Oliver Hinz, Fusionsplan sorgt für Ärger. Ukrainische Kirche protestiert gegen Patriarchat von Konstantinopel, KNA-ÖKI 28/15, 5–6;
Oliver Hinz, Orthodoxe Kirchen in der Ukraine überwerfen sich, ebd. 29/15, 7–8;
Heinz Gstrein, Vor der Kulturrevolution? Griechenlands Orthodoxie im Visier der Linksregierung, ebd., 9–10.

III. Interreligiosität und Interkulturalität

Michael Kißkalt, Interkulturelle Sensibilität lernen. Eine besondere Aufgabe für Kirchen und Gemeinden, ThGespr 3/15, 126–135;
Thomas Klammt, „Fünf Sprachen der Liebe im Umgang mit Fremden." Ein kleiner Sprachkurs mit persönlichen Anmerkungen zum Thema Migration und Integration, ebd., 136–143;
Jacques Scheuer, À 50 ans de Nostra Aetate. Dialogue interreligieux et théologie des religions, Re-

vue théologique de Louvain 2/15, 153–177;

Andreas Gorzewski, Muslime oder was? Die Aleviten: in der Türkei diskriminiert, in Deutschland gefördert, Zeitzeichen 7/15, 12–14;

Thomas Söding, Das Refugium des Messias. Die Flucht der Heiligen Familie nach Ägypten, IKaZ 4/15, 343–354;

Hans Maier, Vertreibung und Versöhnung. Politische Erfahrungen und ethische Erwägungen, IKaZ 4/15; 374–388.

IV. Reformationsjubiläum

Wolfgang Klausnitzer, 2017 für Katholiken? Reformationsjubiläum, Reformationsgedenken oder Christusfeier?, KNA-ÖKI 30–31/15, Thema der Woche I–VIII;

Volker Leppin, 2017 – ökumenische Chance oder Desaster? Zu Dokumenten kirchlicher und ökumenischer Gremien im Vorfeld des Reformationsjubiläums, Catholica 2/15, 112–127.

V. Dokumentationen

Themenheft *„Reformation und die Eine Welt",* herausgegeben von der Evangelischen Kirche in Deutschland (EKD). Das 100 Seiten umfassende Magazin soll auf das abschließende Jahr 2016 der Reformationsdekade einstimmen. Das Jahr wird am 31. Oktober in Straßburg eröffnet. Das Magazin beleuchtet unter den Leitworten „One Word",

„One World", „One Work" in mehr als 50 Beiträgen unterschiedliche Aspekte wie die Vielfalt reformatorischer Kirchen und die Rolle der Bibel in unterschiedlichen Kontexten. Siehe auch www.reformation-und-die-eine-welt.de.

Unter dem Titel *„Du sollst dir kein Bild machen – durch sein Bild bekennen wir die Erlösung"* haben die drei Landeskirchen in Westfalen, Lippe und Rheinland sowie die Orthodoxe Kirche in Deutschland eine gemeinsame Arbeitshilfe zum Themenjahr „Bild und Bibel" der Reformationsdekade vorgelegt. Download unter www.ekir.de.

Der *Sonn- und Feiertagskalender 2015/2016* der Liturgischen Konferenz ist bereits erschienen unter dem Titel „Das Kirchenjahr – Evangelischer Sonn- und Feiertagskalender" und kann bestellt werden unter liturgischer-kalender@ekd.de. Der Kalender macht verlässliche Angaben zur Gestaltung des Evangelischen Kirchenjahrs im Gottesdienst.

„Was hindert's, dass ich mich taufen lasse?" (Apg 8,36). Taufpastoral aus Sicht der multilateralen Ökumene, Dokumentation eines Studientages der Arbeitsgemeinschaft Christlicher Kirchen in Deutschland (ACK), zu bestellen unter http://shop.oekumene-ack.de/ zum Preis von 2,50 EUR.

Neue Bücher

PAULUS NEU GELESEN

Norbert Baumert/Maria-Irma See-wann, Was Christen glauben. In der Gegenwart des Herrn. Übersetzung und Auslegung des ersten und zweiten Briefes an die Thessalonicher. Echter Verlag, Würzburg 2014. 335 Seiten. Kt. EUR 19,90.

Diese Auslegung der Thessalonicherbriefe ist der fünfte Band in der Reihe „Paulus neu gelesen" mit Kommentaren von N. Baumert zu den Paulusbriefen. Das „neu gelesen" ist ziemlich wörtlich zu verstehen, denn Baumert und seine Schüler aus dem „Frankfurter Pauluskreis" schlagen aufgrund von intensiven Forschungen zu paulinischen Schlüsselbegriffen oft sehr unkonventionelle Lesungen bzw. Übersetzungen vor. Der markanteste Vorschlag ist zweifellos, dass das griechische *pistis/pisteuein* immer mit Trauen statt mit *Glauben* wiedergegeben wird.

Diese Linie wird auch in diesem Kommentar durchgehalten. Aufgrund von Forschungen der Mitautorin Maria-Irma Seewann kommt es zu einer völligen Neudeutung der Grundaussagen der beiden Briefe. Der Begriff der *Parusie* in 1 Thess 4,15 spricht nach ihnen nicht von der endzeitlichen *Ankunft,* bzw. *Wiederkunft* Jesu, sondern von seiner lebendigen *Gegenwart.* Deshalb dient der ganze Abschnitt nicht der eschatologischen Belehrung der Gemeinde, sondern der Vergewisserung der Gegenwart des erhöhten Herrn. Auch die Wendung *Tag des Herrn* in 2 Thess 2,2 ist keineswegs *terminus technicus* für das Kommen Jesu bzw. Gottes zum Endgericht, sondern ist auf dem Hintergrund alt- und neutestamentlicher Belege auf deren gegenwärtiges Eingreifen in die Geschichte zu beziehen. Daher ist 2 Thess 2,1–12 nicht als Belehrung über die Geschehnisse vor der Wiederkunft Jesu zu lesen, sondern als eine aktuelle Auseinandersetzung mit Problemen und schwierigen Personen in der Gemeinde in Thessalonich. Das erlaubt den Autoren dann auch, nachdrücklich für die Echtheit dieses Briefes zu plädieren.

Ökumenisch ist von Interesse, dass die Autoren die Überzeugung vertreten, dass Paulus in 1 Thess 2,14–16 kein Pauschalurteil über das jüdische Volk fällen will, sondern dass es um eine (innerjüdische) Auseinandersetzung mit einer begrenzten Gruppe geht, die Paulus an der Missionsarbeit unter den Nichtjuden hindern will. Nun ist zweifellos richtig, dass das eigentliche Anliegen des Paulus an dieser Stelle ist, die Thessalonicher in der Auseinandersetzung mit ihren (heidnischen) Mitbürgern zu stärken. Aber Paulus drückt sich leider bei seinem Verweis auf das negative Beispiel „der Juden" doch sehr pauschal aus!

Die Auseinandersetzung mit dieser Auslegung der Briefe kann nicht in einer knappen Rezension geführt werden. Man wird die Argumente der Autoren sorgfältig prüfen müssen. Allerdings scheinen sie das, was der aktuelle Kontext der jeweiligen Begriffe in den Briefen sagt, gegenüber dem, was ihre Wortstudien erbracht zu haben scheinen, deutlich zu unterschätzen und sind in Gefahr, die Aussagen des Textes an diese neue Erkenntnis anzugleichen. Doch bleibt das ganze Projekt eine Herausforderung für die traditionelle Paulusexegese.

Walter Klaiber

GOTT UND GÖTTER IN DEN WELTRELIGIONEN

Markus Mühling (Hg.), Gott und Götter in den Weltreligionen – Christentum, Judentum, Islam, Hinduismus, Konfuzianismus, Buddhismus, Grundwissen Christentum Bd. 5, Vandenhoeck & Ruprecht, Göttingen 2014. 288 Seiten. Kt. EUR 34,99.

In der Reihe Grundwissen Christentum, die ebenfalls von Markus Mühling herausgegeben wird, liegt mit dieser Aufsatzsammlung ein Band zu den Weltreligionen vor.

Acht Autoren beleuchten auf sehr unterschiedliche Weise die Gottesvorstellungen einer bestimmten Weltreligion. Auffallend und kritisch zu hinterfragen ist die sehr heterogene Auswahl der Beitragenden.

David Krochmalnik stellt als Jude die Gottesvorstellung im Judentum vor – übrigens in erfrischend heiterem und authentischem Ton. Klaus von Stosch – Professor für Katholische Theologie – zeichnet die Vorstellung von Allah in zwei Strängen muslimischer Theologie nach. Perry Schmidt-Leukel ebenfalls aus der Perspektive des christlichen Theologen – auch wenn er selber eine radikal pluralistische Theologie der Religionen vertritt, wird nicht leugnen können, dass die eigene Religionszugehörigkeit die Darstellung beeinflusst – stellt materialreich und dadurch ein wenig unübersichtlich das Pantheon des Hinduismus und die damit verbundenen Religionsphilosophien vor. Christian Meyer, Sinologe und evangelischer Theologe, stellt sich dem Problem des Gottesbegriffs im Konfuzianismus und beleuchtet dieses auch auf dem Hintergrund der Missionsgeschichte Chinas, in der die Frage virulent war, wie man „Gott" in die chinesische Sprache und Gedankenwelt übersetzt. Lai Pan-chiu, christlicher Theologe aus Hong Kong, ist der einzige Autor mit einem nicht westlichen, kulturellen, persönlichen Hintergrund. Auch das kann für die

Betrachtung des Gegenstands nicht irrelevant sein. Er bietet einen historischen Abriss zur Frage nach Gott bzw. einer letztgültigen Realität im Buddhismus. Nur Hans Waldenfels, der einen Beitrag zum Zen-Buddhismus liefert, reflektiert die Schwierigkeit des Unternehmens, wenn er schreibt: „ Denn ehe wir das Fremde wahrgenommen haben, haben wir bereits unsere eigene Brille aufgesetzt, so dass wir das Andere, wenn auch unbewusst und keineswegs in böser Absicht, in unsere eigenen Kategorien einzupassen versuchen" (254). Dass die Autoren dieses Bandes ausschließlich Männer sind, fällt ebenfalls auf.

Die Tatsache, dass die Gotteslehre im Christentum – bearbeitet von Donald Wood und David A. Gilland – in einer ununterscheidbaren Reihe mit den anderen Religionen steht, wirkt irritierend. Es wird damit der Anschein erweckt, dieses Buch sei eine universale Darstellung, in dem einzelne (aus pragmatischen Gründen ausgewählte, vgl. 10) Weltreligionen aus einer Vogelperspektive vorgestellt würden. Erstens würde der Herausgeber sicherlich zustimmen, dass es eine solche Vogelperspektive gar nicht gibt und zweitens sind die meisten Beiträge von christlichen Autoren, also aus einer Außerperspektive geschrieben. Die Annahme, dass es keinen Unterschied mache, wenn christliche Theologen ihre eigene oder eine fremde Religion vorstellen, würde auch Markus Mühling nicht

behaupten. Deshalb gehört das erste Kapitel zur christlichen Gottesvorstellung an einen anderen Ort, zumal die christliche Gotteslehre hier „in der Welt der Religionen", also in ihrer Beziehung zu einer Theologie der Religionen, vorgestellt wird, was bei den anderen Aufsätzen nicht der Fall ist.

Würde dieses Buch sich als lose Sammlung unterschiedlicher Stimmen zu Gott und Göttern in den Religionen verstehen, wäre die Diversität der Beiträge nicht so gravierend. Für ein Lehrbuch, von dem eine gewisse Konsistenz erwartet werden muss und bei dem auch aus der Zusammenstellung der Beiträge ein gemeinsames Grundverständnis von einer Theologie der Religionen ersichtlich werden muss, würde man eher erwarten, dass die Zuordnung von Autor und Thema gleichförmig gestaltet wird. Es gibt in diesem Band hervorragende Untersuchungen, die für sich genommen wertvolle Beiträge für die religionswissenschaftliche Debatte darstellen, im Gesamtzusammenhang dieses Buches steht ihre Qualität unter dem Schatten der fehlenden Gesamtkonzeption.

Schließlich ist ein Blick in die Einleitung des Herausgebers interessant. Religion wird verstanden als „diejenigen handlungsleitenden Gewissheiten von Personen (…), die nicht empirisch getestet werden können" (8). Mühling stellt auf dem Hintergrund dieser Definition elf Modelle zum Verständnis der Beziehung der Religionen zueinander dar. Die ersten fünf bezeichnet er als „Ästhetischen Relativismus", „Absolutistischen Fundamentalismus", „Absolutistischen Skeptizismus", „Epistemischen Relativismus" und „Ontologischen Relativismus". Alle fünf seien abzulehnen, weil sie logisch inkonsistent seien. Es folgen fünf konsensorientierte Modelle, die das Miteinander und das Gemeinsame der Religionen in einem „Erfahrungskonsens", in einem „monistischen, scheinbar pluralistischen Konsens", in einem „ethikmonistischen Konsens", einem „soteriologischen Konsens", und dem „Zielkonsens" sehen. Alle fünf sind für Mühling widersprüchlich, unkritisch oder nicht belegbar und damit theologisch nicht haltbar. Seine Antwort findet Mühling in der „Pluralistischen Toleranz", die überzeugt ist, „dass auch der Andere in seiner Andersheit für die eigene Identität relevant ist" (21), wobei das „gemeinsame Sprechen über die jeweilige religiöse Überzeugungsgrundlage (…) nicht den eigenen Standpunkt verleugnen" darf (22). Was das Neue an diesem Modell ist und ob damit die Frage der Theologie der Religionen ein Stück weiterkommt oder ob dieses Modell nicht an der Tatsache scheitert, dass Religion selber einen Hang zur Intoleranz hat, man ihr aufgrund dessen nicht den Status einer Religion absprechen kann, sind zumindestens Fragen, die ein interessantes Gespräch über dieses Buch erwarten lassen.

„Ob und in welcher Form (…) Toleranzprinzipien in den einzelnen Religionen vorliegen, hängt (…) vom Gottesverständnis ab" (23). In den Angeln dieser Feststellung hängt das gesamte Projekt: Man fragt sich allerdings bei der Lektüre, ob die Autoren der einzelnen Beiträge sich dessen bewusst waren.

Uta Andrée

DIE TAUFE

Christian Grethlein, Taufpraxis in Geschichte, Gegenwart und Zukunft. Evangelische Verlagsanstalt, Leipzig 2014. 204 Seiten. Pb. EUR 38,–.

Mit seinem Buch widmet sich der Autor einem Kernthema seiner pastoraltheologischen Arbeit. Er sieht darin „das Ergebnis eines Weges, den ich in den letzten 30 Jahren im Bereich universitärer Praktischer Theologie zurücklegte" (5). Sein Anliegen ist, im Kontext aktueller Umbrüche die Taufpraxis innerhalb der evangelischen Landeskirchen „konzeptionell so bestimmen, dass sie die Kommunikation des Evangeliums fördert" (11). Mit dieser im Vorwort anklingenden intentionalen Wesensbestimmung der Taufe (Evangelium vermittelndes Kommunikationsgeschehen) wird der leitende Fokus der vielfältigen historischen, empirischen und theologischen Analysen und Überlegungen benannt.

In drei Kapitel sind die Ausführungen gegliedert. Auf einen kirchengeschichtlichen Rückblick (Kap I, 11–84) folgen eine Darstellung gegenwärtiger Taufpraxis (Kap II, 85–156) und abschließend einige zukunftsgerichtete handlungsorientierte Impulse (Kap III, 157–196). Der einführende Rückblick auf die Taufpraxis zeigt deren Kontinuität und Wandel auf. Dabei steht die Beeinflussung durch unterschiedliche, sich überlagernde Kontexte und Diskurse im Blickpunkt (Kirche, Politik, Magie, bürgerliche Moral u. a.), die nach G. auf das Verständnis und die rituelle Ausprägung der Taufe einwirkten. Schon in der vorkonstantinischen Kirche entwickelt sich die Taufe von einem inklusiven Symbol der Christusnachfolge, verstanden als Bestandteil eines Gesamtprozesses des christlichen Lebens mit pädagogischer Einbettung (Taufkatechumenat), zunehmend zu einem Eintrittsakt in eine hierarchisch strukturierte, auf Rechtgläubigkeit achtende Kirche. Diese Tendenz zur Verkirchlichung und Verrechtlichung mit ihren reglementierenden und exkludierenden Wirkungen setzt sich im Kontext der Staatskirche und der Durchsetzung der Kindertaufe als selbstverständlicher und normativer Regeltaufe weiter fort (38). Mit der Aufspaltung von Taufe und Firmung vollzieht sich darüber hinaus eine pneumatologische Ausdünnung und ein rapider Bedeutungsverlust. Die scholastische Theologie des Mittelalters trägt mit ihrer kognitiv-rationalisierten Sakramentstheologie zu einer weitreichenden Formalisierung und Klerikalisierung bei. Die ursprünglich kommunikative interaktive Handlung zwischen Täufer und Täufling wird zu einem einseitigen klerikalen Rechtsakt (44) und gewinnt im Zuge der imperial betriebenen Christianisierung (Germanenmission) einen zunehmend unterwerfenden Macht- und Zwangscharakter. In der sakramentalen Praxis rückt überwiegend die Buße in den Mittelpunkt. Die Taufe wird demgegenüber zu einem eher marginalen, punktuellen Rechtsvorgang am Beginn des Lebens. Ein Vorgang, der durch die Abspaltung der Kommunion noch verstärkt wird. Neben den kirchlich-sakramentalen Denkmustern zeigen sich in der Volksfrömmigkeit jedoch zugleich eigengefärbte magische Vorstellungen, die den biblischen Grundimpuls der Christusnachfolge auf ihre Weise überlagern (Diskurse Reinheit und Dämonenabwehr, 56–57).

Die Reformatoren heben nachdrücklich die theologische Zentralbedeutung der Taufe, ihren Prozesscharakter und ihre lebenslange Bedeutung hervor (Luther). Mit der Zuordnung von Glaube und Taufe scheint der kommunikative Grundcharakter neu auf. Die dezidierte theologische Neugewichtung der Taufe ist allerdings kaum mit rituellen Neuerungen verbunden. Der Vollzug bleibt weitgehend den tradi-

614 | tionellen Elementen verhaftet. Das Sakrament der Taufe wird auf seine Bedeutung als „leibliches Wort" (Luther) reduziert. Die spezifische Zeichenfülle wird nicht stärker aufgegriffen und zur Entfaltung gebracht (61). Pietismus und Aufklärung rücken mit jeweils unterschiedlichen Akzenten die Konfirmation und ihre pädagogischen Anliegen in den Mittelpunkt (68 f). Mit der allmählichen Durchsetzung der Glaubens- und Gewissensfreiheit wird sowohl ein gesetzlich geregelter Kirchenaustritt möglich wie auch eine rechtliche Befreiung vom obrigkeitlichen Taufzwang (71–73). Kontroversen um die Kindertaufe (Schleiermacher, Barth), die Wiederentdeckung altkirchlicher Traditionen (Osternacht, Erwachsenenkatechumenat) sowie eine durch ökumenische Diskussionen (Lima-Papier) wie auch durch gesellschaftliche Umbrüche (Säkularisierung, Entkirchlichung) hervorgerufene Neubetonung der pädagogischen Dimension der Taufpraxis (Taufvorbereitung, Taufunterweisung) tragen in unterschiedlicher Weise zu einer Belebung und Dynamisierung der Praxisformen bei.

Im zweiten Kapitel beleuchtet der Autor die gegenwärtige Taufpraxis. Diese Darstellung fächert sich auf in eine empirische, kirchenamtliche, komparativ-ökumenische wie auch praxismodellbezogene Bestandsaufnahme. Statistisch sind ein deutlicher Rückgang der Taufzahlen und damit der Selbstverständlich-

keit der Kindertaufe festzustellen. Abbrüche zeigen sich u. a. bei der Gruppe der unverheirateten evangelischen Mütter, worin G. eine Nachwirkung kirchlicher Diskriminierungen sieht. Diesem Negativtrend stehen Zeugnisse von Eltern in schwierigen Lebenssituationen gegenüber, die gerade den inkludierenden Charakter der Taufe betonen (106 f). Motive und biografische Anlässe zur Taufe variieren insgesamt sehr stark. Dies zeigt sich nicht nur bei den Erwachsenentaufen, sondern auch bei Befragungen von konfessionslosen Eltern, die trotz Distanzen zur Institution Kirche den Ritus Taufe häufig positiv beurteilen.

Taufe und Kirchengliedschaft entwickeln sich zunehmend von einer gesellschaftlichen Regelkonvention zu einer individuellen Option. Durch erhöhte Kirchenaustritte kommt es zu einem vermehrten Auseinanderklaffen von Getauftsein und Kirchenzugehörigkeit. Eine Entwicklung, die im Rahmen des Kirchenrechts noch keine ausreichende Beachtung gefunden hat. Kirchenamtliche Texte und kirchenarbeitsrechtliche Bestimmungen sind überwiegend institutionell und dogmatisch orientiert. Vielfach sind sie dem konditionierenden, Kirchengliedschaft begründenden Aspekt der Taufe verhaftet (109–113). In manchen Agenden und kirchlichen Verlautbarungen zeigt sich zwar schon eine gewisse Öffnung gegenüber den gewandelten

Verhältnissen und Herausforderungen. Hier werden Ansätze von Differenzierungen erkennbar (z. B. bezüglich einer bleibenden Bedeutung der Taufe trotz Kirchenaustritt). Mit der vielfach vorherrschenden Fixierung auf das Muster der Kongruenz von Taufe und Kirchengliedschaft wird jedoch den Veränderungen zu wenig Rechnung getragen. Eine vornehmlich institutionelle Sicht verliert aber die kommunikative Dimension der Taufe mit ihrem Anschlusspotential an lebensweltliche Bezüge.

Die ökumenische Perspektive greift auf die Konvergenzen der Lima-Erklärung und die Neuansätze im Rahmen des mehrstufigen römisch-katholischen Erwachsenenkatechumenats zurück. Daneben werden markante Merkmale der methodistischen, baptistischen, orthodoxen und pfingstkirchlichen Tauftradition sowie die Anliegen einiger taufloser bzw. taufrelativierender christlicher Strömungen angeführt. Mit ihren jeweiligen Akzentuierungen und Anfragen stellen sie ökumenische Impulse zur Erneuerung der eigenen landeskirchlichen Taufpraxis dar. Beispielhaft hebt G. die differenzierte Verhältnisbestimmung von Taufe und Kirchengliedschaft in der methodistischen Kirche hervor. Sie könnte s. E. aus manchen der kirchenrechtlichen Dilemmata herausführen (135). Kreatives Gestaltungspotential enthalten auch einige neue exemplarische Praxismodelle, auf die G. abschließend eingeht (tauforientierter Gemeindeaufbau, tauferinnernde Kasualpraxis, Erwachsenenkatechumenat, Tauffeste, 141– 153).

Das dritte Kapitel entfaltet einige bündelnde zukunftweisende Folgerungen und Überlegungen des Autors. Dabei wird noch einmal auf die „Probleme eines exklusiven Bezugs auf Kirche" verwiesen. Die Kirchengemeinde droht „an die Stelle der Nachfolge Jesu Christi zu treten" (164). Die Verkopplung von Taufe und institutioneller Kirche ist für G. weder mit den vielfältigen Sozialformen der *ekklesia* im NT vereinbar noch wird damit der inklusiven Zielrichtung des Evangeliums entsprochen. Ausgrenzende kirchenrechtliche Regelungen (z. B. bei den Bestimmungen zum Patenamt) verdunkeln diese eher. Die „Kommunikation des Evangeliums" ist als „konzeptioneller Rahmen" der Taufe zu betrachten. Was G. darunter versteht, verdeutlicht und entfaltet er, indem er einerseits im Rückgriff auf zentrale kommunikationstheoretische Grundaspekte einige Dimensionen und Modi der Kommunikation in Bezug auf die Taufe beschreibt und andererseits deren inhaltliche Bestimmung durch das Evangelium, wie es in der Verkündigung und dem Handeln Jesu greifbar wird, konturiert (165–182). Daraus resultierende Schlussfolgerungen werden anschließend in ihrer mehrdimensionalen Dimension (pädagogisch, li-

616 turgisch und diakonisch) und in kritischer Auseinandersetzung mit der kirchlichen Taufpraxis entfaltet. Der Vorrang des Habitus des Empfangens relativiert alles menschliche Handeln. Daraus resultiert ein Vorbehalt gegen alle „üblichen organisationsbezogenen Bemühungen", die Kommunikation des Evangeliums als das Proprium kirchlicher Arbeit ist eine „ergebnisoffene Kommunikation" (180). Engführungen durch eine Dominanz des Gemeindebezugs wie auch durch Milieubindungen verzerren dieses kommunikative Potential der Taufe. Einer überwiegend organisatorisch bestimmten Sichtweise setzt G. eine inhaltliche entgegen. „Es geht um eine Taufpraxis, die Menschen die Möglichkeit eines Lebens in der Nachfolge des von Johannes getauften Jesus erschließt bzw. sie hierin bestärkt" (192 f). Diese „Umstellung der Logik kirchlichen Handelns", von einer Engführung der Taufe auf einen singulären rituellen Vollzug hin zu einem Konzept der Kommunikation des Evangeliums impliziert eine Neuausrichtung kirchlicher Arbeit. Die Konzentration auf die Taufpraxis knüpft dabei an die empirisch festzustellende Wertschätzung der Taufe an. Zugleich greift sie das kommunikative Potential der Taufe auf, das durch ihre Sinnlichkeit und Zeichenhaftigkeit über den kognitiven Bereich hinausweist. In einer individuellen, Biografie bezogenen lebensweltlichen Ausrichtung kann dieses sowohl bei der Taufvorbereitung als

auch der Tauferinnerung gestaltend umgesetzt werden. „Diese Anlage auf eine Biografie bezogene Deutung hin entspricht der in Röm 6, Luthers Tauftheologie und der Lima-Erklärung zentralen Einsicht in den prozesshaften, das ganze Leben über den biologischen Tod hinaus umfassenden Charakter von Taufe" (193). In den liturgischen, diakonischen und pädagogischen Kommunikationsmodi gilt es, lebendige Ausdrucksformen dafür zu finden. Diese inhaltliche Zentrierung auf die Taufpraxis stellt für G. eine zukunftsweisende Alternative zu den „bisherigen, primär organisatorisch ausgerichteten Reformanstrengungen der Kirchenämter" dar. „Überkommene rechtliche und organisatorische Regelungen, die sich an amtlich-staatlichen Modellen orientieren", sollten einer „neuen Offenheit für und Konzentrationen auf tatsächliche Kommunikationen weichen" (196).

Das Buch ist ein engagiertes zur Diskussion anregendes Plädoyer für eine Neubesinnung auf die kommunikative und inklusive Intentionalität der Taufe und für eine sich daraus ergebende kritische Reflexion kirchlicher Praxis und Reformansätze. Es bietet nicht nur konfessionsbezogene, sondern auch vielfache ökumenische Anstöße. Gelegentlich stellt sich die Frage, ob Alternativsetzungen (Taufe: Evangelium oder Kirche/Gemeinde gebunden) nicht überstrapaziert werden. Die Konturierung, die mit der Anbindung an die Christusnachfolge verknüpft ist, steht mitunter in der Gefahr, durch eine affirmative Interpretation kirchendistanzierter „undogmatischer" Frömmigkeit etwas undeutlich zu werden. Der Hinweis auf die methodistische Unterscheidung von Taufe und Kirchengliedschaft beachtet m. E. zu wenig, dass das Anliegen nicht in einer Relativierung der Kirchenzugehörigkeit, sondern in der Intentionalität einer vollen, bejahten Kirchengliedschaft liegt.

Diese Anmerkungen wollen das Herausfordernde des Buches keineswegs schmälern, sondern eher bekräftigen, lädt es doch zum Mit- und Weiterdenken ein. Eine lesenswerte und scharfsinnige Arbeit, die einen gewichtigen und kenntnisreichen Beitrag zur gegenwärtigen Taufdiskussion darstellt.

Klaus Peter Voß

BEDEUTUNG DER TRINITÄTSLEHRE

Matthias Haudel, Gotteslehre. Die Bedeutung der Trinitätslehre für Theologie, Kirche und Welt. Vandenhoeck & Ruprecht, Göttingen 2015. 333 Seiten. Kt. EUR 19,99.

Nicht nur gegenüber Judentum und Islam, auch in den eigenen Reihen fiel und fällt es dem Christentum häufig schwer, die Bedeutung des altkirchlichen Trinitätsdogmas

theologisch verständlich zu machen. „Sag: Er ist Gott, ein Einziger ... Er hat weder gezeugt, noch ist er gezeugt worden. Und keiner ist ihm ebenbürtig" (Sure 112). So oder so ähnlich äußerten sich orientale und okzidentale Antitrinitarier aller Zeiten, im Abendland besonders wirkungsvoll die Sozinianer, die seit dem Reformationsjahrhundert und vor allem ab der Aufklärung immer mehr Anhänger fanden. *„Mia ousia, treis hypostaseis; una substantia, tres personae;* ein Wesen, drei Personen": die Grundformel der Trinitätslehre galt nicht wenigen Vertretern neuzeitlicher Denkungsart als Absage an den Monotheismus oder als schlichtes Hexen-Einmaleins: „Mein Freund, die Kunst ist alt und neu. / Es war die Art zu allen Zeiten, / Durch Drei und Eins und Eins und Drei / Irrtum statt Wahrheit zu verbreiten" (J. W. Goethe, Faust. Der Tragödie erster Teil. Hexenküche [2558–2562]).

Einen breitangelegten Versuch, die trinitarische Gotteslehre gegen den Einwand abwegiger Rechenkunst bzw. den viel schwerer wiegenden Vorwurf polytheistischer Häresie zu verteidigen, hatte H., der als Professor für Systematische Theologie an der Evangelisch-Theologischen Fakultät der Universität Münster doziert, einen Lehrauftrag für Systematik an der Universität Bielefeld wahrnimmt und für die Evangelische Kirche von Westfalen im Bereich Ökumene arbeitet, be-

618 reits in seinem 2006 erschienenen Werk „Die Selbsterschließung des dreieinigen Gottes. Grundlage eines ökumenischen Offenbarungs-, Gottes- und Kirchenverständnisses" unternommen, für das er nach bereits erfolgter Prämierung seiner Dissertation „Die Bibel und die Einheit der Kirchen" ein weiteres Mal den Theologie- und Ökumenepreis der Katholisch-Theologischen Fakultät der Universität Regensburg erhielt. Stand vormals der Zusammenhang von Trinitätslehre und Ekklesiologie im Fokus der Aufmerksamkeit, so wird nun in der Konsequenz des entwickelten Ansatzes der Horizont auf alle Felder der Dogmatik und darüber hinaus ausgeweitet.

Anspruchsvolles Ziel der Untersuchung ist es, den trinitarischen Gottesbegriff christlicher Theologie religiös, philosophisch und wissenschaftlich zu plausibilisieren. Als *„Summe des christlichen Heilsmysteriums"* (9) integriere die Trinitätslehre alle dogmatischen Traktate, um den Gesamtzusammenhang der theologischen Disziplinen zu erschließen und Antwort zu geben auf die Menschheitsfrage nach dem fundierenden Grund und Sinnziel von Selbst und Welt. „Im Kontext der verschiedenen religiösen und weltanschaulichen Gottesvorstellungen", so H., „erweist sich der *dreieinige Gott* durch seine in Wort und Tat erfolgte Selbsterschließung als *alles umfassende und bestimmende Wirklichkeit"* (ebd.), nämlich als die in Vater, Sohn und

Hl. Geist wesenseine Gemeinschaft vollkommener Liebe, die durch Schöpfung, Erlösung und Vollendung liebenden Anteil gibt und liebenden Anteil nimmt an Menschheit und Welt.

H.s Werk ist in zwölf Teile gegliedert. Nach einer Einleitung, welche die grundlegende Bedeutung der trinitarischen Gotteslehre für die Gesamttheologie und alle Menschheitsfragen ansatzweise thematisiert, wird unter Bezug auf die „Transzendenz von Mensch und Welt", wie es wiederholt heißt (vgl. 27 ff), die in beider Grundverfasstheit angelegte Hinordnung auf Gott namhaft gemacht. Religion gilt entsprechend als anthropologisches Universale, ohne welches das Sein des Menschen in der Welt nicht zu denken ist. Allerdings ergebe sich aus menschlicher Selbsttranszendenz und Weltoffenheit lediglich eine unbestimmte „Ahnung" (19, 25 ff, etc.) vom Göttlichen, die erst durch die Selbstoffenbarung Gottes eindeutig bestimmt und zu heilsamer Klarheit geführt werde. Anhand des Kapitels „Hermeneutische Bedingungen für die Erkenntnis Gottes" (vgl. 36 ff) kann man im Einzelnen nachvollziehen, wie H. das Verhältnis von „Ahnung" und „Offenbarung" darlegt. „Dieses Begriffspaar kann die geschichtliche Selbsterschließung des dreieinigen Gottes angemessen zum Ausdruck bringen: Die Offenbarungswirklichkeit wäre ohne eine vorläufige *Ahnung* von der göttlichen Dimension kaum verständlich zu vermitteln, während umgekehrt eine natürlich ableitbare Gotteserkenntnis die *Offenbarung* in feststehende Kategorien zwängen würde" (36). Analog wird die Beziehung von Vernunft und Glaube strukturiert (vgl. 42 ff). Im dritten Abschnitt seiner Arbeit rekonstruiert H. die traditionsgeschichtliche Genese des altkirchlichen Trinitätsdogmas einschließlich der chalcedonischen Lehre von der Einheit göttlicher und menschlicher Natur in der Person Jesu Christi und zwar ausgehend vom biblischen Zeugnis Alten und Neuen Testaments über frühchristliche Ansätze hin zu Irenäus und Tertullian, Origenes, Alexander und Athanasius von Alexandrien sowie zur Konzeption der drei großen Kappadozier, denen für das Ökumenische Bekenntnis von Nizäa-Konstantinopel als der Grundlage des christlichen Gottesbegriffes eine kaum zu überschätzende Bedeutung zukommt. Ihnen, so Haudel, sei es nicht zuletzt durch kreative terminologische Veränderungen wie die Aufhebung der Äquivalenz der Begriffe *ousia* und *hypostasis* usw. gelungen, „das Verhältnis zwischen der heilsgeschichtlich erfahrbaren bzw. *ökonomischen* Trinität und der Gott *immanenten* Wesenstrinität auf der Basis des biblischen Zeugnisses detailliert (zu) bestimmen" (74) und im Verein mit der differenzierten Einheit von immanenter und ökonomischer Trinität, die dem Gegenüber und der Nähe

Gottes in Menschheit und Welt gleichermaßen Rechnung trägt, göttliche Wesenseinheit und hypostatische Differenz von Vater, Sohn und Geist so zur Geltung zu bringen, dass tritheistische und modalistische Irrwege gleichermaßen vermieden werden.

Nach Urteil von H. hat die Trinitätstheologie in späteren Zeiten die überragende Leistung der Kappadozier nicht mehr fortzuentwickeln vermocht, sondern sie häufig unterboten, wie im vierten Kapitel im Detail dargestellt wird. Es sei infolgedessen zu trinitätstheologischen Engführungen in West- und Ostkirche gekommen mit der Konsequenz, dass sich beide Teile zunehmend von der gemeinsamen Grundlage entfernt hätten. Im Westen sei man geneigt gewesen, den trinitätstheologischen Einsatz „bei der Einheit des göttlichen Wesens (zu nehmen), um daraus die Dreiheit abzuleiten" (94). Im Osten hinwiederum habe man tendentiell den gegenläufigen Weg eingeschlagen und sich „auf die einzelnen trinitarischen Personen und ihre zwischenpersonale Gemeinschaft" (97) konzentriert, um die trinitarische Einheit im Vater als der Quelle der Gottheit zu suchen „und nicht wie im Westen im gemeinsamen Wesen" (ebd.). Die berühmt-berüchtigte Filioque-Kontroverse ist nach H.s Einschätzung eine fatale Konsequenz dieser Fehlentwicklung. Beheben lasse sie sich nur, wenn die Frage, ob der Geist vom Vater und vom Sohn oder vom Vater allein ausgehe, als falsch gestellt bzw. auf einer Scheinalternative beruhend durchschaut werde. H. plädiert dafür, zur altkirchlichen, von den Kappadoziern austarierten Formel zurückzukehren, wonach der Geist vom Vater durch (*dia*) den Sohn ausgeht (vgl. im Einzelnen 100 ff).

Nebst Gregor von Nyssa, Gregor von Nazianz und Basilius dem Großen stellt für H. Martin Luther – gefolgt von Zwingli und Calvin – einen weiteren Höhepunkt trinitarischen Denkens dar, wie im V. Kapitel ausgeführt wird. „Entgegen vieler geläufiger Lutherauslegungen überwand Luther die einseitig *intra*personale Sichtweise westlicher Scholastik, indem er über seine Orientierung an Augustin hinaus auf die *kappadozisch-neunizänische* Trinitätslehre mit ihrer Berücksichtigung der *inter*personalen trinitarischen Gemeinschaft und der Heilsrelevanz der einzelnen trinitarischen Personen zurückgriff" (108). Auf diese Weise konnte die Trinitätslehre zum organisierenden Zentrum der Theologie des Reformators sowie zur Basis seiner rechtfertigungstheologischen Ursprungseinsicht, seines Kirchenverständnisses und der für dieses kennzeichnenden Zuordnung vom Priestertum aller Getauften und ordinationsgebundenem Amt werden.

Nach einem nur bedingt aufschlussreichen sechsten Kapitel zur Gottesthematik bei Descartes, Kant und Hegel, zur Religionskritik von Feuerbach, Marx, Freud und Nietzsche sowie zu den physikotheologischen, kosmologischen, ontologischen und moralphilosophischen Versuchen, das Dasein Gottes zu beweisen, bei denen es sich „mehr um Verweise als Beweise" (138) handle, würdigt H. unter Abschnitt VII die Besinnung auf die altkirchliche Trinitätslehre im 19. und im 20. Jahrhundert, und zwar unter besonderer Berücksichtigung von Barth, Jüngel, Moltmann und Schwöbel evangelischerseits, von Rahner, v. Balthasar, Greshake und Ratzinger katholischerseits sowie von Stăniloae, Zizioulas u. a. orthodoxerseits. Im Anschluss daran bieten die drei Folgekapitel eine Skizze von H.s eigenem trinitätstheologischen Entwurf.

In seiner Offenbarung erschließt sich der dreieinige Gott als das Geheimnis vollkommener Liebesgemeinschaft, das er an sich selbst ist. Die Lehre vom Handeln Gottes und seinen Eigenschaften ist angemessen nur unter dieser Prämisse zu entwickeln, die zugleich das Fundament bildet für die theologische Anthropologie und Kosmologie in all ihren Aspekten. Den, wenn man so will, Offenbarungseid hinsichtlich seiner trinitätstheologischen Systematik muss H. sodann im konkreten Zusammenhang der drei Artikel des Glaubensbekenntnisses also dort ablegen, wo er von Schöpfer und Schöpfung, Erlöser bzw. Versöhner und Erlösung bzw. Versöhnung sowie vom Vollender und von der Vollendung handelt. Eine argumentative Schlüsselfunktion kommt dabei weniger den zwar informativen, aber für die Systemkonstruktion insgesamt nicht entscheidenden Erwägungen zu Theologie und Naturwissenschaften im Rahmen des ersten, auch nicht den lehrreichen Ausführungen etwa zum Verhältnis von individueller und universaler Eschatologie im Rahmen des dritten, sondern den Reflexionen zu Sünde und Übel im Rahmen des zweiten Artikels sowie der in seinem Kontext in Ansätzen entwickelten *theologia crucis* und Theodizeethematik zu. Spätestens hier wird es trinitätstheologisch ernst. Denn wenn nicht schon durch die unleugbare Faktizität kreatürlichen Übels, so bekommt es, wenn man so sagen darf, der dreieinige Gott nachgerade im faktischen Fall sündiger Verkehrtheit des Menschengeschöpfs nicht nur mit dem anderen seiner selbst, auch nicht nur mit dem externen anderen des von ihm Geschaffenen, sondern mit einem ihm Äußerlichen, Fremden, Befremdlichen, ja Feindlichen zu tun: Die Bosheit der Sünde ist Gott zuwider. Kann er sich zu ihrer Widerlichkeit in ein Verhältnis setzen, das ohne weiteres ein Liebesverhältnis genannt werden darf. Man mag auf den Unterschied von Sünde und Sünder verweisen. Aber ist nicht in bestimmter Weise auch dieser Unterschied und sein Grund dem Abgrund der Sünde verfallen?

Was die Leidensproblematik anbelangt, so lässt sich nach Auffassung von H. „die *grundsätzliche* Plausibilität der verschiedenen Übel im Kontext der Heilsgeschichte Gottes mit den Menschen aufzeigen, während etliche *konkrete* Erfahrungen von nicht verständlichem Übel auf das Eschaton verweisen, in dem der Mensch im Vertrauen auf die allmächtige Güte und Treue Gottes auch hinsichtlich solcher Erfahrungen eine plausible und sinngebende Antwort erfahren darf" (241). Die Aporie, mit welcher die Theodizeefrage konfrontiert, wird aus guten theologischen Gründen nicht auf- und preisgegeben. Dies ist wohl bedacht, auch wenn man im Einzelnen gerne noch etwas genauere Aufschlüsse erhalten hätte. Mehr noch gilt dies für die hamartiologisch-soteriologische Problematik. Auch hier sagt H. nichts Falsches, sondern viel Richtiges, aber in einer Weise, die weiterer Differenzierung bedarf und zwar insbesondere, um nur zwei Beispiele zu nennen, hinsichtlich des schöpfungstheologischen Begriffs des *posse peccare* des Menschen, zum anderen hinsichtlich des christologisch-soteriologischen Verständnisses von Opfer, Sühne und Stellvertretung.

Gott ist die Liebe, das ist wahr, und zwar in seiner göttlichen Ökonomie nicht minder als in seiner immanenten Trinität. Und doch liebt der dreieinige Gott unbeschadet des einigen Liebeswesens von

Vater, Sohn und Geist und unbeschadet der Ungeteiltheit seines ökonomischen Liebeswirkens als Schöpfer nicht unmittelbar so wie als Erlöser und Vollender, als Erlöser anders denn als Schöpfer und Vollender und als Vollender noch einmal anders und nicht immediat gleich wie als Schöpfer und Erlöser. Um es zu spezifizieren: Zur Liebe des Schöpfers seinem Geschöpf und der Schöpfung gegenüber gehört, wie es scheint, unbeschadet, ja in Bestätigung seiner Väterlichkeit die gerechte Allmacht und allmächtige Gerechtigkeit unveräußerlich hinzu, die es nicht zulässt, dass die Differenz von Gut und Böse vergleichgültigt wird. Muss dann aber nicht um der Güte Gottes willen vom *opus alienum* seiner Liebe dergestalt gesprochen werden, dass der dreieinige Gott die Sünde straft?! Welche Folge hat das für ein trinitarisches Verständnis der *theologia crucis*? Ist der auferstandene Gekreuzigte in seiner Eigenschaft als inkarnierter Logos lediglich Manifestationsgestalt göttlicher Sünderliebe oder nicht auch deren, um nun ebenfalls differenzierungsbedürftig zu reden, ursächliches Wirkmittel?

H.s Opus schließt mit einem überzeugenden Plädoyer, am trinitarischen Gottesbegriff gerade im christlich-jüdischen und in sonstigen interreligiösen Dialogen festzuhalten, sowie mit ökumenischen Bemerkungen zur Bedeutung der Trinitätslehre für das christliche Kirchenverständnis. Der Skopus ist klar: Trinitätstheologische Fehlbestimmungen haben ekklesiologische zur zwangsläufigen Folge. Eine „einseitig *intra*personal-monistisch orientierte Trinitätslehre" (276) führt zu einem „monistisch-hierarchischen Kirchenverständnis" (ebd.) und zu einer abstrakten Vorordnung der Universalkirche vor der Lokalkirche. Wer dagegen die intrapersonale Wesenseinheit Gottes unterbestimmt und trinitätstheologisch allein oder vorzugsweise die interpersonalen Bezüge hervorhebt, gerät auf gegenläufige ekklesiologische Bahnen. Vermieden werden beide Abwege nur, wenn Wesensidentität und hypostatische Differenz trinitätstheologisch so gedacht werden, dass die Einheit des Unterschiedenen und die Unterschiedenheit im Einen gleichermaßen zu Geltung kommen, und zwar sowohl bezüglich der immanenten als auch der ökonomischen Trinität sowie in Bezug auf ihr Verhältnis zueinander. Den Kappadoziern ist nach H.s Urteil die Lösung dieser trinitätstheologischen Grundaufgabe in gläubiger Erkenntnis und Anerkenntnis des Liebesgeheimnisses des offenbaren Gottes prinzipiell gelungen; ihr Erbe harre darauf, auch ekklesiologisch angeeignet und als Besitz erworben zu werden.

Gunther Wenz

Pfarrerin Dr. Uta Andrée, Missionsakademie an der Universität Hamburg, Rupertistraße 67, 22609 Hamburg; Liliane Apotheker, 4, rue Gounod, F-75017 Paris; Prof. Dr. Reinhold Bernhardt, Universität Basel, Theologisches Seminar, Heuberg 33, CH-4051 Basel; Prof. Dr. André van der Braak, Vrije Universiteit, Faculteit der Godgeleerdheid, De Boelelaan 1105, NL-1081 HV Amsterdam; Pfarrer Dr. Karl-Heinz Dejung, Holzstraße 24, 55116 Mainz; Internationale Ökumenische Gemeinschaft (IEF), Pfarrer Dr. Hans-Georg Link, Heumarer Straße 7b, 51145 Köln; Ismail Kaplan, Meisenstieg 17, 25421 Pinneberg; Prof. Dr. Mouhanad Khorchide, Westfälische Wilhelms-Universität Münster, Zentrum für Islamische Theologie, Hammerstraße 95, 48153 Münster; Bischof i. R. Dr. Walter Klaiber, Albrechtstraße 23, 72072 Tübingen; Dr. habil. Yukio Matsudo, Neue Stücker 2, 69118 Heidelberg; Prof. Dr. Annemarie C. Mayer, Katholieke Universiteit Leuven, Theologische Fakultät und Religionswissenschaft, Sint-Michielsstraat 4, bus 3101, B-3000 Leuven; Pfarrer Dr. Werner Neuer, Dorfstraße 17, 79597 Schallbach; Dr. Mugurel Pavaluca, Technische Universität Dortmund, Katholische Theologie, Emil-Figge-Str. 50, 44227 Dortmund; Pastor Karl Heinz Voigt, Touler Straße 1 c, 28211 Bremen; Dr. Klaus Peter Voß, Bergstr. 61, 58579 Schalksmühle; Pastor Dr. Jochen Wagner, Oberstraße 15, 55481 Kirchberg; Prof. Dr. Gunther Wenz, Hochschule für Philosophie, Kaulbachstr. 31a, 80539 München.

Titelbild: Fotolia 57109697

Thema des nächsten Heftes 1/2016:

Ost-West-Transformationen

mit Beiträgen u. a. von Ruth Albrecht, Daniel Buda, Heta Hurskainen, Martin Illert, Andriy Mykhaleyko, Irena Pavlovic, Nikolai Thon, Natallia Vasilevich

---

624 ÖKUMENISCHE RUNDSCHAU – Eine Vierteljahreszeitschrift

In Verbindung mit dem Deutschen Ökumenischen Studienausschuss (vertreten durch Uwe Swarat, Elstal) herausgegeben von Angela Berlis, Bern; Daniel Buda, Genf; Amelé Ekué, Genf/Bossey; Fernando Enns, Amsterdam und Hamburg (Redaktion); Dagmar Heller, Genf; Martin Illert, Hannover (Redaktion); Heinz-Gerhard Justenhoven, Hamburg; Ulrike Link-Wieczorek, Oldenburg/Mannheim (Redaktion); Viola Raheb, Wien; Johanna Rahner, Tübingen (Redaktion); Barbara Rudolph, Düsseldorf (Redaktion); Dorothea Sattler, Münster; Oliver Schuegraf, Hannover (Redaktion); Athanasios Vletsis, München; Friedrich Weber (†), Greetsiel; Rosemarie Wenner, Frankfurt am Main, Marc Witzenbacher, Frankfurt am Main (Redaktion).

ISSN 0029-8654   ISBN 978-3-374-04189-3
www.oekumenische-rundschau.de

Redaktion: Marc Witzenbacher, Frankfurt a. M. (presserechtlich verantwortlich)
Redaktionssekretärin: Gisela Sahm
Ludolfusstraße 2–4, 60487 Frankfurt am Main
Tel. (069) 247027-0 · Fax (069) 247027-30 · e-mail: info@ack-oec.de

Verlag: Evangelische Verlagsanstalt GmbH
Blumenstraße 76 · 04155 Leipzig · www.eva-leipzig.de
Geschäftsführung: Arnd Brummer, Sebastian Knöfel

Satz und Druck: Druckerei Böhlau · Ranftsche Gasse 14 · 04103 Leipzig

Abo-Service und Vertrieb: Christine Herrmann
Evangelisches Medienhaus GmbH · Blumenstraße 76 · 04155 Leipzig
Gläubiger-Identifikationsnummer: DE03EMH00000022516

Tel. (0341) 71141-22 · Fax (0341) 71141-50
E-Mail: herrmann@emh-leipzig.de

Anzeigen-Service: Rainer Ott · Media Buch + Werbe Service
Postfach 1224 · 76758 Rülzheim
www.ottmedia.com· ott@ottmedia.com

Bezugsbedingungen: Die Ökumenische Rundschau erscheint viermal jährlich, jeweils im ersten Monat des Quartals. Das Abonnement ist jeweils zum Ende des Kalenderjahres mit einer Frist von einem Monat beim Abo-Service kündbar.
Bitte Abo-Anschrift prüfen und jede Änderung dem Abo-Service mitteilen.
Die Post sendet Zeitschriften nicht nach.
Preise (Stand 1. Januar 2013, Preisänderungen vorbehalten):
Jahresabonnement (inkl. Versandkosten): Inland: € 42,00 (inkl. MWSt.),
Ausland: EU: € 48,00, Nicht-EU: € 52,00 (exkl. MWSt.)
Rabatt (gegen Nachweis): Studenten 35 %.
Einzelheft: € 12,00 (inkl. MWSt., zzgl. Versand)

Die nächste Ausgabe erscheint Januar 2016.